ソルトレイクシティの一軒家に引っ越した直後、まだおむつをしていたころ。自分が教えたダンスをするぼくを見て喜ぶアリス。

ユタ大学のライス・エクルズ・スタジアムの前で兄のトニー、コリンと。2002年ソルトレイクシティ五輪の期間中、聖火が灯されていた場所だ。ぼくのオリンピックの旅はここからはじまったのかもしれない。

2001年、イエローストーン国立公園で。左からトニー、ぼく、アリス、コリン、ジャニス。

スタイナーの氷の上でジャニス（ピンクの服）、ぼく（初めての白いスケート靴を履いている）、コリン、トニー。アリス撮影。

※記載のない写真はすべてネイサン・チェン提供

ぼくが小さいころ、きょうだい全員がチェスをしていたため、一家は毎週末チェスの試合に出かけていた。試合はラスベガスでおこなわれることが多かった。2002年の試合で、左からアリス、トニー、ぼく、ジャニス、コリン。

最初のコーチ、ステファニー・グロスカップと。2003年に初めて出場したユタ州冬季大会で。

2003年、ユタ州冬季大会で父と母と。母がスケート用に仕立ててくれた多くの衣装の最初の一着。

2005〜2006年ごろ、ジャンプ技術の基礎を築いてくれたコーチ、カレル・コバールと。カレルのレッスンのために、母がソルトレイクシティからオグデンまで車で送ってくれていた。

2005年、ソルトレイクシティでのピアノの発表会で。トイザらスで選んだおもちゃのピアノをたたいていたときからはずいぶん進歩した。

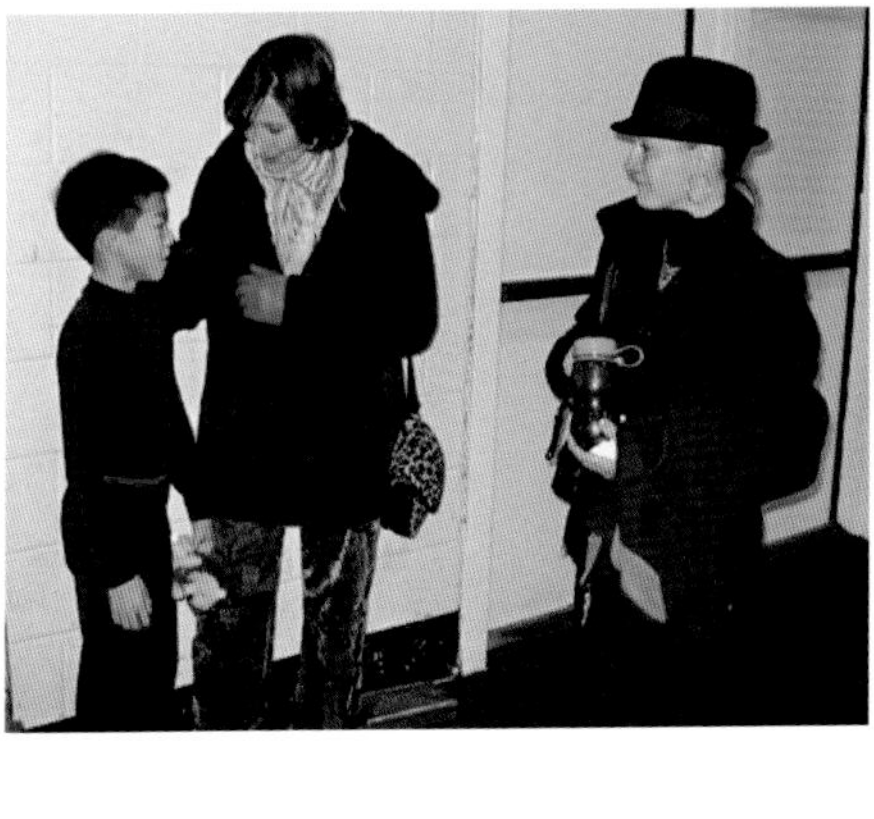

2009年、ワイオミング州ジャクソンホールでの試合でステファニー・グロスカップ(中央)、ジェーニャ・チェルニショワ（右）と。ぼくが今日のようなスケーターになれたのは、ふたりがしっかりと基礎を教えてくれたおかげだ。

2010年、ユタ少年体操選手権での平行棒の演技。体操をはじめたのは、母がフィギュアスケートのためになると考えたからだった。

2011年、アイスキャッスル・インターナショナル・トレーニングセンターの看板の上で。ラファエル・アルトゥニアンに習いはじめてすぐのころ。

2016年、股関節の手術から2週間後、カリフォルニア州チュラビスタにあるアメリカ・オリンピック委員会施設の前で、姉のジャニスと。左足に体重をかけてはいけないといわれていたので、ジャニスがまねして片足で立っている。

2014年夏、アイスショーに参加したサンバレーで母とジャニスとオレステスと。

2018年1月、ディック・バトンとラファエル（ラフ）と。光栄にもディックに会うことができ、スケート人生に幸あれと声をかけてもらった。

（写真提供：バーブ・ライカート／アメリカフィギュアスケート連盟）

2018年の平昌五輪で開会式の支度をすませたアメリカフィギュアスケートチーム。ぼくが出場した２度の五輪のうち開会式に参加したのはこのときだけだった（2022年は個人戦が数日後に迫っていたのと、新型コロナ感染のリスクを恐れて参加しなかった）。ぼくは1列目の左から3人目。

平昌五輪開会式前に、ティナ（クリスティナ）・ランドグレンとアイスダンサーのマディソン・チョックと。ISUジャッジで、アメリカフィギュアスケート連盟役員のティナは、ぼくのスケート人生を通してとても頼りになる人で、プログラムについて貴重なフィードバックをくれていた。彼女の助言がきっかけで、2022年北京五輪のフリープログラムは「ロケットマン」にもどすことになった。

平昌五輪、団体戦でチームUSAが銅メダルを獲得したあとの記者会見に訪れた家族と。コリン、アリス、ぼく、トニー、母、ジャニス、父。ぼくのオリンピック初のメダルをみんなが祝福してくれた。

平昌五輪では家族全員が応援に来てくれて、ぼくのフリープログラムのあとは大喜びだった。左上の旗の後ろ：オレステス、ジャニス、トニー。中段左から：コリン、アリス、いとこのケビンとジェローム、おばのシャオホア、おじのジン。最前列:父、母、IMGのサエグサ・ユキ。

（写真提供：「ソルトレイク・トリビューン」紙、クリス・デトリック）

大学初日！　2018年8月の引っ越しの日にコネティカット州ニューヘイブンのイェール大学の寮の前で母と。

大学1年目、寮の部屋でくつろぐ。血流をよくして筋肉の回復を速めるためにコンプレッション・パンツを着用している。

2019年4月、イェール大学史学・アメリカ研究のメアリー・ルイ教授、ミシェル・クワン、イェール大学体育部長ヴィッキー・チュンと。ミシェルの講演後にニューヘイブンで撮影。ミシェルはこれまでもこれからも、中国系アメリカ人のぼくにとっての目標でありロールモデルだ。

サウス・カロライナ州チャールストンでの振付中にシェイ＝リーン・ボーンと。

2019年、アイスアカデミー・オブ・モントリオールのリンクで、サミュエル・シュイナード、マリー=フランス・デュブレイユと。12月に開催されるグランプリファイナルを前に、3人でフリープログラム「ロケットマン」のブラッシュアップをした。当時は誰も、このプログラムを2022年の北京五輪でも滑ることになるとは思ってもいなかった。

2021年5月、姉の家でコリンとチェスの対戦中。きょうだいはみんなチェスのトッププレーヤーなので、なんとか追いつこうと勉強中だ。北京五輪のシーズン中には、母とも気晴らしのためにチェスをはじめた。

北京五輪前には、さまざまなスポンサー企業とのコマーシャル撮影を楽しんだ。撮影の合間には、ギターを弾いてリラックスすることもあった。

2022年の北京五輪で使ったスケート靴。ベロの部分にラフが応急処置として革を貼ってくれた。想定よりも早くだめになるところだったが、この小さな革が足首を支え、無事にジャンプを着氷することができた。

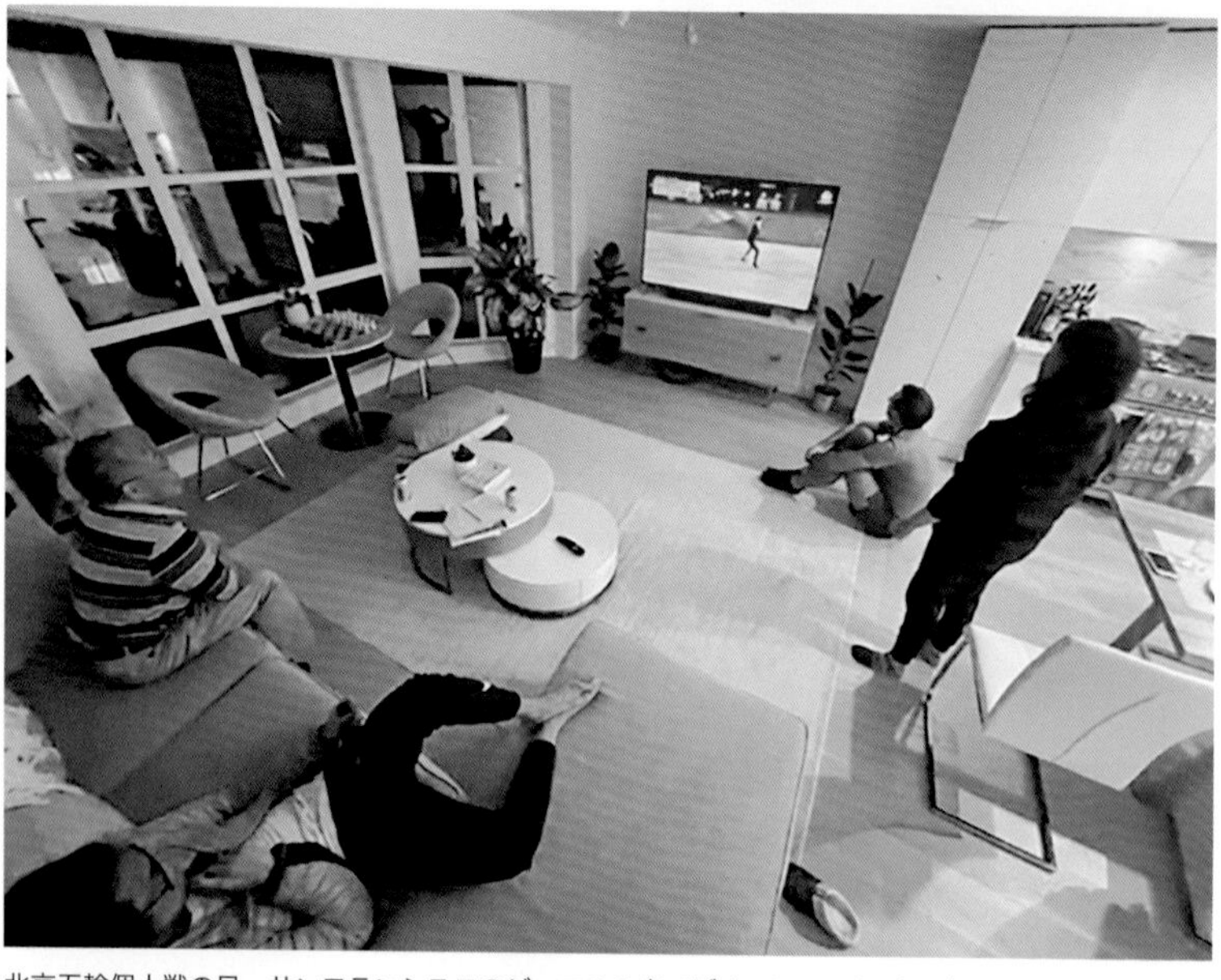

北京五輪個人戦の日、サンフランシスコのジャニスの家でぼくのショートプログラムを見る家族。撮影はジャニス。左から父、コリン、母、そしてオレステス。アリスとそれ以外の家族や親戚は写っていないが、ズームでつながっていた。

北京五輪のフリープログラム終了直後、ブランドン・サイクルは、ぼくを力強くハグして誇りに思うといってくれた。ブランドンは、2015年以来ストレングス＆コンディショニングコーチとして、度重なるケガや手術、リハビリのあいだずっとぼくを支えつづけ、2度の五輪をともに経験した。

金メダルを掲げるラフ。ふたりでめざしてきたメダルだ。

北京五輪での試合がすべて終わり、エキシビションの練習リンクでラフとブランドンと一緒に。

男子シングル終了後、アメリカフィギュアスケート連盟のミッチ・モイヤーと北京五輪のメインスタジアム「鳥の巣」前で。

連盟のティナ・ランドグレンに金メダルを見たいといわれ、エキシビションの練習のときに箱ごともっていった。

オリンピックといえばこの写真。ぼくはなんと2回撮った。1回めは大会がはじまってすぐ、そして2回めは大会終盤。これは2回めに撮ったほうの写真。

北京五輪閉会式の直前に、アイスダンスのアメリカ代表のひとり、ジャン=リュック・ベイカーと。ジャン=リュックは、ぼくがジュニア選手として海外での試合に出はじめたころ、遠征先でルームメイトになって以来、ずっと仲の良い友人だ。

北京五輪選手村502号室スイートの仲間、ブランドン・フレイジャー、ぼく、ジャン=リュック・ベイカー、エヴァン・ベイツ。閉会式前、参加準備を終えて。

北京五輪アメリカフィギュアスケートチームの集合写真。選手、役員、そしてお世話になった医療スタッフたちも、みんな一緒に閉会式で行進した。

五輪後は、2月22日放送のNBC「トゥデイ」に出演するため、北京からニューヨークに直行した。早朝にもかかわらず、バナーを持ってロックフェラー・センターに集まってくれたファンのみなさんには、心から感謝している。

ニューヨークの「トゥデイ」のスタジオに母が登場したときは、本当に驚いた。まったく予想していなかったので、最初はドッペルゲンガーかなにかかと思ってしまったほどだ。本当に母なのだとわかると、すぐに思いきりハグをして感謝の気持ちを伝えた。

(写真提供：NBC「TODAY」)

母の顔を見たとたん早くメダルをわたしたくて、首にかけてあげた。母はその重さに驚いていた。

(写真提供：NBC「TODAY」)

テレビ局の楽屋でアリス、人気司会者のジミー・ファロンと。ジミーはこれまでに会った著名人のなかでも、ずばぬけて親切で親しみやすい人だった。

2022年4月、イェール大学東アジア言語文学・比較文学研究科長ジン・ツー教授の教室で。このあとおこなわれた講演会では、アジア系アメリカ人アスリートの視点について話をした。

2022年6月、ニューヨークの書店で、IMGのサエグサ・ユキと。ユキは、エージェントとして競技人生のいいときも悪いときもぼくと家族を支えつづけてくれた、唯一無二の存在だ。

ベラ・ウォンによるフリープログラム「ロケットマン」の衣装デザイン画。北京五輪ではこちらの衣装を着用した。実際に着た衣装は、五輪後にスミソニアン国立アメリカ歴史博物館のコレクションに加えられた。

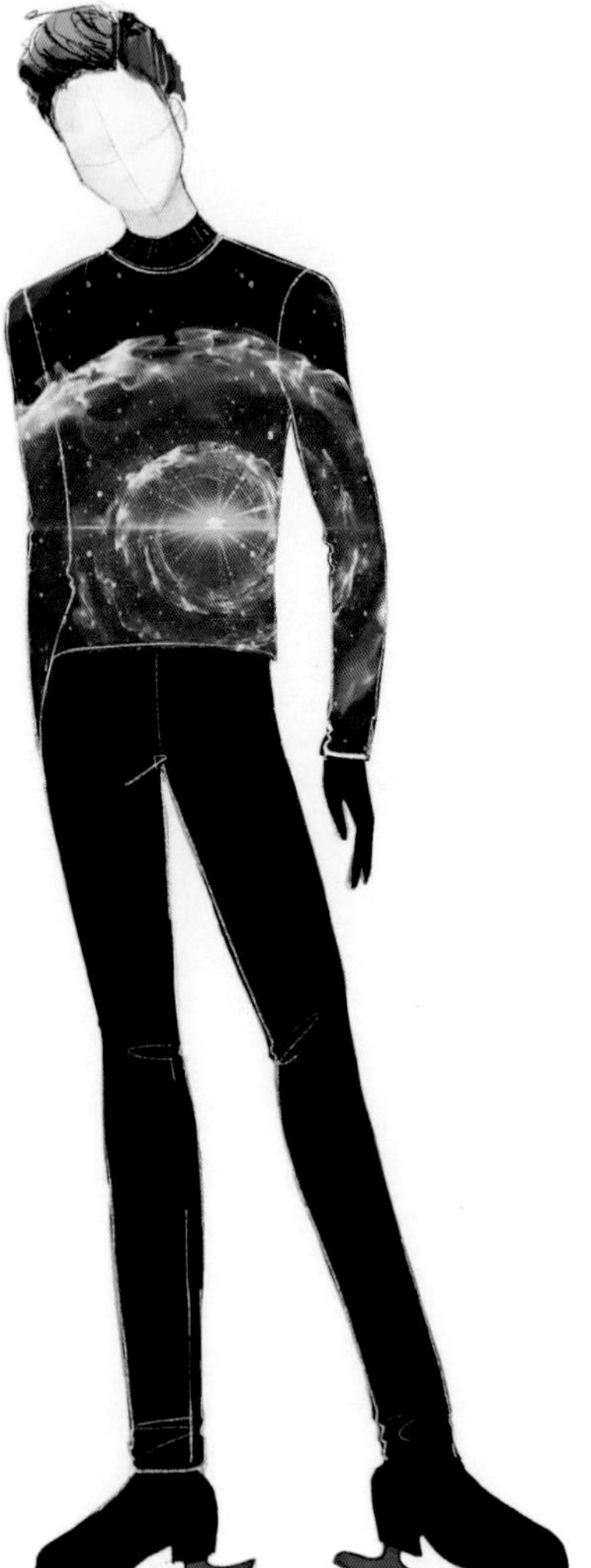

「ロケットマン」衣装の別バージョンのデザイン画。ベラのアイデアで、アクセントに蛍光色が配されている。こちらの衣装は北京五輪直前の2022年全米選手権で着用した。

Nathan Chen

ネイサン・チェン自伝
ワンジャンプ

ネイサン・チェン［著］
ないとうふみこ　児玉敦子　中村久里子［訳］

ONE JUMP AT A TIME

KADOKAWA

母さん、父さん、アリス、ジャニス、トニー、コリンへ
どんなときでも
愛し、支え、犠牲を払い、導いてくれなければ
ぼくはけっして成しとげられなかった

CONTENTS

目次

はじめに

若くしてあれだけのことを成しとげ、それでいてひかえめで品のある人物について、いったいなにがいえるだろう？　中国系アメリカ人で、奇《く》しくもかつてフィギュアスケート選手でもあったわたしにとって、ネイサンの旅は驚嘆よりもむしろ賞賛に値するものだ。

わたしたちアメリカ人は長きにわたり、フィギュアスケートの世界選手権やオリンピックのチャンピオンにまつわる伝説的な物語を語り継いできた。しかし、ほかの多くのスポーツと同様、フィギュアスケートもさまざまな要因により、多様なレベルで進歩をとげることになった。

そしてネイサンは、段違いのレベルをもたらした張本人だ。ネイサンはわたしたちが夢想だにしなかったジャンプを跳ぶことで、またネイサンブランドの、力みのない、さり気ないとすらいえる独特のスタイルを確立することで、競技としてのフィギュアスケートにまったく新しい地平を切りひらいた。

そう、ネイサンのスケートは、淡々としていながらも独創的で目が離せないのだ。だが、ネイサンの物語は、単なるアスリートの成功譚《たん》にとどまらない。ネイサン自身のとても個人的な物語でもある。エネルギッシュでどんなときもたがいに寄りそう、中国伝統の価値観を色濃くもつ大家族で育つ若者の物語。しかもその家族は、大いなる自由と無限の可能性と飽くことのない変化の探求という、アメリカ文化の根幹をなす価値観をも抱いている。こうした多くの理由から、ネイサンの物語はほかに類を見ないものだ。

スケートは、華やかな見た目とは裏腹の苛酷《かこく》なスポーツだ。心身にかかる負荷は甚大で、外には見えないところでトレーニングや規律が要求される。難なくやっているように見えて、実は物理の法則に反していることも多い。心弱き者が余暇にできることではないし、安あがりなスポーツでもない。

往々にして、なにかを成しとげるまで、特にオリンピックの金メダルを獲得するまでの道のりはきわめて孤独な旅路となり、多くの犠牲をともなう。ネイサンの夢はまちがいなく、ある日突然形を成したわけではないだろう。ソルトレイクシティに生まれたこと、その地で2002年にオリンピックが開催されたことで、幼いころからオリンピックの魔法のようなものが彼に働きかけていたにちがいない。そして、ネイサン自身のけたはずれの才能、情熱、向上心すべてがそろって、未来のチャンピオンをつくりだすことになったのだ。

わたしたちが初めて顔を合わせたのは、2017年の冬のある寒い雨の日のことだった。ニューヨークのカーライル・ホテルで、彼のお母さまのヘティ、それからエージェントのユキが同席した。わたしはそれまでに何人もの優れたオリンピアンたちの衣装をデザインしてきたが、もう一度名高いチャンピオンの衣装を手掛けるために、とことん考えぬいて、創造性や独創性をしぼりだすのは無理ではないかと及び腰だった。あれだけの責任を負うことを考えるとひるみそうになった。

ネイサンはちょうど世界の舞台へ飛びだしていこうとしているところで、自分らしいスタイルを模索しはじめていた。過去の、体にぴったりとした、いかにも試合用という衣装ではなく、よりクールで開放的で今どきの衣装を求めていた。ランチをとりながら、わたしは彼からうまく話を聞きだしたくて、まったく別の話題を切りだした。

「スケートをやめたらなにがしたいの？」

発展途上の未来のチャンピオンに投げかけるには、妙な質問だったかもしれない。けれどもそれまでに、多くの優秀なアスリートたちが、若い時期をまるまるひとつの目標に捧《ささ》げたあげく、その後にどうするか考えこんでしまう様子を目にしてきたので、彼という人物を知るためのわたしなりの方法としてこの質問をぶつけてみたのだ。ネイサンはまったくためらうことなく、こう答えた。

「大学に行きたい」

この瞬間、即座に彼がどんな人間で、彼の将来への希望がどれだけ大きなものかがわかった。ネイサンにはプランBがあって、それはけっきょくイェール大学になった。イェールはほんとうに運がよかったし、フィギュアスケート界もほんとうに運がよかった。

正直に打ち明けると、わたしはネイサンの創造力を衣装に反映できるかどうか心もとない思いだった。けれどもそんなわたしを慣れ親しんだ領域から引きずりだしたのは、ネイサン自身だった。最初はひかえめだったが、時がたつにつれて、はっきりと主張するようになっていった。最初にデザインした衣装から、２０２２年のオリンピックシーズンの衣装までを見れば、明らかな進化がわかるだろう。

「つなぎタイプの衣装で何本も4回転を跳ぶことはできない」

あのレベルの演技をするのにどれくらいの自由度が必要か、わたしに教えてくれたのはネイサンだ。

一方で、彼の技術的な問題と進化しつづける美意識に創造性をもたらすのはわたしの役目だった。スケートのプログラム、振付、独特のスタイルを理解して衣装に反映させるのは、それだけでも複雑な作業だが、オリンピックの舞台で目立たせようとなると、よりいっそうむずかしくやり甲斐《がい》のある仕事になる。

ネイサンは、装いかたにとどまらず、このスポーツを技術面でも創造面でも変え、勇敢に道を切りひらいてきた。その勇気からは、並はずれた決意と、それを支える謙虚さや自省心、そして知性をあわせもつ人柄がうかがえる。

ベラ・ウォンとネイサン、2022年４月ゴッサムホール、〈フィギュアスケート・イン・ハーレム〉25周年記念ガラにて

つまるところ、困難を乗りこえて自分自身の道を進み、頂上にのぼりつめてなお、自身のルーツと支えてくれた人々を忘れることのない者こそが、真の意味での王者たり得るのだろう。もしかすると、これこそがネイサンの最たる力なのではないだろうか。ならば、彼の物語はほかの多くの伝記とは異なり、まだほんの序章にすぎないのかもしれない。

わたしはこの物語のなかで、小さいながらもひとつの役目を果たせたことを誇りに思っているし、ネイサンがこれからも世界に貢献しつづけていくことを信じ、期待している。

ネイサン、わたしたちみなが愛するスポーツ、フィギュアスケートをすばらしいものに引きあげ、魔法をかけてくれてありがとう。

あなたはまた、いたるところの若い人々が信じられる土台を築くと同時に、われわれの歴史上大きな意味のあるときに、アジア系アメリカ人に手をさしのべてくれたのだ。

ベラ・ウォン

プロローグ

ぼくのスケート人生は、はじめからオリンピックと切っても切りはなせないものだった。

生まれて初めて氷に乗って、おぼつかない足取りで滑りだしたのは、２００２年のソルトレイクシティオリンピックで使われた練習用リンクでのことだ。このリンクではミシェル・クワンやサラ・ヒューズといった、今やレジェンドと呼ばれる人たちが自分のプログラムを練習し、そのあと五輪の本番でメダルを獲得した。リンクがあるのは〈ソルトレイクシティ・スポーツ・コンプレックス〉という施設のなか。地元の人たちはこの施設を「スタイナー」と呼んでいる。ここで滑ると、どうしたってオリンピック精神を感じずにはいられない。五輪のマークがいたるところについているし、ショートトラックのアポロ・オーノの巨大な写真など、オリンピックがらみのいろいろな写真が展示されているからだ。

ぼくは小さいころから、自分がスケートでオリンピックに行くものだと思っていた。スケートをすることも、アスリートになることも、はじめから五輪と結びつけて考えていた。生まれ故郷のソルトレイクシティで、２００２年の冬、つまりぼくが2歳のときに冬季五輪がひらかれたせいもあるのだろう。だから大きくなるにつれて、オリンピックというものがかもしだす興奮に、心をつかまれずにはいられなかった。

母が撮ってくれた1枚の写真がある。五輪の開会式がおこなわれたライス・エクルズ・スタジアムの聖火台の前で、ふたりの兄といっしょに撮ったものだ。そこにはソルトレイクシティオリンピックのテーマ「内なる炎を燃やせ」の文字が見え、まわりでは参加各国の国旗が風になびいている。ソルトレイクシティは、特に当時、オリンピックを誇らかにかかげた町だった。あそこで子ども時代を過ごしたことによって、ぼくは、アスリートになってオリンピックに行くのだ、スケート選手としてオリンピックに出場するのだという気持ちが強くなった。

母はスポーツが大好きだ。ぼくがスケートをはじめてまもなく、うちの家族は（よその家族もそうだっただろうけれど）２００４年のアテネ五輪をテレビで見ていた。水泳のマイケル・フェルプスが、金メダル6個を獲得した大会だ。フェルプスの活躍と、胸元で輝く金メダルが、5歳だったぼくの心に強くうったえかけたのだろう。表彰式を見た翌日、ぼくはスケートリンクで自分なりのオリンピックごっこをはじめた。スタイナーのリンクには整氷車の出入口があり、そこに立つと大きな星条旗がよく見える。母によると、ぼくはこの出入口のそばに立って、アメリカ国歌を歌いだしたらしい。なにしてるの、と母がきくと、ぼくは、金メダルごっこしてるの、と答えたという。だから国歌を歌っていたというわけだ。

初めておっかなびっくり氷に乗ってから15年後、ぼくは初のオリンピックに出場し、男子シングルの金メダルをめざしていた。それは小さいころからの夢で、それに向かってずっと努力を重ねてきたのだ。

でも、オリンピックのデビュー戦は、思いえがいていたとおりにはいかなかった。ぼくは緊張のあまりひどい状態だった。氷に乗る数分前から自分の脚の感触がなかったし、紹介されるのを待つあいだは震えがとまらず、名前を呼ばれてもほとんど聞こえなかった。それでもどうにか氷の中央まで滑っていって、スタート位置についた。

そして音楽がはじまるのを待ちながらふと目を上げたとき、あれが見えた。五輪のマークだ。5つの輪をかたどったシンボルマーク。スタイナーでも、ソルトレイクシティのいたるところでも、子どものころから毎日目にしてきた5つの輪。ぼくのやる気をかきたて、毎日何時間もの練習や、何年間にもわたる犠牲の原動力となってきた5つの輪。

それを目にしたとたん、体ががちがちに固まってしまった。

つぎに起こったことは、ぼくの人生で最も困難な体験だった。同時に、アスリートとしてもひとりの人間としても、一番学ぶことが多く、成長の糧になった経験でもあった。ぼくは初のオリンピックのショートプログラムで、団体戦、個人戦の2度とも、自分のスケート人生で最悪の演技をしてしまったのだ。何百万、何千万という人たちが見まもる、世界最大のスポーツイベントの場で。幼児のころでも、ひとつの演技であんなにミスを重ねたことはない。大会前は金メダルを取れるチャンスがあると思っていたのに、ショートプログラムが終わったら17位だった。そしてフリーを終えたあとには、総合で5位になった。精神的にぐったりする体験だったし、自分を見つめなおす機会でもあった。

フィギュアスケートは、とても秩序立ったスポーツだ。技術を身につけるときは、ひとつひとつ段階を踏んで学んでいく。まずは滑りの基本だ。膝《ひざ》を曲げ、エッジで氷を押すことによって推進力を得る方法を身につける。つぎにエッジの内側（インサイド）と外側（アウトサイド）の使いかたをおぼえる。エッジをインサイドやアウトサイドに倒して前に進んだりうしろに進んだり。そのとき体はどうバランスを取ればいいか。それをおぼえたら、脚を交差させるクロスオーバーを練習してさらにスピードを出せるようにする。ジャンプ練習もそうだ。まずは1回転を習得する。つづいて2回転、3回転、4回転と、体力、技術の向上にともなって回転数を増やしていく。

競技区分も秩序立った設計になっている。地理的にはローカル大会からリージョナル大会へ、最後は全米大会へ。レベルは最初のプレ・プレリミナリーからいくつかの段階をへてノービス、ジュニア、シニアへ。技術も競技区分もすべてが密接にからみあっているし、新しい技術はすべて前の技術の上に成りたっている。だから一段飛ばしでいきなりつぎのレベルに上がるわけ

にはいかない。

ぼくのスケート人生に深くかかわりつづけてきた母も、この「飛ばさずに一歩一歩」という精神をくりかえしぼくに説いてきた。練習でどれだけ調子が悪くても、大会で思いどおりの演技ができずにどれだけがっかりしていても、母は、そういうひとつひとつの困難は、もっと大きな旅路の一歩一歩になるのだということを思い出させてくれた。一歩ずつ歩を進めてしっかりした基礎を築き、その上に新しい技をのせていく。そうやって一段一段地固めしていく戦略によって、ぼくは男子フィギュアスケートの新時代を築く世代の一員になれたのだし、また試合で初めて5種類の4回転ジャンプを跳んだ選手にもなることができた。初のオリンピックに出場できたのも、不本意な成績から立ちなおることができたのも、やはりこの戦略のおかげだった。

そして、このおなじ戦略のおかげで、ぼくは2度めのオリンピックに出場するチャンスを得た。別の結果を出し、別の物語を語る機会を手にすることができた。

でも、オリンピックの物語を昔から夢見ていたとおりの形で完結させるには、しなければならないことがまだたくさんあることもわかっていた。

これは、ようやくそこにたどり着くまでの物語だ。

第1章

はじまりのころ

千里之行始于足下
千里の道も一歩から

チェン家の来歴

3歳のとき、ぼくは初めて氷に乗って第一歩を踏みだした。それが楽しいといったらしく、母はスタイナーの〈スケートを学ぼう〉というプログラムに申しこんでくれた。スタイナーは巨大なスポーツ複合施設で、競泳用プール、トレーニングジムなどさまざまなスポーツ施設をそなえている。スケートリンクも2面ある。ひとつはオリンピック競技用のサイズ、もうひとつはNHL（全米ホッケーリーグ）で定められたサイズのものだ。姉たちは、ソルトレイクシティの別のリンクでスケートを学び、スタイナーができるとそこでも滑っていた。兄たちもここでホッケーをしていた。しかもスタイナーがあるのは、わが家からほんの2マイルほどのところだ。だから自然な流れで、ぼくも母に連れられてかようようになった。はじめは兄や姉たちのお供として、やがてぼく自身が滑るために。

ぼくは5人きょうだいの末っ子だ。長女のアリスは10歳上、そのあと次女のジャニス、長男のトニー、次男のコリンとつづく。コリンはぼくの3つ上だ。きょうだいがみんな学校にかよいはじめると、ぼくは昼間の時間を母と過ごすようになった。遊び相手がいなくなってさびしかったので、ぼくが昼間退屈することのないよう、母はあれこれ考えてくれた。図書館に連れていってくれて、本を借りて帰ることもあったし、母の友人から知恵をさずかってコストコに連れていってくれたこともあった。あそこなら広い通路を走りまわったり、食品売り場で試食したりできるだろうというわけだ。

当時、父はソルトレイクシティにあるユタ大学の学生で、薬剤学および薬化学の博士課程で学んでいた。しばらくのあいだぼくらは、学生用の小さなアパートで暮らしていた。7人の大家族には手狭で、姉たちがひと部屋をいっしょに使い、兄たちと両親と赤ん坊のぼくがもうひと部屋を使っていた。兄たちは二段ベッド、ぼくはベビーベッドだ。

5人の子どもが駆けまわっているわけだから母はいつも大忙しで、ぼくが歩きだすと、姉たちがよく子守をしてくれた。

ぼくが生まれてまもなく、わが家は一軒家に引っ越すことになった。でもあちこち修繕が必要だったので、姉や兄たちがあらかじめ掃除やペンキ塗りを手伝って、ようやく越すことができた。ぼくはまだ赤ん坊だったので、キャリーに寝かされてきょうだいの仕事ぶりを見まもっていた。

両親はいつでも、ぼくらが教育を受け学びを得ることを大切にしてくれた。5人の子どもたち全員が、学校だけでなく、興味をもったさまざまな活動にたずさわれるよう心をくだいていた。教育と学びを大切にするというこの価値観は、両親が中国で過ごした子ども時代に自分たちの親から受けついだものだ。中国では、教育があらゆることがらへの門戸をひらくと考えられている。どんな分野でも、成功しようと思えばその第一歩が教育なのだ。うちのきょうだいは5人ともソルトレイクシティ学区の能力開発プログラム（ELP　エクステンディッド・ラーニング・プログラム）に受けいれられた。これは能力の高い小・中学生に特別な教育をさずける制度だ。

きょうだいはその後、ソルトレイクシティのウェストハイスクールに入学し、国際バカロレアプログラムを受講した。最近、兄や姉たちと振りかえって話をしたのだが、よくぞあんなにいろいろな習いごとをさせてもらったものだとみんなあらためて驚いた。スケート、チェス、ダンス、バイオリン、ビオラ、チェロ、ピアノ、ホッケー、体操……いったい両親はどうやってやりくりしていたのだろう。子どもが5人いたら時間のやりくりだけでもたいへんだし、金銭的なやりくりもかなりきびしかったはずだ。

母は、子どもが学ぶ機会を逃すことが、がまんできない人だ。母は自分の父親から「成功は、才能×勤勉×機会だ」と教わったらしい。才能はもって生まれたもの、勤勉は自分でなんとかできるもの、そして機会は自分で気付いてつかまなくてはいけないものだと。才能は自分ではあまり変えられないが、勤勉と機会は自分の心がけ次第でなんとかなる。でもこの公式はかけ算だから、ひとつでもゼロがあればぜんぶがゼロになってしまう。

母はこの公式を忘れず、自分が子育てをするにあたってそれを忠実に実践した。その結果、ぼくたちきょうだいの日々は習いごとで埋めつくされることになった。でもおかげで各自が新しい技能をたくさん身につけ、今でも楽しい毎日を送っている。

ぼくの両親は、それぞれ興味深い道のりをへてアメリカにやってきた。父は中国南部の広西《こうせい》チワン族自治区の出身。ベトナムと国境を接し、南《みなみ》シナ海に面している土地だ。この周辺のほかの地域と同様、広西も自然の美しさで知られている。洞窟《どうくつ》や河川、石灰岩や石膏《せっこう》や白雲岩の山々。こうした水溶性の岩石が河川や雨水に浸食された結果、石筍《せきじゅん》や鍾乳石《しょうにゅうせき》の発達した、目を見はるような洞窟がたくさんあることでも知られる。兄のコリンは、２０１４年に高校を卒業したとき、父に広西に連れていってもらい、桂林《けいりん》の山々や、漓江《りこう》という美しい川のあたりを旅してまわった。ぼくもいつか行ってみたい。

父はシングルマザーに育てられた。生まれる前に両親が離婚して、母親に引きとられたのだ。おそらく父親には会ったことがないと思う。チェンというのも母親、つまりぼくの祖母の名字だ。

祖母にうながされて、父は最高の教育を受けるよう努力してきた。まずは広西医科大学で医学の学位を取った。そこは中国でも最も古い医療機関のひとつが前身となった大学だ。卒業すると北京《ペキン》へ向かい、軍事医学研究院で軍事医学の修士課程に入学した。父が教えを受けていた教授は、北京のほかに、天津《てんしん》にあるキャンパスにも研究室を持っていた。天津は、北京から南東へ車で1時間半ほど行ったところにある町だ。父はときどきそちらのキャンパスへも出向いていた。

母は北京生まれだが、のちに家族といっしょに天津へ引っ越した。母の父が軍事医学研究院天津キャンパスの教授で、研究員も務めていたからだ。ぼくの両親は、そこで出会った。

母方の祖父は中国北東部の奉天市《ほうてんし》（現在の瀋陽市《しんようし》）にあった奉天医科大学で医学の学位を取った。祖父ははじめから医者になろうと思っていたわけではない。祖父の家は小さな服飾製造業をいとなんでいて、毛皮の手袋や帽子をつくっていた。曾《そう》祖母は商売を大きくしたいと考え、祖父を日本へ行かせて商科の学位を取らせようとした。祖父は当時のことをあまり語らなかったので、大阪にいたのか東京にいたのかもわからない。日本に留学しているあいだに日中戦争が勃発《ぼっぱつ》したが、幸い祖父は中国へもどることができた。帰国した祖父は、多くの人々の病や苦しみを目のあたりにし、医学部へ行って人々を救う方法を学ぼうと考えた。

母方の祖母も医者で、上海《シャンハイ》で学位を取った。祖父母は、上海の病院に勤務しているときに出会ったそうだ。祖母は総合診療医で、母は、祖母がありとあらゆる病気の患者を診察し、必要とあらば、かんたんな手術もこなしていたことをおぼえているという。

母は、中学で外国語を学ぶとき、英語か日本語かをえらぶことになった。その際、留学中に日本語が堪能《たんのう》になった祖父から、日本語をえらぶよう強くすすめられた。祖父にとって日本での経験はやはり大きくて、日本語を学べば、将来日本の大学院に行く道がひらけると考えたようだ。

ぼくの両親は、学業に精を出すだけでなく、ふたりともかなり運動が得意だった。ぼくがスポーツ好きなのはまちがいなく両親のおかげだ。父は大学生のとき、走り高跳びの選手だった。競技会では一番背が低いことが多かったが、観客からの声援は一番多かったそうだ。母は水泳が得意だった。でも祖父から、水泳では飯が食えないといわれた。水泳は、体を動かして楽しむ以上のものではないと祖父は考えていたようだ。母はファッションデザインにも興味があったので、大学を卒業すると天津で紡織を教えはじめた。さらに祖父のすすめで、50人の教師を日本の大学院に派遣し、教育学の学位を取らせるという、国のプログラムに応募することにした。母はむずかしい試験に合格し、プログラムの一員として、日本で1年間過ごすことを考えはじめた。

しかしこのころにはもう母は父と結婚していた。父は南イリノイ大学カーボンデール校大学院への留学が決まり、母をアメリカに連れていこうと考えていた。母自身も、たとえ英語が話せなくてもアメリカのほうが勉強して成長する機会があるかもしれないと考えた。日本は学生ビザの制限がきびしいからだ。

それでも母は、日本行きをすすめてくれた祖父をがっかりさせたくなかった。そこで、いかにも母らしいやりかたで行き先を決めることにした。日本のプログラムは、渡航前に3か月間研修を受けなくてはならない。そこで母は両親に、研修を受けているあいだにアメリカへのビザを申請すると伝えた。もしもビザがおりたら父を追って渡米する。おりなければ、日本へ留学する。

するど母のビザはまもなく発行され、これで行く先が決まった。父は1988年1月に渡米し、母は12月にあとにつづいた。

アメリカへ

アメリカでの暮らしは楽ではなかった。母はファッションデザインを学ぶという夢をあきらめなくてはならなかったし、父は学生だからたいして稼げない。家族が増えるにつれて、やりくりはどんどんきびしくなっていった。母は英語のレッスンを受けるお金もなかったので、自分で英語を学ぶことにした。

姉たちが学校へ上がるまで、両親は中国語で子どもたちと話していた。小さい姉たちが、家で中国語を話しているビデオもある。でも幼稚園にかよいはじめると、アリスもジャニスも中国語ではなく英語を話すようになった。そして娘たちが英語で会話するので、母も英語をおぼえはじめた。母によれば、小さい子はかんたんな言葉で話すから、わかりやすいのだそうだ。さらに子どもたちといっしょにテレビの教育番組でも英語を学んだ。母はぼくたちみんなに英語で話すよううながした。それが母にとっても、一番いい英語の勉強になった。

長兄のトニーが4歳か5歳のころ、母は、子どもたちが中国語を忘れないよう、地元の中国系の教会で土曜日にひらかれる中国語教室に、子どもたち全員をかよわせることにした。けれどトニーがチェスのトーナメントに出場するようになると、試合が土曜日におこなわれるので、中国語教室には出られなくなった。試合があるときは、家族みんなでユタ州内や近隣の州まで応援に行く。しかもアリスとジャニスもチェスをはじめたので、母は中国語をあとまわしにすることにした。それでもぼくたちきょうだいは、今も中国語の会話が多少は理解できる。両親がおたがいに中国語で話すし、ぼくたちには英語と中国語を併用してしゃべるからだ。ジャニスが11歳、トニーが8歳のとき、両親はふたりを中国でおこなわれる夏のチェス合宿へ行かせた。この合宿は北京でひらかれ、チェスの中国代表選手たちと交流できる。これならチェスの技能も中国語も上達し、中国文化についても学ぶことができると両親は期待したのだろう。その期待どおり、ジャニスとトニーはほんの数日で、参加者の子どもたちやコーチと意思の疎通ができるようになった。

でも母は、ぼくたちができるだけまわりの子たちとおなじようにふるまい、おなじようにしゃべりたいと思っていることにも気付いていた。姉たちが家で英語を話すようになったとき、母は、クラスメイトから浮きたくないのだなということを感じとっていた。移民家庭で育つ子どもにとって、それはつねに悩みの種だ。現地になじむことと、独自の文化を受けつぎ民族のアイデンティティや価値観を保つことのバランスをどう取るか。アリスは今になって、もしかしたら当時自分は、中国文化を抑えこんでアメリカの価値観を受けいれるのが早すぎたかもしれないと述懐している。そして下のきょうだいもみんなそれにならってしまったと。

でも、もう一度やりなおすとしても、ぼくらはきっとおなじようにするだろう。両親も、ぼくたちの選択を理解してくれた。子どもたちに疎外感を感じてほしくないし、この国でうまくやっていくためには、できるかぎりなじむ努力をしなければならないと思ってくれたのだ。

ぼくは末っ子なので、初期のことは姉や兄たちほどよくおぼえてはいない。姉によれば、両親は、お金のことでけんかしていたこともあったらしい。それでも両親は、ぼくたちが好きな活動に打ちこむことをなによりも大切にしてくれた。トニーが全米のあちこちでチェスのトーナメントに出場していたときも全力でサポートした。トニーはとても才能があり、特に同い年の選手たちのなかでは非常に強かった。

両親は、ぼくたちが好きなことをつづけられるよう、あれこれ算段してくれた。父がユタ大学に所属していたことも、とても大きかった。父の卒業後も、家族はさまざまな講座や奨学金を受けることができ、おかげでぼくたちは音楽やダンスのレッスンにかようことができた。アリスとジャニスとぼくは、ユタ大学所属のチルドレンズ・ダンス・シアターでモダンダンスのレッスンを受けたし、コリンは大学の放課後クラスや夏季セミナーでエンジニアリングと化学の講座を取った。

父は、博士号を取ったあとバイオテクノロジーのベンチャー企業サラス・セラピュティクスの最初の社員兼研究員になった。この会社は1999年に父の博士課程の指導教官だったドゥエイン・ラフナー教授によって設立された。土台になったのは父と教授の新しいアンチセンス・ライブラリーの技術で、これは抗エイズウイルスの作用をもつアンチセンスRNAとリボザイム分子に関する父の博士課程の研究によって実証されたものだった。4年後、サラスは別の製薬会社に買収されてそこの研究開発部門になった。しかし1年もたたないうちにその会社は、新薬が2件、食品医薬品局（FDA）によって非承認になったせいで、ほとんどすべての社員を解雇することになってしまった。ぼくの父もそのひとりだった。

さまざまな支援を受ける

そのころは、ぼくたち一家にとってほんとうにきびしい時期だった。でも、まだ幼かったぼくは、どれだけ事態が深刻なのかわかっていなかった。そういえば小学生のときには、数か月間スケートのレッスンが受けられず、母とふたりで練習していた時期があった。レッスン料が払えなかったのだ。

ぼくのスケート人生を通していえることだけれど、特にこの初期のころ、スポンサーや、匿名で寄付をしてくれる人々の厚意がなかったら、ぼくはスケートをつづけてこられなかっただろう。2007年の夏、父はマイケル・ワイス財団の記事を読んだ。若いスケーターに奨学金を授与している財団だ。父は、この財団にEメールを出して、まだひよっこスケーターだったぼくがどれだけ上達してきたかを伝えた。マイケルは1990年代後半に活躍したアメリカのフィギュアスケート選手で、オリンピックに2度出場したほか、世界選手権でふたつのメダルを獲得している。現役時代のうちに財団を設立し、将来有望なスケーターを経済的に支援しはじめた。すると驚いたことに、マイケルから返信が届いた。財団が申請を受けつけるのは特定の時期だけだが、父のメールから察するに、ぼくは「特別な子ども」だと思われるので支援を決定した、というのだ。それからほどなくして、ぼくのスケートにかかる費用の足しにと、父あてに速達郵便で200ドルが送られてきた。

それははじまりにすぎなかった。以後10年以上にわたって、ぼくはマイケルの財団から奨学金として7万5千ドルを受けとった。そのお金はぼくがスケートをつづけるのに絶対に必要なものだった。ぼくのスケート人生にとって、マイケルの惜しみない支援は非常に大きな意味をもっていた。このようにマイケルは、フィギュアスケートへの恩返しとはどういうものか、すばらしいお手本を示している。彼の財団は、ほかにも多くの選手を支援してきた。そのなかには、アダム・リッポン、アシュリー・ワグナー、ミライ・ナガスといったトップ選手もいる。みな、全米チャンピオンになった選手だ。

さらにぼくが幸運だったのは、コーチをはじめとして、多くの人々の温かな支援にも恵まれたことだ。コーチたちはけっして規定の料金を請求しなかったし、無料でレッスンを延長して数えきれないほどの時間をぼくと氷の上で過ごしてくれた。〈ハーリック〉、〈ウィファ〉、〈ジャクソン・アルティマ〉、〈ジョン・ウィルソン〉といったスケート靴やブレードのメーカーからは、製品を提供してもらった。また、ぼくの急な依頼に応じて、無料でブレードを研いでくれた人たちが何人もいた。

ぼくのスケートの費用を捻出《ねんしゅつ》するために、母は父の中英医学用語辞典で医学用語を学び、通訳養成クラスと試験を受けて、地元の病院の通訳になった。中国語しか話せない患者が医師とやりとりするのを手助けする仕事だ。ただ、仕事が定期的にあるわけではなく、母は呼ばれると出かけていった。母はほかにも、家族を助けるために、ぼくが学校にいっているあいだにさまざまなパート仕事をしていた。しばらくのあいだ、よその家の掃除の仕事をしていたこともある。いいお金になると、友人からすすめられたのだ。

ぼくは今になってようやく、特に母がぼくのために大きな犠牲を払ってくれたことを心からありがたく思うようになった。スケートはとにかくお金のかかるスポーツだが、母はぼくのレッスンが経済的に大きな負担になっているようなそぶりは一切見せなかった。そしていつでもなんとかして、ぼくが氷の上にいられる方法を見つけだしてくれた。

きょうだいの影響

「末っ子」だったぼくは、兄と姉たちがなにかをしているのを見ては、すぐに飛びついてまねをしていた。そのせいで、兄や姉たちより少しばかり活動的でこわいもの知らずに育ったのかもしれない。姉たちとぼくはピアノを習っていたので、うちにはアップライトピアノがあって、ときには母のしつけの道具にもなった。ぼくたちがまちがったこと、危ないことをしたとき、母はぼくたちをピアノの上に乗せ、どうして走りまわったり、叫んだり、だめだといわれている物にさわったりしてはいけないのかを説いてきかせることがあった。小さな子どもからしてみれば、ピアノの上はかなりの高さだ。母は、万が一ぼくたちが落ちたりしてもケガはしない高さだとわかっていたし、もしものときのためにそばに立っていた。そうやって高いところに乗せて、自分たちが悪いことをしたこと、二度としてはいけないのだということを、ぼくたちの脳にきざみつけようとしていたのだ。

あるとき、いたずらをしてピアノの上に乗せられたぼくは、そこからひょいと飛びおりた。母はものすごく驚いた。小さな体のぼくが、そんなに高いところから飛びおりられるなんて、信じられなかったのだ。ぼくは声をあげて笑って、もういっかいのせて、とねだった。そうすれば、もう一度飛びおりられる。母はどうしていいかわからなくなった。狙っていたお仕置きにならないとわかったからには、もうぼくをピアノの上にもどすわけにはいかなかった。

そのピアノは、姉たちとぼくがずいぶん弾いた。どういうわけか、兄たちは弾こうとしなかった。コリンはチェロを弾き、トニーは高校に行ってからドラムとトランペットを演奏するようになった。ぼくは、姉たちがピアノを弾くのを見ていて、おなじようにやりたがったらしい。ぼくが1歳半のころ、両親が子どもたちをトイザらスに連れていって、クリスマスプレゼントにどれでも好きなおもちゃを選んでいいといった。ぼくは、ミニサイズのサッカーとバスケットとフットボールのボールが入ったセットと、小さなおもちゃのピアノをつかんだらしい。ピアノに夢中になって、長いあいだその通路にとどまっていた。母がいくら、お兄ちゃんやお姉ちゃんたちについていって、ほかのおもちゃも見ておいでといっても、ピアノの前にすわりこみ、てこでも動こうとしなかった。買って帰ると、何時間もそのピアノを弾いて過ごした。もちろん、ぽろぽろと音を出していただけだったろうけれど。

スケート人生のはじまり

やがて、きょうだいたちにくっついてスタイナーに行くうちに、スケートがぼくの日課のひとつに加わった。最初に何度か氷に乗ったのは、まだよちよち歩きのころだったから、たいしたことはできなかった。ほとんどはただつったって、足もとの氷のつるつるした不思議な感触を味わうだけだった。でも、気に入ったのはまちがいない。というのも、リンクの一般滑走の時間が終わって、みんなが氷からおりなければならない時間になっても、ぼくはがんとして動こうとしなかったからだ。整氷車が入れるように、監視員がやってきてやさしくリンクの外に連れだそうとしたけれど、ぼくは出たくないと泣きわめいた。これには母もこまったにちがいない。でもぼくは、ずっと氷の上にいたかっただけなのだ。

もしかしたら、そんなに幼いころから氷に乗っていたおかげで、ずっとスケートが大好きだったのかもしれない。ぼくは、整氷したばかりのきれいな氷の上を静かにいきおいよく進んでいくときの、力がみなぎる感覚を楽しんできた。兄たちのようにホッケーもやりたかったけれど、まだ3歳で小さかったから、母はホッケー靴の湾曲したブレードのせいでうしろにころぶのではないかと心配した。かわりに母は、オンラインショップでフィギュアスケートの靴を買ってくれた。その靴をはいたぼくの写真がある。そう、その靴は白かったので、多くの人に姉からのおさがりだと思われていたが、実はそうではない。白いスケート靴は黒いスケート靴より安かったのだ。そのころ母は、フィギュアスケートのことをほとんど知らなかったので、靴の色でなにがちがうの？　と思ったのだった。母のいうとおり、靴の色は関係なかった。その白いスケート靴がぼくをスケート人生へと導いてくれたのだ。大きな喜びと達成感をもたらすと同時に、とてつもないくやしさや悲しみの原因にもなるスケート人生のはじまりだった。スケートは、今日《こんにち》のぼくを形成し、失敗から成功を、落胆から満足感を生みだすすべを教えてくれた。ぼくは今もそうした学びを得ている途上だが、スケートが成長の基盤をつくってくれた。最初の白いスケート靴は、今も両親がどこかにしまってくれていて、ありがたく思っている。

兄と姉たちを学校に送りだすと、母はぼくを一般滑走のスケートリンクに連れていった。滑走時間は午前9時からで、ほとんどの子どもは学校に行っている時間だから、リンクはたいていかなり静かだった。でも、ぐるぐるまわっているのはすぐにつまらなくなったので、母はグループレッスンに入れたほうがおもしろくなるだろうと考えた。そして2002年9月、ぼくを〈スケートを学ぼう〉プログラムのクラスに入れた。〈スケートを学ぼう〉はアメリカフィギュアスケート連盟が各地で開校しているスケート教室で、最初のレベルは、教室のキャラクターのクマの名をとって〈スノープラウ・サム〉と呼ばれている。ここではまず、とまりかたをおぼえる。ブレードをスキーのボーゲン（スノープラウ）みたいに逆「V」の形に押しだしてとまるのだ。グループレッスンで習ったことはどんなことでも、母が一般滑走の時間に練習させてくれた。

こうして母は、ぼくのスケート人生に本格的にかかわりはじめた。最初から、母はぼくのスケートに100パーセント取り組んでいた。週に1、2度レッスンを受けたら、残りの日は習ったことを練習すべきだというのが母の信念だった。練習をせず上達しなかったら、つぎのレッスンでもおなじことのくりかえしで時間の無駄になってしまう。特に、うちはお金に余裕がなかったので、母は子どもたちがなにを習うにせよ、そこからできるだけのことを身につけさせたいと願っていた。

母はぼくに、なにかをものにするまで、あきらめずに努力しつづける気持ちを植えつけてくれた。母のおかげでぼくは鍛錬をおぼえ、どんなにきびしい状況になっても、困難を切りぬけるすべを身につけた。ぼくが氷の上にいるあいだも、母は軽食用のカウンターで休んだり、くつろいだりはしなかった。どのレッスンのときもリンクサイドにすわって、ぼくがなにをしているか、細かいところまで目を配っていた。〈スケートを学ぼう〉のクラスでも、コーチと個人レッスンをしているときでもおなじだった。母は毎日、一般滑走の時間にぼくをリンクに連れていき、レッスンで習ったことを練習させた。スポーツであれ、音楽であれ、ほかの習いごとであれ、子どもになにか習わせるとなったら、そうするのが親の務めだと母は思っていた。でも、たいへんな感じはまったくなかった。母が、楽しみながら練習できるように工夫してくれたからだ。ぼくが新しいエレメンツ（注：演技を構成する要素）をおぼえると、母はそのころぼくが大好きだったおやつ、赤い魚のグミキャンディをごほうびにくれた。

そうした練習が功を奏して、ぼくは短いあいだに技術を習得していった。当時の先生だったステファニー・グロスカップは、ぼくのグループレッスンでの上達具合を見て、母に週1回個人レッスンを受けることをすすめた。最初のコーチになったステファニーのおかげで、ぼくはスケートが大好きになった。ステファニーからは基本を教えてもらった。滑りかた、エッジで氷を押す方法、そして、氷を押して前進しながらリンクをまわり、ぐんぐんぐんぐん加速していくときの純粋な喜びも。ステファニーは、ぼくにとって大切な土台を築いてくれたのだ。そのころに撮ったステファニーとぼくの写真がある。ユタ州冬季大会という試合に初めて出場したときのもので、ぼくは青いベストに赤い蝶《ちょう》ネクタイをつけて、例の白いスケート靴をはいている。プログラムは、スノープラウでとまったり、ふたつみっつステップを踏んだり、バニーホップでぴょんと跳んだりのかんたんなエレメンツだけで構成されていた。それでも、ぼくは優勝した！

　ぼくは、いくら氷の上にいても足りなかった。フィギュアスケートをはじめて２、３年たつころには、兄たちにつづいてアイスホッケーもはじめた。母は、いい考えだと思ったようだ。まず、ホッケーはチームスポーツだから、おなじ年ごろの子どもたちといっしょにいられる。それに、ホッケーをやることで脚の力が強くなる。さらに、うまくなるには戦略を学び、すばやい判断をしてプレーしなければならない。

　けれどもホッケーのスケート靴に母が抱いていた懸念は、まさに現実のことになった。そう、最初の何回か、ホッケーの靴をはいて氷の上に踏みだしたとたん、ぼくはうしろ向きにころんだのだ。母はこれがよっぽどおかしかったらしく、今でも思い出しては笑っている。３回ころんだところで、ただただ母が笑うのをとめたくて、ぼくはようやくホッケー靴のブレードでもバランスをとれるようになった。それから何年かは、スタイナーのフィギュアスケートとホッケーのリンクを行ったり来たりしていた。これがすごく楽しかったし、フィギュアの靴からホッケーの靴にすばやくはきかえるのが得意になった。

負けずぎらいな少年

ぼくがスケートの技術をかなり早く身につけられたのは、ほかの人がやっているのを見てまねをするのがうまかったためだ。けれど、かなりこわいもの知らずだったおかげでもある。ステファニーに新しいことをやってみるようにいわれると、こわくなったり、できなかったらどうしようと考えたりする前に、ただやってみた。最初はころんでも、もう一度やって、またころんで、またやってみる。そのくりかえしだった。本気で頭に来たこともあって、何度も氷の上で泣いたのをおぼえている。それでも、どんなに腹が立っても、ぼくはやりつづけた。ときどき、ころんだり新しいエレメンツができなかったりして、泣きだして滑るのをやめてしまう子もいた。こまったコーチはぼくを指さして、冗談まじりにこういったものだ。「ネイサンを見てごらん、泣いているけど、それでもまだ滑っているよ！」と。

母がぼくにぴったりのごほうびをちらつかせて、やる気にさせてくれたのも大きかった。ほかの子がドーナツスピン（手でブレードをつかんで、上半身と脚をつないで輪をつくり、氷と平行の位置でまわるスピン。上から見たときにドーナツのように見える）をしているのを見たとき、母はこういった。「かっこいいね、やってみよう！　もし1回でできたら、ドーナツを買ってあげる」。つぎの一般滑走の時間に試してみて、ぼくは1回で成功させた。母は約束を守らなければならなかった。

ぼくの氷上での競争意識を高めつつ、おなじエレメンツの練習を楽しくくりかえせるように、母は〈スーパーヒーロー対悪者〉というゲームを考えだした。まず母の右手にスーパーヒーローの名前をつけ、左手に悪者の名前をつける。ぼくが正しくできたら、母の右手の指が1本折りたたまれて、ヒーローの得点になる。ぼくがミスをすると、左手の指が折られて、悪者の得点になる。ゴールは、悪者より早く、スーパーヒーローの指をぜんぶたたむことだ。悪者の指が先に折りたたまれると、ぼくはむきになった。すると母が、スーパーヒーローが勝つには、つぎの2ラウンドを戦ってどちらも勝つしかないという。ぼくはなにも考えず、すぐにつぎの戦いを挑み、けっきょく27回もエレメンツをくりかえした。母がいつもこのゲームをしてくれたので、ぼくはぐるぐるまわって滑るのにも、なにも考えずに何度もおなじ動きをくりかえして練習するのにも飽きることはなかった。

兄たち姉たちがいたので、ぼくはどんどん負けずぎらいになっていった。ほかのみんなは年上だから、ぼくよりうまくできる。でも、だからといって、きょうだいを負かすのをあきらめるつもりはなかった。コリンがぼくとはゲームをしたくないといったこともある。ぼくがいつも勝ちたがり、勝てないとかんしゃくを起こしていたからだ。

スケートをはじめて2年ほどたったころ、ぼくはふたたびユタ州冬季大会に出場した。スピードスケート、フィギュアスケート、ホッケーの試合がおこなわれるスポーツフェスティバルだ。滑ったのは、「スリー・ブラインド・マイス」というプログラムで、衣装は母がつくってくれた。灰色のつなぎに黒いベストと赤い蝶ネクタイをつけたものだ。出場者はぼくともうひとりだけで、ぼくは2位に終わったが、優秀選手賞をもらった。家に帰ると、兄たちがどうだったかきいてきたので、ぼくは「2位だった」と答えた。するとトニーが、「なんだ、ビリか」といった。ぼくはかっとなって、そんなのうそだと大泣きした。

ぼくは母に泣きついて、トニーがビリっていってるけどほんとうなの？　ときいた。すると母はこういった。「2位になったともいえるし、ビリだったともいえる、おなじだからね」。そんな言葉はなんのなぐさめにもならなくて、ぼくはトニーの言葉にかっかしつづけ、負けずぎらいをつのらせていった（トニーはまったくおぼえていないそうだが、自分がいいそうなことだったとは認めている）。

姉たちはそんなに意地悪ではなかった。ぼくが幼いころダンスや音楽に興味をもったのは、ふたりのおかげだ。アリスはバレエに夢中になって、当然ジャニスもそれにならった。姉たちは幼いぼくにダンスを教えこみ、練習用のステップを考えてくれた。誰も一度も見てはくれなかったけれど。兄たちは、姉たちになにかさせられると、どんなことでも抵抗していたが、ぼくは勝ち負けがからまなければ、かなりおおらかなほうなので、一度も文句をいったことはなかった。

　姉たちはよく冗談めかして、わたしたちはあなたがスケートをはじめるより前に、オリンピックに出てたんだからね、という。実際ふたりは、ぼくよりずっと早くに、ある意味オリンピックに出場していた。２００２年のソルトレイクシティ五輪の開会式と閉会式に、〈光の子どもたち〉役で参加していたのだ。そのオーディションの話もまた、ぼくの両親が子どもたちに機会を与えてやるためなら、どんな苦労も惜しまなかったことを物語っている。オーディションの前の晩、トニー、アリス、ジャニス、コリンはネバダ州ラスベガスでチェスの試合に出場した。その後、アリスとジャニスのオーディションに間に合うように、一家全員で夜通し車を走らせてソルトレイクシティまでもどったのだ。ふたりは当然のように合格した。だが、いかにもチェン家流なのは、オーディションのあと、またすぐさま車でラスベガスまでとって返して、連日のチェスの試合に出場したところだ。

〈光の子どもたち〉は、大会のテーマ「内なる炎を燃やせ」を象徴していた。吹雪につかまったひとりの子どもが、ランタンと、恐怖を乗りこえる内なる力を頼りに道を見出《みいだ》すというストーリーだ。その子どもは、この「炎」を何百人もいるほかの子どもたちにわたす。姉たちもそのランタンをのなかにいた。衣装はふわふわの白いコート、白い帽子、スカーフ、手袋。手にはランタンをもっていた。もちろん、のちに姉たちがぼくにその衣装を着せて、一般滑走の時間に氷の上に送りだしたのはいうまでもない。ぼくは小さなイエティ（雪男）みたいに見えただろうけど、ありがたいことに、そのときのことはまったくおぼえていない。

母にはげまされてぼくはスケートをつづけ、地元の大会でトロフィーやメダルを獲得するようになった。試合では、母が縫ってくれた衣装を得意になって身につけていた。母の衣装づくりの技術のほとんどは、姉やぼくがダンスを習っていた〈チルドレンズ・ダンス・シアター〉でボランティアをしながら習得したもので、母はぼくが12歳になるころまで、何時間もかけて衣装を縫ってくれた。

ジャンプ指導を受ける

2、3年たつうちに、スタイナーのコーチが入れ替わりはじめた。ほかのスケートクラブから新しいコーチがやってきて、年少の生徒を何人か受けもつようになり、ぼくの母もステファニーからコーチを変更するように勧誘された。母はどうしたらいいかわからなかった。ステファニーはほんとうにいい先生で、幼い子どもたちにどう伝えたらいいかを心得ている人だった。たとえば、スクラッチスピンを教わったとき、ステファニーは大きなマシュマロをつぶすみたいに、両腕を体にぴったり引きつけてやってごらん、といった。4、5歳の子どもが理解しやすいように教えてくれたのだ。

けれども、ぼくが上達するにつれて、母はコーチを変更する方向にかたむいていった。幼稚園の先生がどんなにいい人でも、いつかは1年生に上がらなくてはならない。ぼくが、ジャンプもふくめて、どんどん技をおぼえはじめていたので、母はもっとジャンプ技術に力を入れているコーチが必要ではないかと考えた。でも、スタイナーに来た新しいコーチがぼくに合っているかどうかは、自信がもてなかった。

そこで母は、ほかのスケーターの親たちにどんなコーチがいるかをたずね、自分でも調べて何本も電話をかけて、ぼくによさそうな人を探しあてた。カレル・コバールだ。ステファニーに教われなくなったのは悲しかったけれど、その後も交流はつづき、ステファニーはぼくのスケート人生にかかわりつづけた。ぼくたち親子がソルトレイクシティを離れたあとも、大きな決断をするのに悩んだときや、スケート人生でつぎにどうしたらいいかわからなくなったときなど、母は折にふれてステファニーに電話をかけてアドバイスを求めていた。

カレルはソルトレイクシティ在住ではなかったが、車で1時間ほどのオグデンに住んでいたので、母が週に2回、車でそこまで連れていってくれた。まだ学校に上がっていなかったから、それでもうまくいった。カレルはチェコスロバキアの出身で、現役時代は自身の姉と組んでペア競技をやっていた。シングルで何人ものオリンピックチャンピオンを育てたロシアの有名なコーチ、アレクセイ・ミーシンの指導を受けた経験もあったので、母はカレルの技術力や知識に信頼をおいていた。

実際、ぼくのジャンプ技術の基礎をつくってくれたのは、カレルだった。6種類のジャンプ――トウループ（「トウ」と略されることが多い）、サルコウ、ループ、フリップ、ルッツ、アクセル――の跳びかたの技術を、ひとつひとつ教えてくれた。トウ、フリップ、ルッツはトウをつくことで空中に跳びあがるジャンプで、トウジャンプと呼ばれる。残り――アクセル、サルコウ、ループ――はエッジに深く乗ってから、トウをつかずに体を空中に押しだすジャンプで、エッジジャンプといわれる。カレルは独特な回転姿勢を教えてくれた。両腕をシートベルトのように胸の前で交差させるのだ。これがごく自然にできるように、カレルはセンサーつきのベストをぼくに着せた。手がどこにふれたかを感知するセンサーで、正しい回転姿勢がとれたときには、ベストがピーピーピー鳴る仕組みだ。今でもぼくは、この回転姿勢で跳んでいる（ありがたいことに、もうピーピー鳴らなくても跳べる）。カレルは2回転（ダブル）ジャンプをすべて教えてくれた。一番かんたんなダブルトウから一番むずかしいダブルアクセルまで。アクセルは、いまだにぼくが最も手こずっているジャンプだ。3回転（トリプル）や4回転（クワド）を跳ぶようになっても、それは変わっていない。

カレルは、ジャンプ技術に長《た》けた元スケート選手をもうひとり紹介してくれた。チェコスロバキア代表だったヨゼフ・サボフチクだ。1984年のサラエボオリンピックで銅メダルを獲得し、目を見はるようなジャンプで「ジャンピング・ジョー」の異名をとった選手だ。カレルとは親しい友人で、ユタ州バウンティフルで家族と暮らしていた。ヨゼフはたいていツアーに出ていたため、都合がついたときに何度かレッスンを受けた。通し練習（ランスルー）でミスをしても、プログラムの途中でとまってはいけないと教えてくれた、初めてのコーチだった。

カレルはとてもきびしかったけれど、親切だった。カレルのおかげで、ぼくはスケートを新たな視点から見られるようになり、より真剣に練習に取り組むようになった。

体操とバレエを習う

それでも、強いスケーターをつくるのはジャンプだけではない。母もそれをわかっていた。そのため、ぼくはスタイナーのアイスダンスのコーチ、ケント・ワイグルにも何度かレッスンを受け、エッジワークと基本的なスケーティングスキルの向上に取り組んだ。だが、それだけでは終わらなかった。母はさらに、ダンスと体操のクラスからも、ジャンプに必要な体の動かしかた、強さを得られると考えた。フィギュアスケートではスピンであれジャンプであれ、すべて垂直の軸で回転するため、水平軸でも回転する体操をやればバランスがとれるのではないか、というのだ。

２００６年の夏、母はバウンティフルでロシア人夫婦が指導している体操教室を見つけて申しこんだ。母はぼくを車に乗せて、午前中は体操のためにバウンティフルまで行き、午後になるとスケートのためにソルトレイクシティのリンクにもどった。ぼくはかなり体操が気に入ったし、けっこうよくできたので、州大会や地方大会に出場する少年チームに誘われた。けれどチームの練習は週６日もあったので、学校がはじまったら、体操とスケート両方をつづけるのは無理だった。母は体操もやめさせたくなくて、週１回のレクリエーション・クラスにもどることに決めた。

これには、体操の先生が驚いて、ネイサンは運動神経がいいのだから、レッスンを減らしたら体操選手としての将来を台無しにしてしまう、と母にいった。ぼくが話していなかったため、先生はそのときのぼくがどれだけ真剣にスケートに取り組んでいるか知らなかったのだ。先生はそのことを理解すると、ぼくだけ特別に、週１日、金曜日だけの練習でチームに残れるようにして、大会にも出られるよう取りはからってくれた。先生にはとても感謝している。２００８年３月、ぼくはユタ州セントジョージでおこなわれた、ユタ少年体操選手権の個人総合で優勝した。

バレエのクラスでもおなじく両立に悩むようになった。ぼくは、ソルトレイクシティの大手のダンスカンパニー〈バレエ・ウエスト〉でレッスンを受けはじめた。母が、氷の上での芸術性や音楽性の向上に役立つと考えたためだ。スケートや体操とおなじで、バレエに真剣に打ちこんでいる人は、ほぼ毎日レッスンを受けていた。でも、ぼくにはそれができない。母はカンパニーのディレクターのピーター・クリスティと話をして、週3回のレッスンにしてもらった。ぼくは小学生のあいだは毎年、〈バレエ・ウエスト〉の『くるみわり人形《にんぎょう》』の公演で甥《おい》っ子かフリッツの役を踊るようになり、『白鳥《はくちょう》の湖《みずうみ》』や『眠《ねむ》れる森《もり》の美女《びじょ》』の公演でも踊った。

忙しい日々

ぼくの毎日は、さまざまな活動でどんどん忙しくなっていった。学校で1日過ごしたあと、母が車で迎えにきてスタイナーに行く。そこで2時間、自由に滑ると、日によってはそのままそこでホッケーをする。別の日には、車にもどってバレエのクラスに行く。金曜日は体操教室だ。家に帰ると、夕食をとり、宿題をして、ピアノの練習をして、ベッドに入る。毎週そのくりかえしだった。

当時のぼくは、どうして自分がスケートをしているのか、どうして母があれだけの時間をぼくとスケートのレッスンにかけているのか、一度も疑問に感じたことはなかった。うちの家族では、そのレベルの献身はあたりまえのことだったのだ。母は、どの子どもがやっていることにも、わけへだてなくかかわりつづけていた。アリスは学校のダンスドリルチームに入っていて、朝6時から練習があったので、母は朝5時に起きて準備をさせていた。母はぼくとまる1日リンクで過ごし、みんなの食事の用意をしたあと、夜中の1時か2時まで起きていて、子どもたちが宿題で苦労していたら手伝い、翌朝はまた早くに起きて、アリスをダンスドリルの練習に送っていく。アリスやジャニスやコリンがピアノ、バイオリン、ビオラ、チェロの練習をしているときには、すわって耳をかたむけ、音がはずれたときには教えてあげたりもする。

父はトニーと過ごすことが多かった。トニーのチェスのサポートをしていて、週末、車で数百マイル離れたユタ州南部のセントジョージまで行き、ロシア人のグランドマスターに指導を受けていた。トニーはチェス学生選手権の全国大会や州大会で何度も優勝した。トニーの影響で、ほかのきょうだいもチェスをはじめ、ジャニスは2度、ユタのチェス女性チャンピオンになった。わが家のチェス熱は、ぼくが生まれる前からはじまっていて、赤ちゃんのときもつづいていた。母はぼくを抱っこして、兄や姉の試合を見まもっていた。チェン家の子どもたちにとって、それぞれの活動に多くの時間をかけて没頭するのはふつうのことだった。

ぼくにとっては、それがスケートだったのだ。とても幼いころからはじめたので、リンクでたくさんの時間を過ごす自分の生活がほかとどれだけちがうかなんて、意識はしていなかった。リンクが、ぼくのいたい場所だったというだけだ。ぼくは母にいわれたことを喜んでやった。〈スケートを学ぼう〉のクラスに入ったのも、コーチのレッスンを受けたのもそうだ。ほかの子どもたちが自分ほどたくさんの時間をリンクで過ごしているわけではないことに、まったく気付いていなかった。

そんなわけで、母がぼくのスケートの上達に熱心になったのも、ごく自然ななりゆきだった。母はぼくがすることの目標をつくった。たとえば、練習時間にダブルフリップを10回きれいにおりる、というようなことだ。もしリンクが使える時間内に10回できなかったら、母はぼくとスケート道具を車につめこんで、近くのまだ滑れるリンクまで行き、合計で10回成功するまでジャンプを跳ばせた。しばらくのあいだ、ダブルサルコウに苦労していた時期もある。回転不足、つまり、ジャンプの最後の4分の1か半回転を、空中ではなく着氷してからまわっていたのだ。

そのころ、金曜日にはバウンティフルの体操教室に行っていたので、スケートの時間にサルコウの練習をしたあと、車で30分かけて体操教室に出ると、その後バウンティフルにある別のリンクに連れていかれて、さらにダブルサルコウの練習をさせられた。「練習が完璧《かんぺき》を生む」というのが母の哲学で、実際、練習を重ねるにつれて、クリーンにおりられるようになっていった。ぼくたち親子があまりにも長い時間リンクにいるので、寝袋をもって引っ越してきたらと冗談をいわれたこともあったくらいだ。

母はいつでも、練習に対して前向きだった。ジャンプをおりられなくても、こういっていた。「今日はころぶ日ってことにしておこう」と。どんなにぼくがころびつづけて、いらいらしだしても、跳びつづけるようにはげました。跳ぶのをやめさせて、また明日やろう、というコーチや親は多い。でも、母は絶対にやめさせなかった。「今日がころぶ日なら、明日はおりる日だからね」というのだ。

あるとき、ぼくがひとつのジャンプで何度も何度もころんでいたので、見ていたほかのお母さんがかわいそうに思ったのだろう、母に、どうしてやめさせないのかとたずねた。「ころぶ癖がついてしまうのがこわくないの?」と。母はまったく心配していなかった。ころぶのは学びの過程で、じゅうぶんに学んだら、ぼくが習得できるとわかっていたのだ。

新しいコーチ

小学校に上がると、オグデンまで車で行ってカレルに習う時間がとれなくなった。そこでカレルのほうから、週に2、3回ソルトレイクシティまで来て、レッスンをしてくれるようになった。このレッスンは3年ほどつづいた。やがて母は、いつでもリンクにコーチがいたほうがより有益だと感じはじめた。ぼくが8歳になった2007年の夏、スタイナーのあるコーチが自分の教え子のために夏のキャンプを開催した。そのコーチが教え子のために準備をし、みんながたっぷりと練習を積んでいるのを見て、母はうらやましがった。最初に母からそのコーチのところに行ったのか、ぼくの上達具合を見てあちらから声をかけてきたのか、母はおぼえていないそうだが、とにかくそのコーチは、ぼくに指導するだけでなく、レッスンをサポートしてくれるスポンサーを見つけてあげようと提案してきた。母は毎日練習を見てくれるコーチを求めていたので、カレルのもとを離れて、その新しいコーチにお願いしようと決心した。

ところが、どうしてかはわからないが、そのコーチはぼくが放課後体操教室にもかよっていることに気付き、体操まで習わせる余裕があるなら、レッスンのスポンサーは必要ないだろうといいだした。母は、体操のレッスンは1時間あたり数ドルだし、スケートを強化するためにリンク外でのトレーニングとして習っている、わが家の財政では、とてもきょうだいたちやぼくがやっていることのすべてはまかないきれず、毎日コーチのレッスンを受けるのは経済的に不可能だと説明した。だが、コーチは納得せず、けっきょくそのコーチにつくことはなかった。

ぼくはコーチ不在の状況におちいった。でも、いつものように、ぼくが知ることはなかった。気付かないうちに、母が解決策を見つけてくれたからだ。母は、経済的な事情でぼくに大好きなことをやめさせたくなかったから、なんとしてもコーチを見つけると心に決めていた。

　それからコーチが決まるまでのおよそ3か月間、母はぼくの毎日の練習を事細かに計画した。ジャンプを何本練習するかを指示し、着氷がもっと安定するように手助けしてくれた。そのために母は、リンクの管理者やほかの選手のお母さんたちともめた。聞こえよがしに、あの子にコーチがいなくなったのは、誰も教えたがらないからよね、と噂する人たちもいた。母はこれにひどく傷ついて、ぼくのスケート人生で最も困難な時期のひとつとして記憶しているという。

　この件で母はほんとうに悩んでいたが、同時に意欲をかきたてられてもいた。絶対に、何者にもぼくのスケートの進歩の邪魔はさせない、と心に誓っていた。母はふたたび、指導を頼めるコーチを探しはじめた。そして、ソルトレイクシティでコーチをしていた、エイコップ・マヌーキアンという優秀なジャンプコーチの話を思い出した。エイコップはアルメニア出身の男子シングルの選手だった人で、アクロバティックな動きを氷上にもちこんだことで知られていた（映画『俺《おれ》たちフィギュアスケーター』の主演のひとり、ウィル・フェレルのスタントをしたのがエイコップだったという、おもしろい話もある）。母は彼に連絡をとって、ぼくを指導する時間があるかどうかきいてみることにした。残念なことに、彼はワイオミング州ジャクソンホールに引っ越してしまっていた。ただ、今もバウンティフルに家があるので、そこに来ているときには、レッスンをしてもらうことになった。

ほんの数回だけだったが、エイコップのレッスンはとても実り多いものだった。でも母は、ずっとついていてくれるコーチを求めていたので、コーチ全員のリストをもっているリンクの役員に相談し、若いロシア人コーチ、ジェーニャ・チェルニショワに目をつけた。母からジェーニャのレッスンを予約したと聞かされたときは、ちょっとこわいと思った。リンクで彼女が生徒に教えているところを見たことがあって、すごくまじめできびしそうに見えたからだ。それでも母は、とにかく試しに受けてごらん、週に1回、たった15分のレッスンだから、とぼくを納得させた。

ぼくは、母がジェーニャの15分のレッスン料しか払えなかったのを知らなかった。そのころ父が自分の会社をはじめたため、うちの財政はさらにきびしくなっていたのだ。そこでジェーニャにレッスンを頼んだとき、母は週15分でお願いし、残りの時間は自分が練習を見ると約束した。ぼくのスケート人生にかかわった多くのコーチと同様、ジェーニャは思いやりと理解のある人だった。最初から約束のレッスン時間にこだわることはほとんどなかった。15分は30分に、それから1時間になり、けっきょく週6日、1日2回のレッスンをしてくれるようになった。そして、けっして追加料金を要求することはなかった。

ジェーニャはやはりちょっとこわいときもあった。ぼくが体操を習っていると聞くと、ケガをするのではないかと心配し、もしリンクに足を引きずって入ってきたりしたら怒るからね、といった。ジェーニャはユタ・オリンピックオーバルでも仕事をしていて、ときどき教え子をそこのリンクに連れていって滑らせてくれた。そこでは全米スピードスケートチームが練習していた。おそらく、ぼくがリンクをびゅんびゅん滑っていたものだから、それを見たスピードスケートのコーチが、あの子はスピードスケートに興味はないか、とジェーニャにたずねたのだと思う。母が聞いていると、ジェーニャは大きな声で、あの子はフィギュアスケートの選手で自分の教え子だから、手出ししないで、と答えていたという。その後ジェーニャはぼくに、もしスピードスケートの靴をはいているところを見たら、追いかけてつかまえるからね、といった。

全米選手権に出場——インターミディエイトからノービスへ

ジェーニャの指導のおかげで、ぼくは試合に出られるようになり、またアメリカフィギュアスケート連盟が定めるレベルを順に取得していった。地元以外の試合、特にスケートをはじめたばかりのころの小さな大会に参加するときには、選手と家族がコーチの飛行機代、レンタカー代、食事代、宿泊費を出すのがふつうだ。それ以外にも、試合中の指導料、リンクから離れているために得られなかったコーチの収入分まで負担しなくてはならない。合計するとかなりの額になる。

ところがジェーニャは、飛行機代以外、母に一切請求しなかった。宿泊代をできるかぎり安くすませるために、ぼくたちといっしょの部屋に泊まることさえあった。また、演技のあとリンクに投げこむぬいぐるみも、母が買うのはたいへんだろうと、ユタで試合があるときには、自分の夫を呼んで投げこみをしてもらい、ぼくにさびしい思いをさせないようにしてくれていた。

２００８年、９歳のぼくは、ニューヨーク州レイクプラシッドで12月に開催される全米ジュニア選手権に出場する資格を得た。初めてのインターミディエイト（中級）レベルの試合だ。ジェーニャは自分の飛行機代だけでもぼくの家族には払いきれないとわかっていたが、どうしてもぼくに全米ジュニア選手権の試合を経験してほしいと願っていた。そこでジェーニャは、今年は、夫といっしょにレイクプラシッドに「旅行」に行くことにしたといいだした。とにかくそこにいるわけだから、ぼくをリンクに送りだすことはできるし、母が費用を支払う必要はないというのだ。明らかに旅行は口実だとわかって、母は心から感謝をして、ぼくたちは出発した。レイクプラシッドはソルトレイクシティとおなじく、オリンピックの伝統が色濃く残る町だ。１９８０年にここで開催されたオリンピックでは、アイスホッケーでアメリカがソビエト連邦《れんぽう》に勝利するという忘れがたい奇跡が起きた。ぼくたちは試合会場をめざして延々と車を走らせ、アディロンダック山地に入り、小さなリゾートや美しい湖を通りすぎていった。スキージャンプの古い訓練施設のわきを通って町に入ったが、町と呼べるほどのものではなく、大通りに沿って2、3軒のホテルと店とレストラン、それにリンクがいくつかあるだけだった。町いちばんの見どころは、屋外のスピードスケート競技場。エリック・ハイデンがスピードスケートの5種目で金メダルを獲得するという史上初の快挙を成しとげた会場だ。

試合に向けて出発する前、ジェーニャはぼくが試合でいい成績を残せたら、この会場で滑らせてあげると約束してくれた。ぼくは2位になったのだが、残念なことに、スピードスケート場はそのシーズンは閉まっていた。でも、ぼくは気にしなかった。雪のなかで楽しく遊んだことが、心に残っている。

ジェーニャから学んだ多くのことは、成長してレベルが上がっていくにつれて、非常に貴重だったことが証明された。カレルとおなじくロシアでペアをしていたジェーニャのトレーニングは、とても綿密なシステムでおこなわれていて、いまだになつかしく思う。ジェーニャは、ぼくにどれだけのトレーニングが必要かを事細かに計画し、試合までの期間や故障の具合によって、トレーニングの強度を調節する名人だった。毎日、新しい計画を立ててきて、どんなエクササイズでウォームアップをすればいいか、どのくらいウォームアップに時間をかけるか、各プログラムのランスルーを何回するか、指示を出していた。なにもかもがとにかく明確で、ぼくのスケート人生の当時の段階では、それこそが大事なことだった。

カレルとはちがって、ジェーニャには毎日指導を受けた。なにごともきっちり正確におこなうようにときびしくて、ひとつひとつの腕の動き、頭の位置、すべてのストロークにいたるまで細かく計画されていた。身体的にとてもつらいところまで追いこむ人でもあった。ステファニーとカレルが築きはじめた土台の上に積みあげて、ジェーニャはぼくを今日《こんにち》のようなスケーターに成長させてくれた。ジェーニャの知識がなかったら、ぼくは練習の仕方も、試合用のプログラムの準備も知らないままだったろう。練習で何回滑ればプログラムが安定してくるか、試合でなにがあっても乗りこえられるように、いかにむずかしいことに挑戦して自分を駆りたてていくか。ジェーニャは、そうしたことを理解するための第一歩を示してくれたのだった。

ジェーニャがトレーニングを通じて導いてくれたおかげで、ぼくは初めて出場した2010年のノービス選手権で優勝することができた。実は、膝のケガで試合の数日前までまったくジャンプが跳べなかったのだが、それを乗りこえたのだ。当時、ぼくはバレエの『くるみわり人形』の舞台で踊っていて、大晦日《おおみそか》の昼公演に出演した。公演が終わるとすぐに、スタイナーにスケートをしにいった。膝が少し痛かったが、スケートを休もうと思うほどではなかった。けれども、プログラムの通し練習をしているあいだに、トリプルトウループでころんでしまい、膝がますます痛みはじめた。

つぎの日、ジェーニャはぼくの膝を見て、けっこう深刻な状態だから、2、3日休んで回復させたほうがいいだろうと考えた。ところが、休んだあとも痛みがひかなかったので、ジェーニャはぼくをオリンピックオーバルの医師のところに連れていった。医師は、たいしたことはないが、治るには時間がかかる、少なくとも10日間は絶対にジャンプを跳んではいけない、といった。ジェーニャはてきぱきとその後2週間ほどの氷上練習の計画を立て、ジャンプと、ケガを悪化させそうなスピンを抜いてプログラムの通し練習をするように指示を出した。

ジャンプでエネルギーを費やしたくらいの疲れを感じるように、足首におもりをつけた練習もした。身体的には100パーセントの状態ではなかったが、ぼくは毎日、痛みが出ないようにしていっしょうけんめい練習した。けれども、スケジュール的にはきびしかった。ケガが治ってジャンプの練習ができるようになっても、全米ノービス選手権までほんの数日しか練習できる時間がないのだ。ジェーニャは、試合に出られるレベルにまでジャンプを仕上げる時間がないことを心配し、棄権を提案したが、母は納得しなかった。母は、たとえ最下位に終わったとしても、初めてノービスレベルの試合に出場するのはいい経験になると考えたのだ。

試合に向けて出発する3日前になって、ぼくたちはようやくジャンプの練習を再開し、まずは1回転からはじめた。つぎの日は2回転。そして、出発の前日に、2週間ぶりに3回転を跳んだ。出発する日になって、トリプルを入れたプログラムを初めて通して滑った。試合本番で

は、フリープログラムのジャンプで2度ころんだが、ショートプログラムがいいできだったおかげで、ぼくは初のノービスのタイトルを獲得した。

そのときぼくは、フリーでふたつも大きなミスをしたので、優勝にふさわしくない気がしていた。でも、フィギュアスケートはひとつのプログラムのできではなく、ふたつのプログラムで競うものだとあらためて気が付いた。それぞれのプログラムに等しく価値があり、滑る機会はどれも大切にしなければならないということを学んだのだ。

ぼくはNBCで放送されるエキシビションに招待されると聞いて、大喜びした。ほかのレベルのチャンピオンたちが全員出場するエキシビションだ。母とぼくは、せっかく特別に滑る機会をもらったのだから、失敗したエレメンツを入れてフリープログラムをもう一度滑って、こんどこそ完璧に決めようと考えた。ぼくはこのときの演技でぜんぶのジャンプを成功させ、その後、全国放送で初めてインタビューを受けた。インタビュアーのアンドレア・ジョイスは、どのオリンピックに出場したい？　ときいた。何年も前に、自分はいつのオリンピックに出られるのか母にきいたことがあって、２０１８年には年齢的に大丈夫だと教えてもらっていた。

だから、10歳のぼくは静かな自信とともに、こう答えた。「２０１８年」と。

第2章

スケート生活

不积小流无以成江海

小さな流れが集まらなければ、川や海になることはない

ふくらむオリンピックの夢

２０１０年、全米ノービス選手権から帰ってきて少しすると、カナダのバンクーバーでオリンピックがはじまった。男子シングルのフリー競技の晩は、家で夕食をとりながらテレビに釘《くぎ》づけになっていた。エヴァン・ライサチェクがフリーに出場していた。エヴァンがジャンプをつぎつぎと決めるたびに、ぼくは息を呑《の》んだ。演技が終わって合計点と順位が出ると、待ちのぞんでいた数字の1がエヴァンの名前の横に現れた。カメラがエヴァンとコーチのフランク・キャロルを大写しにする。エヴァンがたった今オリンピックチャンピオンになったことを知ったふたりは、大喜びで抱きあっていた。

ぼくはずっとオリンピアンになりたいと思ってきた。そして、エヴァンが優勝したのを見て、おなじ瞬間を自分でも経験したいという思いがいっそう強くなった。

けれども２０１８年のオリンピックにたどり着くためには、さらに多くを学ばなければならず、10歳という年齢で想像した以上の不屈の精神が必要だった。

ぼくはどんどん新しいスケート技術をおぼえているところで、新しいエレメンツに挑むのが楽しくてたまらなかった。ほかのスケーターを見るのは大好きで、特にテレビで大きな試合に出場しているトップ選手を見るのは格別だった。彼らがしていることをまねしようとして、テレビで見たオリンピック選手になったつもりで滑ったりもした。

一般滑走の時間でほかに滑っている人が多くないときには、よく1984年サラエボ大会のチャンピオン、スコット・ハミルトンや1988年カルガリー大会のチャンピオン、ブライアン・ボイタノのまねをした。2002年の銅メダリスト、ティモシー・ゲーブルのまねをしたこともある。もちろん、ジャンプのまねはできなかったけれど、自分にできることはやってみずにはいられなかった。スコット・ハミルトンのものすごく速いターンのやりかたをおぼえたり、「タノ」式でジャンプを跳んでみたり。「タノ」というのは、ジャンプで回転しているときに頭の上に片手を上げるスタイルで、ブライアン・ボイタノがやってからよく知られるようになった。

ティモシー・ゲーブルがさらりと決めていた4回転を、いつか自分も跳んでみたいとあこがれた。ティモシーは試合で初めて4回転サルコウを決めた選手で、また、初めてひとつのプログラムで3本の4回転を成功させた選手でもある。元祖クワドキングだ。

アイスショーとの出会い

オリンピックという夢に向けて努力をつづけていく過程で、フィギュアスケートというスポーツは、ぼくを想像もしていなかった場所に連れていってくれた。6歳のとき、カレルの誘いで、初めてソルトレイクシティ以外の場所でのショーに出演した。ラスベガスのクリスマスショーだ。サンタ役のカレルは、プログラムを滑りおわったぼくを肩に乗せてリンクをまわり、グループナンバーを滑った。しだいにショーに出る機会が増え、世界各地をまわって経験を積むうちに、ぼくは人々の前で演じる純粋な喜びを知ることができた。

2010年の全米ノービス選手権のあと、ぼくは初めて中国を訪れて杭州《こうしゅう》でのアイスショーに出演した。ぼくの後援者になってくれたデイビッド・リウのおかげだ。デイビッドは、台湾《たいわん》代表として3度のオリンピックに出場した才能あるスケート選手だ。彼は、2010年の全米選手権に出場したぼくを見て、自分がスケートをはじめたころを思い出すといって、後援者になりたいと申しでてくれたのだ。杭州のアイスショーでは、プロスケーターのキャストとともに滑るのは初めてだったので、彼らの音楽の解釈や観客の楽しませかたを目のあたりにして、非常に学ぶことの多い経験をした。

デイビッドはぼくをリチャード・ドゥワイヤーに紹介した。リチャードは歴史あるアイスショー〈アイス・フォリーズ〉で滑っていた人で、「ミスター・デボネア」役で知られていた。最も長いキャリアをもつプロスケーターとして、ギネスの世界記録をもっている人だ。ショーでは、デイビッドが「雨《あめ》に唄《うた》えば」に合わせて楽しいプログラムを振り付けて、ぼくとリチャードが滑った。キャストのなかの最年少と最年長――ぼくは10歳、リチャードは75歳――の共演だ。

中国にいるあいだに、このうえなく親切な人にも出会った。杭州の〈ワールド・アイス・アリーナ〉のマネージャー、テッド・ウィルソンだ。テッドはアイスショー〈アイス・カペード〉で滑っていたが、引退後は中国、香港《ホンコン》、アラブ首長国連邦など、スケートの環境がととのっていない地域にフィギュアスケートを普及させる活動に専念していた。アイスリンクを建設、開発して娯楽としてのフィギュアスケートを推進していく組織、〈アイス・スポーツ・インダストリー（ＩＳＩ）〉でも積極的に活動し、２０００年にＩＳＩアジアを創設した。テッドは２０１３年10月に亡くなったが、彼の遺志は、世界各地でアイスリンクにかよえるようになった多くのスケーターのなかに永遠に生きつづけることだろう。ぼくも、ぼくのスケートを応援しつづけてくれたテッドへの感謝の気持ちを忘れはしない。彼がたゆみない努力によって、心から愛していたスケートを世界のあらゆる場所に広めようとしていたことに、おおいにはげまされつづけることだろう。

この中国への旅は、個人的にも特に意義深いものだった。なにしろ、このときに初めて中国にいる多くの親族に会うことができたのだ。母に連れられて祖母の家に行くと、親戚《しんせき》の人たちがあちこちを案内してくれた。母はぼくと万里《ばんり》の長城《ちょうじょう》を歩いてのぼり、ほかにも北京の史跡を見せようとした。ところがぼくは、どうしても北京動物園に行きたい、といいはった。動物園ならアメリカでも行けるのにと、母はいぶかったが、望みどおり動物園に連れていってくれたので、ぼくはぜんぶの動物を見ることができた。有名なパンダも見た。２０２２年に冬季オリンピックでふたたび中国に行ったとき、子どものころあの動物園に夢中になったことを思い出した。バスでリンクに行くたびに、途中で北京動物園のそばを通ったからだ。

ノービスのタイトルをとったことで、アメリカ国内でも多くの扉がひらかれた。２０１０年に初めて、アイダホのサンバレーでひらかれる夏のアイスショーに招かれて出演し、以来毎年招待されている。多くのスケーターにとってオフシーズンのハイライトとなるショーで、サンバレーのリゾートにある屋外の通年リンクでおこなわれる。家族を連れていけることが多いので、ぼくはこのショーで滑るのが大好きだ。新しいプログラムや新しい技も試せる。プロスケーターのアシュリー・クラークからバックフリップを教えてもらい、初めて決めたのもその屋外リンクだった。

2回転から3回転へ

ぼくはじょじょに上達していき、ひとつまたひとつと上のレベルに上がっていった。ジュブナイルからインターミディエイトへ、それからノービス、ジュニア、そしてとうとうシニアへと。頭の隅には長期的な目標としてオリンピックがあったけれど、このころはいつももっと間近な課題があった。たとえばつぎの試合、あるいはつぎにめざすレベルだ。

ジュブナイルでは、あまりうまくいかなかった。おなじレベルのほかの選手は2回転半（ダブルアクセル）を跳んでいたが、ぼくはまだ着氷できなかった。母にジェイソン・ブラウンのビデオを見せられたのを思い出す。ジェイソンはみごとなダブルアクセルを跳んでいたので、彼の技術から学ぶことができた。ノービスだったあいだに、トリプルサルコウとトウループを習得した。でも、もっとずっとむずかしいジャンプをおりている選手もいた。ぼくがまだすべてのテクニカルエレメンツを習得できていなかったので、ジェーニャは急いで残りのトリプルを跳べるようにして、ジャンプ以外の部分で最大限に得点できるようにしようと考えた。そして、ぼくがもっと芸術面に気配りできるよう手助けをしてくれた。といっても、10歳の子どもができる範囲でだったけれど。

ジェーニャが得意なことのひとつは、小さな細かいところに集中することだ。たとえば指をどう上げるか、振付のひとつひとつの場面でどこに視線を向けるか、音楽のそれぞれのフレーズをどう解釈するか。ジェーニャはこうした技術に的をしぼって、ぼくのスケートをより洗練されたものにし、エレメンツのひとつひとつをできるだけクリーンに実施できるようにしていった。

ジェーニャとのトレーニングはきびしかったが、実り多いものだった。トリプルトウループが跳べるようになる前、ジェーニャは1回のレッスン中ずっとダブルトウループを跳ばせた。それが何日もつづき、母は、どうしてすでにマスターしたジャンプをこんなに何回もくりかえさなければならないのかと、いらいらしはじめた。さらに2、3日これをつづけたあと、ジェーニャはぼくにトリプルトウループを試してみるようにいった。すると最初の何回かで、あっさり成功したのだ！　ジェーニャの指導のもと、ぼくはトリプルトウループ、トリプルサルコウ、トリプルルッツをおりられるようになり、とうとうトリプルフリップも成功して、トリプルループに取り組みはじめた。

これらのジャンプをおりられるようになって、ぼくは正しい道を進んでいるのだと自信をもった。トリプルジャンプが跳べるようになると、こんどは組み合わせて3回転―3回転（トリプル―トリプル）のコンビネーションの練習をはじめた。ノービスレベルの選手でおなじコンビネーションを練習していたのは、ぼくより少し年上の選手が多かった。ぜんぶのトリプル－トリプルのコンビネーションがうまく跳べたわけではなかったけれど、ぼくは安定しておられるようになるまでけっしてあきらめなかった。年上の子たちがやっているジャンプを決められれば、少しばかり有利になると思ったのだ。けれども、トリプル－トリプルのコンビネーションを決めるのが最終目標ではない。まだまだ長い道のりが待っていた。

ラフとの出会い

そのころ、ジュニア――ぼくがこの2、3年先に上がる予定のレベルだ――の国際試合では、選手が3回転半（トリプルアクセル）や4回転ジャンプを跳んでいた。ぼくがまだ試してみようとも思わないジャンプだったが、そういう選手たちと戦いたいと思ったら、もっと早く上達して、回転を増やしていかなくてはならない。

もちろん母もこのことに気付いていて、ぼくのジャンプを上達させるにはどうしたらいいか、考えはじめていた。ジェーニャに習いはじめる前、ぼくはエイコップに見てもらって、ダブルアクセルとトリプルトウループを練習していた。

ある日、母はぼくの技術を伸ばすためにはどうしたらいいか、エイコップの意見を求めた。

するとエイコップはこういった。「ぼくで役に立っていると思うなら、知り合いにぼく以上に役に立つ人がいますよ。ジャンプを教えることにかけては、ぼくよりずっとずっとずっと優秀です」

母もぼくも、すぐに興味をもった。エイコップによると、そのコーチの名はラファエル・アルトゥニアン。エイコップとおなじ、アルメニア人だ。ラファエルはロシアでコーチをしていたが、アメリカに移住してきて、偉大なスケーターを何人も指導してきた。たとえば、2度のオリンピックでメダルを獲得し5度世界チャンピオンに輝いたミシェル・クワン。2006年トリノオリンピックで銀メダルを取ったサーシャ・コーエン。おなじくトリノで銅メダルを取り2008年に世界チャンピオンになった、カナダのジェフリー・バトル。それから、2010年バンクーバーオリンピックの銀メダリストで3度の世界チャンピオンに輝いた日本の浅田《あさだ》真央《まお》。エイコップはラファエルに、ぼくを教える気があるかどうかきいてくれた。

最初、ラファエルはためらっていた。すでに国際レベルで戦っている多くの選手を見ていて忙しかったし、若い選手を育てるなら、本気でフィギュアスケートにかけているとわかっている選手だけと決めていたのだ。

ラファエルがコーチをはじめたのはわずか18歳のときで、初期のころはジュニア選手の指導をしていたが、教え子たちはすぐに上達していったという。エイコップがぼくのことを話したころには、ラファエルがコーチになって30年以上がたっていて、もっと完成した選手の指導に専念していた。ありがたいことにエイコップはあきらめず、考えなおすようにラファエルを説得してくれた。ぼくが年のわりに才能があり、真剣にスケートに取り組んでいる子だと思ってくれていたからだ。ラファエルがようやく承諾してくれたので、母とぼくは、ソルトレイクシティからカリフォルニアのレイクアローヘッドにある〈アイスキャッスル・インターナショナル・トレーニングセンター〉まで、車で10時間かけて会いにいった。

ひと目で魔法にかけられた。

完璧な組み合わせだった。エイコップのいったとおり、ラファエル——ぼくが「ラフ」と呼ぶようになった人——は、ぼくが出会ったなかで最高のジャンプ技術の指導者だった。2010年に初めて会ったとき、ぼくはトリプルルートリプルのコンビネーションとトリプルループを安定して跳べるようになりたくて必死だった。跳ぶたびにひどいころびかたをしていたので、ぼくはラフに助けを求めた。

トリプルトウループートリプルトウループから練習をはじめたところ、2、3回のレッスンでおりられるようになってきた。ラフは、ジャンプを分解し、それぞれのパーツを完璧にして、もう一度組み立てる名人だった。ジャンプの仕組みがどういうものか細部の細部まで理解していて、どうすれば最大限の力と回転力を生みだして、完璧にジャンプを実施できるかを教えられる。

初めて練習を見てもらったとき、ラフはぼくに冗談めかして、ぼくのトレーニング方法はばかげているんじゃないか、といった。そして、ぼくにこうたずねた。「目の前に巨大なレンガの壁があったとする。壁をたたき割ろうとするのがいいか、一歩さがってまわり道を探すのがいいか？」。ぼくは幼いころから、母といっしょに数えきれないほど長い時間をかけて、トップ選手たちがジャンプをおりるビデオを見てきた。けれども、自分自身がジャンプを着氷するのに必要な詳細な知識はなかった。何度も何度もひたすら跳ぶことで、ゆっくりと時間をかけて、どうすればいいかをおぼえてきたのだ。

そのときまで、そうやって新しいエレメンツを習得してきた。子どものころなら、くりかえしの練習は筋肉に記憶させる意味でも必要だ。だが、トリプルートリプルからトリプルアクセル、4回転へとレベルアップしていくときに何度もくりかえしていたら、たちまち体をひどく痛めつけてしまう。ラフはぼくに、ジャンプをいかに分解するか、体勢から、氷上での角度、タイミングとリズムまでを教えはじめた。ぼくはじょじょに、レンガの壁を迂回《うかい》する方法を理解しはじめた。

ラフは、ぼくが教わったことを真剣におぼえようとしていることに感心していた。これはおもに母のおかげだった。ユタでの練習のときとおなじように、ぼくが指導を受けているあいだじゅう、母は近くにすわってラフのいったことをひとことも漏らさず書きとめていた。そうすれば、ソルトレイクシティでもラフが出した課題に取り組める。数週間後にレイクアローヘッドにもどったとき、ラフは満足そうだった。ぼくがラフのアドバイスをすべて練習に生かし、やれといわれたことを忠実にこなしていたからだ。これだけ本気で取り組んでいるのを見て、ラフはぼくへの指導をつづける気になった。

けれども、距離が問題だった。2011年の1年間、母とぼくはだいたい月に1回、レイクアローヘッドまでの長い道のりを車でかよった。当時乗っていたプリウスには、ずいぶんとお世話になった。ぼくたちはけっきょく、この頼りになる車で実に20万マイルを走行したのだ。学校もあったので、行けるとき、特に休暇や週末に行くことにしていた。金曜日に家族で夕食をとったあと出発し、日曜の夜遅くにもどるという具合で、帰る間際までできるだけたくさんの時間をリンクで過ごした。母はいつもレイクアローヘッドから山をおりたところにある安いホテルを見つけていたので、それはつまり、毎日ラフとトレーニングをする前後に、車で1時間、移動しなければならないということだった。ラフはこれに気付くと、彼の家の地下にある客用寝室があいているときには、いつでも泊めてくれるようになった。これはほんのはじまりで、ラフは長年のあいだに、ぼくたちに何度となく助けの手をさしのべてくれた。

車での移動は延々とつづくように思えた。ぼくたちはよく、ユタ州南部のガソリンスタンドで車をとめて、2、3時間眠ってから、翌朝また移動をつづけた。それでも、ぼくは車のなかで眠ったり、学校の勉強をしたりできた。母がきつそうなのはぼくにもわかっていたが、母はけっして音をあげなかった。交通量が少ないから、夜に運転するのは好きだといっていたけれど、退屈だったのはまちがいない。

レイクアローヘッドで過ごす時間が長くなればなるほど、そこでのトレーニング環境がユタよりずっと恵まれていると実感するようになり、わざわざ行く甲斐があると思えた。そのころのレイクアローヘッドでは、ラフのそばで伝説のコーチ、フランク・キャロルも指導していた。エヴァン・ライサチェクのコーチだった人で、ミシェル・クワンも教えていた。ミシェル・クワンはぼくがテレビで見てきた中国系アメリカ人のロールモデル、象徴のような人だった。おなじリンクにはほかに、2014年のソチオリンピックで銅メダルを獲得することになるカザフスタンのデニス・テンや、2014年の世界選手権銀メダリストになる日本の町田樹《まちだたつき》がいた。ユタのリンクの選手よりもむずかしいジャンプを跳んでいるトップレベルのスケーターたちとトレーニングをするうちに、4回転やトリプルアクセルを目のあたりにする機会も増えた。いつか必ず自分も跳べるようになるはずのジャンプだった。

車で行ったり来たりの1年が過ぎたころ、ぼくは両親に大きな決断をせまった。ラフとのトレーニングのために、家族をソルトレイクシティに残して、母とぼくだけでカリフォルニアに引っ越したいとうったえたのだ。そのころには、きょうだいのなかで家に残っていたのは、高校2年のコリンとぼくだけで、ほかのきょうだいたちはそれぞれ大学に進学して家を離れていた。アリスはアトランタのエモリー大学、ジャニスはボルティモアのジョンズ・ホプキンス大学、トニーは南カリフォルニア大学だ。母は、ぼくのスケートのために引っ越しをするのは、コリンが高校を卒業してからと考えていた。けれどもぼくは、世界チャンピオンやオリンピッククラスのスケーターとともにトレーニングする味をおぼえてしまったからには、1か月にたった2、3日ではなく、毎日あそこで練習したいのだとうったえた。

ジェーニャのもとを離れるのはつらいだろう。スケーターとしての最初の数年間、ほんとうに助けてもらったし、これからラフと練習できるだけの準備がととのったのはジェーニャのおかげだ。

ジェーニャの練習はきびしかったけれど、ぼくはもっと早く技術的に上達しなければと思っていた。ずっと、トリプルアクセルや4回転が跳べるようになることをめざしてきたが、今は目標から遠く離れたところにいるように思えた。トリプル—トリプルもトリプルループもマスターしていないというのに、どうやってつぎの段階に進めるだろう?

レイクアローヘッドへ

2012年、1月の全米選手権の直前に、12歳のぼくは母といっしょにレイクアローヘッドに引っ越した。父とコリンはソルトレイクシティに残った。

ぼくの人生を変える引っ越しだった。レイクアローヘッドのリンクは、まさに特別だった。サンバーナーディーノ山脈の高いところに位置し、ロサンゼルスから北東に車で1時間ほどの、森に囲まれた素朴な環境にある。リンクはフィギュアスケート専用リンクだった。ホッケーにも使われるほかのリンクとはちがって、〈アイスキャッスル〉にはフェンスがなかった。氷を囲む3辺の端が床とおなじ高さで、境界のないプールのようになっており、もう1辺には巨大な鏡があった。数多くの伝説的な選手がこのリンクでトレーニングをしてきた。アメリカの選手ばかりでなく、海外のスケーターも数多く、中国のルー・チェン（陳露）、フランスのスルヤ・ボナリー、2010年のオリンピックで中国人ペア初の金メダルを取ったシュエ・シェン＆ホンボー・ツァオ（申雪・趙宏博）組もここで滑っていた。

あのリンクで練習するたびに、ぼくは脈々と受けつがれてきたすばらしいスケートの伝統を意識し、過去の有名な選手とおなじ氷で滑っているのだとわくわくした。リンクのオーナーのアンソニー・リュウは、ぼくたちの住まいが見つかるまでのあいだ、アイスキャッスルのキャンプハウスに無料で滞在させてくれた。夏にトレーニングキャンプに来た人たちが泊まる施設だ。その後、母はリンクの近くに小さな山小屋を見つけた。森の奥深いところにあって、舗装されていない道を通らないとたどり着けない。冬には雪と氷で、車が通れなくなったので、冬のあいだのほとんどの時期、ぼくたちは近くの教会の駐車場に車をとめて、雪が積もった森のなかを歩いて帰った。

新しいスケート施設に加えて、教育を受けつづけるために学校も見つけなければならなかった。ソルトレイクシティでは、ぼくは能力開発プログラム（ＥＬＰ　エクステンディッド・ラーニング・プログラム）に登録していた。このプログラムを受ける生徒は1学年上のクラスに入れられる。カリフォルニアの学区に登録したとき、ぼくは年齢では7年生だったが、ＥＬＰのために8年生に入れられた。ただし、数学は9年生になったため、基本の授業はメアリー・パトナム・ヘンク中学校で、数学はリム・オブ・ザ・ワールド高校（ミシェル・クワンの出身校）で受けることになった。過去に多くのエリート選手がかよっていたため、学校はぼくがすべての選択科目を自主学習で受けることをすんなりと許可してくれた。

スケートの練習が終わると、母にレイクアロー・ヘッド・リゾート・アンド・スパに連れていってもらい、ジムでトレーニングをした。家にはインターネットがなかったので、トレーニング後、真夜中くらいまでリゾートのロビーにいて、学校の課題を終わらせた。

住むところが変わっても、ぼくの忙しいスケジュールが楽になるわけではなかった。体操とバレエもつづけていた。バレエは、レイクアローヘッドで教えていたミシェル・ミルズのバレエクラスに入り、体操は、母がサンバーナーディーノにある教室を見つけてきた。しばらくのあいだホッケーもつづけて、地元のチーム、〈カリフォルニア・ウェイブ〉に入った。母はレイクアローヘッドから山をおりたりのぼったりして、これらの練習すべてに送り迎えをしてくれたので、運転の腕がかなり上がった。

ジュニアの試合に出場

引っ越してすぐの2012年1月、ぼくは初めて全米選手権のジュニアレベルの試合に出場した。試合に登録した正式なコーチはジェーニャだったが、現地にはラフと行った（最初のコーチだったステファニーもサポート役としてつきそってくれた）。ラフはサンノゼの会場まで、ぼくと母を車に乗せていってくれた。ジェーニャが『ゴッドファーザー』のサウンドトラックに合わせてフリープログラムを振り付けてくれていたので、ぼくはそれを滑ることにした。ステップシークエンスはリンク全体を大きく使わなければならなくて、そのうち半分は片足だけで滑るようになっていた。そのころのぼくはとても小柄だったので、それだけの距離をすばやく複雑に方向を変えながら滑ると、脚が焼けつくように痛くなった。それでも、ジェーニャの振付のおかげもあって、ぼくは初出場の全米ジュニアで優勝した。

全米選手権が終わると、いよいよラフとの本格的なトレーニングがはじまった。そこからさらに2年間は、ジュニアレベルだった。ぼくはそれまで以上に多くの試合に遠征するようになり、海外の試合にも出場した。スケートはぼくと家族の生活のなかで、なにをおいても優先されるものになっていった。スケートシーズンは7月からスタートするが、試合が本格的にはじまるのは秋になってからで、12月までは毎週のように試合がつづく。さらに1月に全米選手権、3月に世界選手権がおこなわれる。つまり、ぼくがトレーニングを休めないので、ぼくの家族は感謝祭やクリスマスをいっしょに過ごせないということになる。ぼくときょうだいたちはそれにも慣れて、会えるときに会うようになった。ときには、ぼくの試合で顔を合わせることもあった。

ラフがすぐにミスを見つけてエレメンツを修正してくれることに、ぼくはいつも驚いていた。ぼくはジャンプなどについては、本能と感覚に頼るタイプのスケーターだ。たとえば、踏み切りがおかしいとか、体が正しい位置になくていいジャンプが跳べないというのは、感覚でわかる。ラフもこういうことを感じとり、ぼくが正しくできていないところを即座につきとめることができるのだ。そして、ぼくがおかしいと感じながらも、実際にどう調節したらいいかわからなかったところを修正してくれた。体だけでなく頭も鍛えるジャンプ練習をさせることにかけて、ラフの右に出る者はいなかった。おかげで、いざジャンプを跳んでみると、体がすべきことを正確に知っていた。

ラフは、ジャンプ以外の技術については毎日アシスタントのナディア・カナエワと練習させて、ぼくのスケートの質を高めようとしていた。ナディアは、姿勢やエッジコントロールといった基礎を築く手助けをしてくれた。いいジャンプを跳ぶためには不可欠なことだ。ラフは、それらができていなければ、4回転をマスターすることなどあり得ないとわかっていた。ラフとナディアは、オリンピックをめざすという究極の目標を見据えつつ、ぼくの試合用プログラムを細かに計画してつくっていった。ラフは、ジャンプに使う力を強くするための戦略を体操から借用した。体操のタンブリングの連続技では、選手はとんぼ返りを何本かつなげて、ジャンプのパワーと高さを出している。ラフはこのやりかたで、短い時間内に複数のジャンプをつめこんでいきおいを増してみよう、とぼくにいった。プログラム後半にジャンプをつづけるのに慣れていくと、これが、ジュニア時代のぼくのプログラムのトレードマークになった。後半のジャンプは基礎点が1・1倍になるため、ボーナスポイントも稼ぐことができた。

迷いと決意

レイクアローヘッドでの生活は楽しかったが、長くはつづかなかった。引っ越して2年もしないうちに、アイスキャッスルのオーナーがリンクを閉鎖することに決めたのだ。全員がリンクを移らなければならず、ぼくたちはアーテジアの〈イースト・ウエスト・アイスパレス〉でコーチをすることになったラフについていった。ミシェル・クワンと家族が所有しているリンクだ。

この移籍は、ぼくのスケートに対する感じかたを大きく変えた。もしかしたら、ぼくはホームシックだったのかもしれないし、成長するにつれて、オリンピックに出場するという目標のむずかしさをより強く意識するようになっていたのかもしれない。もう、ただ夢を見ているだけではなくなっていた。ぼくのエネルギーと時間のすべてをかけているのに、それでもまだじゅうぶんではないのだ。自分のスケートに対するいらだちが大きくなりはじめていた。

ラフとトレーニングをはじめたばかりのころは、新しいジャンプを習得できてわくわくしていたが、やがて壁にぶつかった。何か月もトリプルアクセルの練習をしてきたのに、なかなか安定しなかったし、まして4回転なんてまったくできそうな気配がなかった。ぼくはジュニアレベルからシニアレベルに上がることを考えていて、シニアの全米選手権で上位3人に入りたいと願っていた。目標はずっと、世界選手権やオリンピックレベルで戦うことだった。けれども、今の自分が国内のトップ選手と競える立場にないのはわかっていた。シニアの全米選手権で上位に入らなければ、世界の舞台には出られない。そして、国際試合に出場できなければ、これまでの努力はすべて無駄になってしまうのだ。

ぼくは、きびしい練習が報われる日は来るのだろうかと疑いを抱くようになった。山ほどケガをして回復途中だったせいでトレーニングが滞り、なかなか上達しなかったことも、その思いに拍車をかけた。

そのうえ、ぼくは学校の友だちがいる生活、ふつうの学生としての生活がなつかしくなっていた。アイスキャッスルからイースト・ウエストに移り、アーバインに引っ越したとき、ぼくはリモート学習に切りかえざるを得なかった。アーバインの公立学校は前のところほど理解がなくて、1日の半分だけ授業に出て午後はスケートをするというスケジュールが認められなかったのだ。加えて、イースト・ウエストの滑走時間がおもに午前6時から午後2時までだったので、その時間に滑って、午後に勉強やホッケーや体操をして、夜に〈コネクションズ・アカデミー〉のオンライン授業を受けるようになった。ぼくはなにもかもが気に食わなくて、母に、もうスケートをやめて、ふつうの生徒としてアーバインの高校にかよったほうがいいかもしれない、といった。

母は、スケートをやめたらソルトレイクシティにもどらなくてはならないと指摘した。試合に出場しているおかげで、フィギュアスケート連盟を通じてわずかながらも資金援助を受けていて、レッスン料や滑走料金の足しになっている。アメリカ代表として国際試合にも出場するようになり、順位によっては賞金がもらえて、トレーニング代が助かっていた。もしスケートをしないのなら、ぼくたちは家賃を払いつづけることができなくなり、カリフォルニアにいられなくなってしまうだろう、というのだ。

ぼくはほんとうにアーバインが気に入っていたので、考えれば考えるほど、やめるのはあり得ないと気が付いた。たしかに、どんどんたいへんになってはいるが、ここでやめたら、これまでスケートにかけてきたことがすべて無駄になってしまう。

それに、あと1年で、ジュニアから上がって、とうとうシニアレベルの試合に出場できるようになる。またひとつ大きく前進するし、ずっと楽しみにしていたことだ。

つづけよう。ぼくはそう決心した。

ケガとの闘い

そのころスケートを楽しめなくなっていたのは、上達が遅かったせいだけでなく、ジュニアでの成績が安定しなかったことも大きかった。これは、ケガがどんどん増えていった結果だ。そのころのぼくは、膝にオスグッド・シュラッター病を抱えていた。ティーンにはよくある病気で、膝蓋《しつがい》骨の下の腱《けん》が脛《けい》骨に接続するあたりに炎症が起きる。成長期には骨も筋肉も腱も変化しつづけるため、接続部分に負担がかかるのだ。そこに、ジャンプのような高度な運動が加わると、症状が悪化し、ひどく痛みをともなうようになる。たとえば、長時間の車の移動のあいだに、ぼくの膝はこわばって痛みだし、何分間かマッサージをしたりあたためたりしないと、車からおりることもできないほどだった。従来の治療法ではぼくに合ったものがなく、痛みが出たときに膝を冷やすか、市販の鎮痛剤を使うくらいしか手がなかった。けっきょく、早く治すために、プロロセラピーといわれる新しい治療法を試すことにした。プロロセラピーとは補完療法のひとつで、関節にブドウ糖を注射して結合組織の成長を促進し、痛みをやわらげるというものだ。少しは効果があったが、オスグッド・シュラッター病は成長がとまって成長板が閉じれば自然に治る病気だったので、ぼくも自然に治っていった。

ときおり腰痛もあったし、肩の成長板のケガのせいで、ジャンプのときに体を締めて細い軸で回転することができなくなっていた。だが、最大の問題は股《こ》関節だった。急に痛みに襲われるようになり、最終的には手術が必要になった。

ケガつづきだったせいで、ジュニアレベルでのぼくの成績はかなりあたりはずれが大きかった。ものすごくいいときもあれば、情けない演技のときもあった。トレーニングでも試合でも、一定のレベルを維持していられる中間の状態というものがまるでなかった。２０１２年、ぼくは13歳になって、初めてジュニアグランプリシリーズに出場できることになった。1戦めはオーストリアのリンツで開催された。チームＵＳＡのジャケットを受けとった日のことは、けっして忘れないだろう。うれしくてリンクまで着ていくと、ラフがぼくの姿を見て心から誇らしそうな顔を見せた。1戦め。ぼくはトリプルアクセルを2本決め、ショートとフリーの合計得点でジュニアグランプリシリーズの最高記録を更新して優勝した。

ところが、その後ほどなくして左の足首に痛みが出て、トリプルルッツの踏み切りのときにエッジをしっかりアウトサイドに倒せなくなった。10月のクロアチアでのジュニアグランプリの試合では、ショートプログラムでトリプルルッツからのコンビネーションを決めたが、その後、左足首が曲げられなくなり、痛みがひどくなった。国際試合には母は同行しなかったので、ラフと医療チームが試合を棄権する判断を下した。足はたしかに痛かったものの、2、3時間休んだら、ルッツ以外のジャンプで試合ができたような気がして、ぼくはがっかりした。棄権したくなかったのにといらいらして、母に電話をかけた。ほんとうに最後まで戦いたかったのだ。そうしないと、ポイントの合計でシリーズの上位6人に入ることができず、ジュニアグランプリファイナルに出場できない。けれども、医療チームは滑らないのが最善の策だと考えていたので、その助言に従うしかなかった。

1か月あまり先には、全米選手権の予選にあたるパシフィックコースト・セクショナルに出場する予定になっていた。ぼくは足首が治るまで、まるまる1か月氷から離れると決めたが、それで完全に治るのかどうかはわからなかった。アメリカフィギュアスケート連盟の強化担当部長、ミッチ・モイヤーに、セクショナルまでに100パーセントの状態にもどるかどうか自信がないので棄権をするかもしれないという話をした。しかし、セクショナルに出なかったら全米選手権に出られないといわれ、出場するしかないと決心した。つぎの1か月間、母は毎日レイクアローヘッドから山をくだって、ぼくをイーストベイルまで送ってくれた。スタミナ維持のためにストレングス・トレーニングとスイミングをするためだった。スケートを再開できたのは、試合の5日前だった。でも、オフアイスでのトレーニングが功を奏して、長いことリンクから離れていたにもかかわらず、セクショナルで2位に入り、また全米選手権に出場できることになった。

ぼくはどうしても全米選手権に出場してタイトルを防衛したくて、ケガと闘いつづけた。左の足首がまた悪化していて、足首を深く倒さなければならないルッツを跳ぶことはできなくなっていた。全米選手権が開催されるネブラスカ州のオマハに到着すると、スケート連盟のチームドクターが新しい鎮痛剤を処方してくれたが、頭痛とめまいがしたので、飲むのをやめた。つぎの日には気分がよくなったものの、夜中に吐き気がして目を覚まし、嘔吐《おうと》と下痢をして発熱した。ノロウイルスに感染していたのだ。なにを飲んでも食べても、医師にすすめられたゲータレードやほんの小さなパンでさえ、口に入れると吐いてしまう。ぼくはベッドに倒れこんだ。誰もが棄権をすすめたが、ぼくは、ここまで来ているのだから出場するといいはった。

どうにかこうにか、ショートプログラムを滑りきることができた。食べたり飲んだりできなかったので、フリーの出番の前には、医療チームが会場でブドウ糖と食塩水の点滴をしてくれた。おかげでぼくはフリーをのりきり、連覇はできなかったものの、3位に入った。身体的な苦痛という点で考えると、これまでのスケート人生で最もきつい試合だったかもしれない。でも、あんなにきびしいコンディションでも試合ができたのだから、この先どんなに困難な状況になっても滑れるだろうとも思った。

翌2014年、ジュニア最後の年、ぼくは全米ジュニアチャンピオンのタイトルを奪還し、ブルガリアで開催される世界ジュニア選手権の代表にえらばれた。全米選手権からジュニアワールドまでの1か月、ラフはオリンピックに出場するアシュリー・ワグナーに帯同してソチに行っていたので、ぼくはカリフォルニアに残ってひとりで練習していた。

ある日、トリプルアクセルを練習していて転倒したときに、体を支えようとして右手のこぶしをついた。そのせいで中手骨を骨折してしまい、母はぼくを連れて大急ぎで救急に駆けこんだ。添え木で固定されたが、ギプスはされなかったので、骨が異常な方向に曲がっているのが自分でも見えた。母はギプスが必要だと考え、はるばるソルトレイクシティまで車を飛ばして、インターマウンテン・プライマリー子ども病院でセカンドオピニオンを求めた。母はぼくがケガをしたときはいつも、よく知っている医師のいるソルトレイクシティで治療してもらうと安心する。そこではギプスをはめてくれたので、ぼくは少し落ち着いて氷上のトレーニングにもどり、ジャンプの練習まで再開した。ケガをした右手を胸に引きつければ跳ぶことができる。

オリンピックに行っているラフには、ぼくの手のことでわずらわせたくなかったので知らせなかった。もどってきたラフは、ぼくがケガをしてまともに練習できていなかったと知って、驚き落胆した。ラフは、ブルガリアでの世界ジュニア選手権では、ぼくにもじゅうぶん勝てる可能性があると考えていたからだ。

それでもとにかく、ぼくとラフはブルガリアに向かった。ギプスはまだついていたが、母が肌とおなじ色の布を見つけて覆ってくれたので、あまり目立たなくなった。そうして出場した世界ジュニア選手権で、ぼくは銅メダルを獲得した。あとになってラフは、骨折した手で試合を戦いぬいたぼくを誇りに思うといってくれた。

ラフの指導法

ぼくとラフの関係は味わい深い旅路のようなもので、知り合ってから長い年月を経て進化をとげてきた。指導を受けはじめたころのぼくはまだ小さかったので、ラフがそれまでに年上の選手たちを教えてきた実績のある方法とはちがうやりかたで指導してもらえるのではないかと期待していたところがあった。ラフの教えかたはジェーニャやカレルとはだいぶちがっていた。

ラフはめったに専任コーチにはならず、特別な技術の特訓が必要な選手に対して、専門家として指導することのほうが多かったのではないかと思う。ラフが専任で指導していたのは、長年国際試合に出場してきた経験豊かな選手たちだった。そうした経験は、ぼくにはないものだった。ぼくは、優れたジャンプコーチというだけでなく、どのくらいレッスンを受ければいいか、レッスンごとに何回ジャンプの練習をすればいいか、毎日何回プログラムを通せばいいかを教えてくれる人を求めていた。ジェーニャがしてくれていたことだ。

それでも、ラフからは多くのことを学んだ。トリプルジャンプをひとつひとつ強化し、トリプル―トリプルのコンビネーションを安定させてもらった。4回転の練習をはじめる前に、それらを着氷できるだけの土台を築いてくれたのだ。ラフはぼくが滑るのを何度か見たときから、

4回転をマスターできる力があると感じていたそうだ。ラフがぼくに命じたトレーニングはどれも、4回転ジャンプを習得するという究極の目標に向けての準備だった。ぼく自身にその心構えができるずっと前からそうだったのだ。けれど、ぼくがいつでもこの計画に賛成していたわけではない。ときには、練習時間すべてをジャンプの練習に費やすよりも、試合用のプログラムの練習をするほうがずっと重要なのに、といらついたこともある。

ラフの練習哲学は、ぼくがなじんでいたものとはだいぶちがっていた。子どものころのぼくは、目標を達成するのに、できるだけ短いルートを取りたがった。あのころは、誰かに四六時中お尻《しり》をたたかれていなければ、練習中に余分な反復練習などやろうとは思わなかっただろう。カレルがその役目をしてくれたし、ジェーニャもそうだった。もちろん、母もだ。ぼくがスケートをはじめた日から、母はずっとヘッドコーチの役を果たしてきた。母はいわゆるマンバ・メンタリティ（注：マンバはNBA選手コービー・ブライアントの愛称。狙った獲物を必ずしとめる毒蛇が由来）の持ち主で、ぼくが毎日150パーセントの力を出せれば、夢がかなうと考えていた。

ところが、ラフとの練習はそうではなかった。ラフはぼくにこういったものだ。「おいしい料理をつくるには、シェフは丁寧に材料をえらび、慎重にそれぞれの材料の下ごしらえをしなくてはならない。準備がととのえば、料理はおのずとできてくる」。それが、ラフがぼくの指導に取りいれていた哲学だった。命令してリンクをまわらせたり、毎日どう練習するかを指示したり、エレメンツの組み立てかたを強制したり、そういうことは自分の仕事ではない。そうではなく、時間をかけて一度にひとつずつ素材の準備をすること、つまり、ぼくに個々のエレメンツを教えることこそが自分の責任だと信じていた。そうすれば、しかるべき時が来たら、すべてのエレメンツがプログラムのなかのあるべき場所におさまるというのだった。

ラフはジェーニャがかつてしていたみたいに、毎日の練習スケジュールを立てたりはしなかった。ラフとのレッスンでは、個々のエレメンツやジャンプの練習をしたが、ひとりのときには、ぼく自身が練習の舵《かじ》を取ることをラフは望んでいた。何回プログラムの通し練習をするか、どのパートをより多く練習するか、試合で成功できるようにどのエレメンツの練習をくりかえすか。そういうことは、自分で決めるようにというのだった。

当時、試合の準備でもっと注意を払うようにいわれたのは、プログラムの後半だった。たいていの場合、後半をうまく滑るのには苦労する。後半になるころには、疲れて脚に力が入らなくなっているのだ。だから、後半にすべての技術をうまく実施するには、少しだけ余分に注意とエネルギーと慎重さが必要だ。そうラフは強調していた。けれども経験の浅いぼくからすると、プログラムの半分だけに集中するのは、おなじように重要な前半をないがしろにしているような気がした。後半を強化しろというのは正しいけれど、練習時間をどう調整すれば、やれといわれていることと、自分がやるべきだと思っていることすべてをこなすだけの時間とエネルギーがつくれるのか、ぼくにはわからなかった。

自分ひとりではそのバランスがわからなかったし、まだ子どもだったから気おくれもあって、選手としてコーチのラフに切りだしてみる勇気もなかった。こわくて、ぼくにそういう指示を出してほしいとも頼めなかったし、そもそも頼もうということにすら考えがおよばなかった。母もぼくも、ジェーニャの指導方法がなつかしくて、毎日の練習を導いてくれる人がいなくなって途方に暮れていた。そこでけっきょくは母が、ぼくの日々のトレーニングプランを立てる役を買って出て、ラフはぼくのジャンプの技術や構成に集中した。ジェーニャがいい土台を築いてくれていたので、母は彼女がどんなふうに練習時間を使っていたかをできるかぎり思い出し、カリフォルニアでの練習プランをつくりだした。はじめのころ、母はラフに冗談めかして、もうわたしは息子のコーチから引退するつもりですから、誰かトレーニングを監督してくれる人を見つけてください、といっていた。これ以上ぼくの練習を監督するのに、実の母親はふさわしくないと感じていたのだ。けれどもラフは母に、やめないでほしいといった。

ラフにはラフ特有の伝えかたがあって、ぼくの前のコーチとも、ほかの多くの人ともちがっていた。ラフの指示は、たとえ話の形式で語られるので、物語の行間を読んで、なにをいわれているのかを考えなければならなかった。たとえば、日曜日に練習をすべきか、それとも休みにすべきか、母がたずねたとき、ラフはこんなことをいった。「魚は水のなかにいる必要がある。魚を水から出して休ませて、またもどすことはできない」。要するに、1週間休まずに練習すべきだということなのだろう。

けれども、10代前半のぼくは、行間を読むのが苦手だった。ただ誰かに、いつなにをしろ、といってほしかった。ラフは自分の役割に集中し、トレーニングについてはぼくに責任をもたせようとしていたのだが、ぼくはその干渉しないやりかたを無関心によるものと受けとめた。ひどく苦しんでいたときには、ラフからほんの少ししか助けてもらっていないと感じていた。一方、うまくやれていたときには、最大限のサポートをもらったと感じることもあって混乱した。あるとき、ぼくはジャンプに苦労していて、2回跳んだら1回はころぶか、パンク（注：ジャンプで体がひらき、予定の回転数まわれないこと）していた。2、3度それをくりかえしていたら、ラフがぼくに背を向けた。言葉の綾《あや》ではなく、文字どおりぼくに背を向けてリンクを離れていったのだ。ミスをしたからといって、べつにハグやキスをしてほしいわけじゃない。だけど、ころんだときには、つぎに跳ぶ前になにか調整をしてもらえるのではないかと期待していた。

正直にいえば、物事がうまくいかないとき、ぼくはいらいらしてラフを無視していたし、ときには混乱して、彼から逃げるように滑っていたときもあった。のちにラフが説明してくれたのだが、そういうときにラフが介入してしまうと、ぼくが感情をコントロールする方法や自分で修正する方法を学ばずに終わってしまう。それらは、選手として成長するのに、身につけていかなければならないことなのだ。ぼくがアドバイスに耳をかたむけて実行する気になるまでは、自分がいくら調整したところで役に立たないとラフは知っていた。ラフがしていたことにはいつでも理由があったのだが、ぼくがいつも理解できるわけではなかった。ラフには、いつでもタイミングが鍵《かぎ》だったのだ。

振りかえってみると、こうした成長にともなう痛みは、ぼくたちの関係にとって必要なもので、多くの親子が経験することと似ていた。ラフはいつでもぼくのことを、もうひとりの息子のようにあつかった。当時は、ラフにもっと助言してほしいと願っていたが、あのころもラフがぼくのことを大事に思ってくれていたのはわかっていた。ラフが高価な自転車を週末に貸してくれたことがある。スケートをしていないときに、ぼくが退屈しないようにと考えてくれたのだ。ぼくは背が低すぎて、ラフがサドルをさげてくれても、まだペダルに足が届かなかった。するとラフは、のこぎりを出してきてサドルを支える金属の管を切って短くし、足が届くようにしてくれた。あるクリスマスには、ぼくを車に乗せてサンバーナーディーノ山のふもとのモールまで行き、すり切れていた靴のかわりに新しい靴を買ってくれたこともあった。

もっと重要なことは、ラフもジェーニャとおなじく、お金にはこだわらず、ぼくの指導に時間を費やしてくれたことだ。コーチをしてもらっていたほとんどの期間、ぼくたちはラフにわずかなお金しか払っていなかった。ラフの通常の指導料には到底及ばない金額だ。母が支払ったお金を、ラフがぼくに返してきたことも何度かあった。ぼくたちはずっとラフの正規の指導料を知らなかったと思う。ラフは絶対に請求してこなかったし、ぼくたちは払える分だけを払っていたのだ。ラフはぼくが初めてレイクアローヘッドを訪れた日にぼくに可能性を感じ、その可能性を最大限に発揮できるよう手助けしたい、いっしょにやっていきたいと思ってくれていた。ジュニアになって2年目の2012年、ケガをして回復してからパシフィックコースト・セクショナルまでは、練習する時間がほとんどなかった。そのときラフは、もしセクショナルで両方のプログラムをクリーンに滑れたら、1000ドルくれるといった。レベルを落としたプログラムだったので、ラフはぼくにはできると思っていたはずだ。だから、経済的に助けてくれようとしているのだなと思ったし、同時に、全米選手権に出場したくて必死にがんばっているぼくを誇りに思ってくれているのだとも思った。ぼくはふたつともクリーンに滑りきり、ラフは喜んで約束を果たしてくれた。

3回転から4回転へ

ラフの指導を受けるうちに、ぼくはようやくトリプルアクセルを着氷しはじめた。それから初めての4回転――4回転トウループと4回転サルコウも決めた。初めてトリプルアクセルを着氷したのは、2012年、13歳の誕生日の数日前だった。初めての4回転――4回転トウループをおりたのは15歳のときだ。そのころはしばらくのあいだ、全種類のジャンプの練習に加えて、トリプルトウループを個別に練習し、もう1回転多くまわれるように高さを出そうとしていた。初めて4回転に挑んでみたのはそれより数年前、まだレイクアローヘッドにいた13歳のころだったが、そのときはうまくいかなかった。回転を感じることができなくてコントロールできずに転倒し、いきおいでリンクの端まで滑っていった。レイクアローヘッドにはほかのたいていのリンクにあるようなフェンスがないので、ぼくは氷の上からゴムが敷かれたリンクサイドに飛びだした。何回か転倒するうちに、腰をひどくぶつけた。痛くて恐ろしくて、ふだんはこわいもの知らずのぼくが、しばらくはこのジャンプを練習したくないと思った。

空中で4回転しておりるにはどうすればいいか、自分で解決するしかないのはわかっていた。でも、もう一度やってみようと思えるまでに2年かかった。そのときには、ラフのおかげで、ジャンプの仕組みを少しは理解したうえで挑むことができた。

2回転から3回転にするのにはこつがいるが、なんとかなる。3回転から4回転にするのは、エネルギーと仕組み両方の点でとんでもなく大きな一歩が必要になる。4回転めを組みこむには、より多くの回転力を生みだしつつタイミングをコントロールしなければならない。それをするためには、踏み切りの前に最大限の力をつくる必要がある。ジャンプの方向を正しく設定し、適切なタイミングで回転を生みだし、体のパーツひとつひとつ——腕、頭、脚、踏み切る足——の位置を考えて、回転と高さと流れを最大限にもっていく。

ふたたび4回転トウループに取り組みはじめたとき、これらのことを完璧にマスターしていたわけではなかった。けれども、やるべきことを理解し、4回転トウループを着氷する自分の姿をイメージできるようになっていた。4回転を練習しはじめて2、3日すると、あと少しで回転しきれそうなところまできた。あるレッスンのとき、6回か7回試してみて、何度か転倒したり、パンクしたりしたが、とうとう2回着氷することができた。ものすごく大きな成果だ。4回転を着氷したことは、いよいよ国内や国際舞台のトップ選手たちと戦えるときが近づいていることを意味していた。

この成功にいきおいづいて、数日後、こんどは4回転サルコウを試してみて、なんとかおりることができた。ぼくはほかのジャンプとおなじく、このジャンプもハーネス（補助具）に頼ることはしなかったが、なかにはハーネスを使う選手もいる。リンクによっては滑車があって、体にストラップをつけて滑車とつなぐ。バンジージャンプをするときみたいな感じだ。そして、コーチに空中に引きあげてもらって回転し、転倒の心配なしに空中での感覚を味わう。ぼくも子どものころトリプルをおぼえるときに使っていたし、トリプルアクセルや4回転でも少しだけやってみたことがある。でもいつも、ハーネスをつけずにジャンプをしたときの感覚はぜんぜんちがうと思っていたので、4回転の練習では使わないことにした。

4回転トウループと4回転サルコウを習得して、ぼくにはシニアレベルで戦うだけの技術力がある、もう3年もジュニアにいたのだからシニアに上がる準備はできている、と感じはじめた。けれども、まだシニアの国際試合には出られなかったので、全米選手権はシニアレベルで、国際試合はジュニアレベルで出場した。

そのシーズン(2014~15シーズン)は、ラフのアシスタントのナディアがぼくのプログラムを振り付けてくれた。ショートプログラムはマイケル・ジャクソンの曲で、フリープログラムはショパンの「ピアノコンチェルト第1番」だった。

2015年、ノースカロライナ州グリーンズボロで開催される全米選手権で、ぼくは4回転トウループ2本と、4回転サルコウ1本をフリーに組みこむ予定だったが、試合の1週間前になってかかとが痛みはじめた。すぐに足底腱膜炎と診断された。成長板がひらいているかかとに負担がかかったためだった。痛みがひどく、トウジャンプを跳ぶときにトウをつくことができず、4回転トウループを1回跳ぶのがせいいっぱいだった。ぼくの全米シニア選手権デビューは8位に終わった。

新しいトレーニング、新しい振付師

全米選手権のあと、ぼくはエストニアで開催された世界ジュニア選手権に出場し、表彰台まであと少しの4位に入った。年齢的には、あと数年、世界ジュニア選手権に出場できる。でもつぎのシーズンを考えると、すでにシニアの世界選手権に出場できる年齢になっていたし、挑戦してシニアの代表にえらばれたいという気持ちが強くなっていた。

足底腱膜炎からの回復をうながし、シニアレベルの試合に出場する準備をするため、2015年の夏、アメリカフィギュアスケート連盟の役員から、毎日の練習にもっとストレングス&コンディショニングのトレーニングを取りいれるようにすすめられた。その年のオフシーズン、ぼくはコロラドスプリングスにあるアメリカ・オリンピック・トレーニングセンターに行った。ブランドン・サイクルに初めて会ったのはこのときだ。彼はその後、長期にわたってぼくのストレングス&コンディショニングコーチを務めてくれることになった。

16歳になったばかりだったので、そのときは本格的にウェイトトレーニングはしていなかった。そこでブランドンからストレングス&コンディショニングについて説明してもらった。体を強化することが、トレーニングのエネルギーや持久力にどう効果を与えるかというようなことだ。1か月間、トレーニングセンターでブランドンの指導を受けて、ぼくはすぐにいつものトレーニングに取りこめるエクササイズをいくつかおぼえた。ブランドンはぼくの体全体を評価して、トレーニングの必要がある弱いエリアを見定めてくれた。ぼくたちは足首の可動性を高め、ジャンプの着氷方法を改善することに集中した。それによって、体の各部の向きが適切にそろい、関節に不必要な負荷がかからないようになる。ジャンプをおりるときには、体幹とすねをおなじ向きにすること、膝は必ず足の中指とおなじ向きにそろえることを教えてもらった。これは今でも気を付けていることだ。

その月、ぼくたちは週に3日トレーニングをして、ぼくの初めてのストレングス&コンディショニングのプログラムを作成した。カリフォルニアにもどると、ラフはすぐにぼくのジャンプの変化に気付き、スケート連盟に電話をかけて、ブランドンに指導をつづけてもらうように頼んだ。

2015~16年のシーズンに向けて、ショートプログラムは前シーズンのマイケル・ジャクソンのプログラムを持ち越すことにしたが、フリーはサン=サーンスの「交響曲第3番〈オルガン付き〉」の曲でニコライ・モロゾフに振り付けてもらった。ニコライはニュージャージーを拠点とする有名なコーチ兼振付師だ。2006年には荒川静香を指導してオリンピックの金メダルに導いている。これまでのぼくの試合用のプログラムはすべて、コーチングスタッフに振り付けてもらっていたので、そろそろちがったスタイルの振付を模索すべきときではないかと考えたのだ。ぼくは夏の一時期、東部に飛んで、ニコライの指導を受けることにした。ふだんとはペースが変わり、ニコライのスケート観が新鮮で楽しかったし、新しいプログラムも満足のいくものができあがった。

そのシーズン、ぼくはジュニアグランプリシリーズでこれらのプログラムを滑って、すばらしい成績をおさめた。グランプリ2試合とスペインのバルセロナで開催されたグランプリファイナルで優勝したのだ。全米選手権の前に、ラフは教え子たちをコロラドスプリングスに連れていき、ワールドアリーナで練習させた。ホリデーシーズンのイースト・ウエスト・アイスパレスよりは練習時間が取れるだろうと考えたためだった。ところが、ワールドアリーナはオリンピックのトレーニング施設として人気で、混みあっていた。ぼくは、プログラムの曲をかけて通し練習をする時間が思ったように取れず、母が車で走りまわって別のリンクを見つけて、練習時間を補った。

全米選手権が目前にせまり、ぼくはじゅうぶんに練習時間が取れないことで不安になりはじめた。ニュージャージーのニコライのリンクでプログラムをつくったとき、どんなに楽しかったかを思い出し、全米選手権の前にあそこにもどってしっかり練習しようと決心した。

大晦日、ラフとぼくはコロラドスプリングスの空軍士官学校のリンクで練習した。休日だっために、レッスンのあいだじゅう、リンクにはふたりだけだった。レッスンは夜で、ぼくはちょうど真夜中の新年を迎えたときに氷から離れると、コロラドではじゅうぶんなトレーニングができていない気がするので、ニュージャージーに行ってニコライといっしょにフリープログラムの仕上げをしたいとラフに伝えた。ラフはぼくの決断に賛成のようだった。ふたりでこういいあったのをおぼえている。「全米選手権で会おう」。

母とぼくはけっきょくニュージャージーに2週間滞在し、ニコライは技術的な要素以外の部分に細部まできっちり目を配ってくれた。それはまさに、ぼくのスケートに必要だと感じていたことだった。

手術。そしてリハビリへ

ケガに悩まされているのはあいかわらずで、左の股関節の痛みはシーズンを通してひどくなっていた。つねに鈍い痛みがあったのが、4回転トウループの踏み切りでトウを氷につくときに、鋭い痛みが走るようになった。何人かの医師に診てもらったが、みな、無理をしてもひどくなるようなものではないという診断だった。ぼくは医師の言葉を信じて、持ち前の頑固さで延々とトレーニングをくりかえし、全米選手権に向けて進みつづけた。

２０１６年１月の全米選手権は、ミネソタ州セントポールでおこなわれた。ショートでもフリーでも、ぼくはひどい痛みに襲われた。特に、４回転トウループで左足のトウをついたときがひどかった。それでも、どうにかこうにかふたつのプログラムを滑りきり、ぼくは国内で初めて、１試合で６本の４回転を決めた選手となった。

ショートプログラムでは、２本のジャンプで少しミスをした――４回転サルコウはステップアウト（注：着氷した足とは反対側の足もついてしまうこと）し、トリプルアクセルでは手をついた――が、全米選手権のショートプログラムで２本の４回転を決めた第１号となった。フリーでは、トリプルアクセルで転倒したが、４本の４回転を決めた。これも、フリーでは初のことで、こうしてふたつのプログラムで６本の４回転に成功した。痛みがあったにもかかわらず、ぼくは３位に入り、２０１６年の世界選手権と世界ジュニア選手権のアメリカ代表にえらばれた。

試合後、ぼくはエキシビションに出場した。エキシビションでは、試合のプログラムとはちがってルールを気にする必要がないので、メダリストたちはたいてい、ぐっとリラックスした演技をする。ぼくは４回転を入れることにした。みんながぼくに期待しているのは４回転だったからだ。誰かが「４回転！」と叫ぶのが聞こえて、「わかった、いくぞ」と思いながら、４回転トウループを跳ぼうとしたのをおぼえている。左足をついたとたん、股関節がはずれたような感じがした。どうにかこうにか氷から跳びあがっておりはしたものの、ぼくはショックを受けてその場でとまってしまった。そして、もう無理だと判断し、左の腰をおさえてリンクの出口へ向かった。すさまじい痛みだったから、足を引きずりながら氷をおりるときには、ひどいしかめっ面をしていたはずだ。

フィギュアスケート連盟の医療チームは、歩けないぼくを車椅子に乗せて現地の病院に連れていった。MRI検査を受けた結果、医師から上前腸骨棘《こつきょく》（ASIS）の剥離《はくり》だと説明された。太ももの筋肉が股関節につながっている部分で、4回転の練習で筋肉を鍛えすぎた結果、肉離れを起こし、骨の一部分もいっしょにはがれたのだ。裂離骨折とも呼ばれる症状だった。ぼくは、3月に開催される、ジュニアとシニアの世界選手権の代表にえらばれていて、シニアレベルの世界選手権は初めての出場になるはずだったが、このケガで棄権せざるを得なくなった。

医師は筋肉をASISにくっつける手術をすすめ、フィギュアスケート連盟のスポーツ科学・医療部門の部長だったピーター・サパロが、アメリカ・オリンピック委員会（USOC）の医療チームに紹介してくれた。USOCのチームの助けを借りて、ぼくは1月末に、カリフォルニア大学サンディエゴ・メディカルセンターのキャサリン・ロバートソン医師の手術を受けることになった。

ロバートソン医師は、ケガは完全に治り、前の状態にもどれると自信をもっていった。ブランドンもおなじ意見だった。けれどもぼくは、信じきることができなかった。シーズン中、母とぼくが相談した医師たちはみな、ぼくのケガはたいしたものではない、悪化する可能性はほとんどないかゼロに近い、このまま練習をつづけてもそれ以上のダメージはないだろう、といったのだ。ぼくがトレーニングをつづけたのは、そのためだった。だが、そうした医師のアドバイスがまちがいだったとわかったのだ。

それでも、ブランドンのことは信頼していたし、ぼくに選択肢はなかった。とにかく痛みがひどくて、手術をしないかぎり、思うように滑ることもままならなかった。

手術後は、股関節を動かさないようにサポーターを装着させられ、松葉杖《づえ》がなければ歩けなかった。何日か病院で過ごしたあと、ぼくはサンディエゴに住むおじの家に泊まれないだろうかと母にたずねた。おじ夫婦とその息子ジェロームとケビン・ワンがいる家だ。気分がどん底まで落ちこみ、スケートができない喪失感も大きく、完全に治るのかどうか心配でたまらなかったので、親戚の家に行ったら気が晴れるのではないかと思ったのだ。母とぼくは1週間、おじの家に滞在した。母が毎日のように車で海に連れていってくれたので、ぼくは松葉杖をついて歩き水辺にすわって過ごした。

その年のシーズンを締めくくる世界選手権は、3月にボストンで開催された。ぼくは現地に行って試合を生で観戦することができたが、うらやましくて胸が痛くなった。ほんとうは自分もあそこで滑っているはずだったのだ。ぼくは、シニアでも上位8人に入れる可能性はあると信じていたし、やはり出場予定だったジュニアでは優勝もあり得ると思っていた。両方とも、ほんとうに出場したかったから、観客としてスタンドにすわっているのはつらかった。スペインのハビエル・フェルナンデスが2度めの世界チャンピオンに輝き、羽生結弦《はにゅうゆづる》が銀、中国のボーヤン・ジン（金博洋）が銅メダルを獲得した。彼らを見ていると、やる気がみなぎってくると同時に、どんどん競争がはげしくなっていっていることが少し恐ろしくなった。

おじのもとに1週間滞在したあと、USOCがカリフォルニア州チュラビスタにあるトレーニングセンターで理学療法をはじめるように手はずをととのえてくれた。ぼくは学校の勉強が遅れていたので、理学療法を受ける合間に勉強を進めた。学校のことぐらいしか心配することがないのは、ありがたい変化だった。ぼくはふたたびフルタイムの学生にもどったのを楽しみながら、そのあいだに、自分のスケートがどこに向かっているのか、どこまで行きたいのかを真剣に考えるようになった。このときまで、ぼくはやみくもに前へ前へと進んできた。それがすべきことだったからだ。アーバインにいたときにスケートをやめることを考えたのは、おもに自分の進歩の遅さにいらだっていたためだ。けれどもこんどは、もう少し客観的な目で、スケートの外の世界を見る時間ができた。ぼくには外の世界もスケートとおなじくらい魅力的に見えた。回復するまでに5か月間、氷を離れていたので、これがぼくのスケートの最終地点になるのかもしれないとも考えた。スケートをつづけなければ、もっと学業に集中できて、大学に進む準備もできる。もしかするとこのケガは、スケートがぼくの進む道ではないというしるしなのかもしれない。それならば、ケガを治してさらに先に進めるかどうか見きわめてやろうという心構えができた。

つぎの1か月間で、ぼくはだんだん力がもどってきているのを感じはじめた。理学療法の大半は、ただプールに入って1日10分から15分、ゆっくりゆっくり水のなかを歩きまわるというものだった。

医療チームがもう大丈夫と判断すると、ぼくはコロラドスプリングスに飛んで、2か月間のリハビリに入った。まだ杖をついたままで、少しずつ動かす部分を増やしていった。理学療法士は股関節をそっと動かして、損傷箇所にできる瘢痕《はんこん》組織をほぐし、ぼくに股関節周辺を強化するのに必要な筋肉を動かすようにいった。ぼくは臀筋《でんきん》と体幹を締めてはゆるめ、また締めてはゆるめをくりかえした。ごく強度の低い、単調でやさしいエクササイズだ。

これが延々と2週間つづいたあと、ストレングス&コンディショニングのための動きをいくつか加えはじめた。ブランドンが、ぼくの右脚の調子をととのえる作業から入り、ゆっくりと左脚の強化をはじめた。最終的には、右脚でもちあげるのとおなじウェイトをあげられるところまでもっていった。氷に乗っていいという許可が出たのは、術後3、4か月たってからのことだった。そのときでも、最初の数週間は、1日にわずか5分の滑走からはじめて、つぎに8分、それから10分、15分、そして30分と少しずつ時間をのばしていった。

進み具合はゆっくりしていて、せっかちなぼくは、ほんの少しだけ早送りをした。2、3回滑ってみたところで、決められた時間より少し長く氷に乗っていることにしたのだ。むちゃなことはしなかった。ジャンプを跳んだり、術後にまた痛めるようなリスクのあることはなにもしていない。ただ頭のなかでは、滑走してまわるだけなら動きも衝撃も小さくて、ひどく痛めるようなリスクはほとんどないだろうと感じていた。

術後およそ4か月半が過ぎたところで、初めてのジャンプを試した。そう、実は療法士にいわれたのより少し早いタイミングだったが、その時点で、両脚でウェイトをもちあげられるようになっていて、力強さを感じていた。痛みはなくなっていた。だから、やってみたのだ。

手術前とおなじレベルのトレーニングができるようになるまでには、さらに2か月かかった。だが、ロバートソン医師のいったとおりだった。ケガは完全に治った。手術と理学療法のおかげで、ぼくはより深くスケートについて、自分の人生でスケートにどんな役割を求めているかを考える機会がもてた。毎日のつらいトレーニングに追われて、ぼくはスケートをはじめた理由を見失っていた。けれど、氷にもどってからの2、3週間が、どれだけこの競技を愛しているかを思い出させてくれたのだ。これからどれだけのことを成しとげられるか、ということも。

第3章

アメリカの希望《ホープ》

初生牛犢不怕虎

生まれたての子牛は虎を恐れない

新しい4回転

コロラドスプリングスでのリハビリが最終段階に入ると、1か月くらいのあいだはひとりで滑っていた。ジャンプがもどってきていて、もう痛みもなかったので、4回転を2種類増やすことにも成功した。ぼくの武器のなかでも難度の高い2種類、4回転フリップと4回転ルッツを着氷したのだ。ぼくは自分の進歩の具合に興奮し、ラフのところにもどって、これらのジャンプに磨きをかけ、プログラムに組みこみたいと考えた。

ラフが誰よりも得意なのは、どうすればプログラムのなかでジャンプをクリーンに安定しておりられるか、最適なジャンプ構成を見つけだすことだった。今ぼくには、どうにかできそうな2種類の新しい4回転がある。けれども、まだできたてほやほやで、ラフの助けを借りて技術を正しい方向に育てていかなければならない。ラフは、ぼくの技術に関して信頼できる唯一の人だった。技術的な観点から見れば、ラフの右に出る者はいない。だから、ぼくがふたつの新しいエレメンツを手に入れた今、ラフがどうするだろうと興味津々だった。

母とぼくはコロラドスプリングスからロサンゼルスに車でもどった。実際には、ぼくがずっと運転し、母はとなりにすわって目を光らせていた。ぼくは免許を取得したばかりで、できるだけ運転したかったのだ。それに、早くリンクにもどってラフに会いたくてたまらなかった。

このころには、ラフはカリフォルニア州の〈レイクウッドＩＣＥ〉でコーチをしていた。ぼくたちはしばらくのあいだ、サンディエゴのおじ夫婦の家に滞在した。でも、そこからだと高速道路で毎日往復４、５時間のドライブになる。３週間ほどして、ぼくたちはアーバインにアパートを借りた。

リンクにもどった日に、ぼくはいきおいこんでラフにふたつの新しいジャンプを披露した。きっと感心してくれるだろうと期待していた。ラフは感心していたのかもしれないが、それよりもいらだちのほうが大きいようだった。そのころになっても、ラフはぼくが全米選手権のエキシビションで４回転を跳ぼうとしたことに腹を立てていた。あんなリスクを冒す必要はなかったのに、賢明ではなかったというのだ。ラフのいうとおりだった。ラフはいまだに、ケガのいくつかは、ぼくがトレーニングで欲を出しすぎたせいで起きたと考えている。特に、手術が必要になった裂離骨折はそうだという。ラフは、いかにもラフらしいいいかたでこういった。

「もし自分が飛びこえられるよりも大きな穴を越えなければならないとしたら、ただ飛びこんで死ぬのか？　それとも、もっと小さな穴を飛びこえられるようにしてから、毎日穴を大きくしていって、安全に越えられるようにするのか？」。ラフがぼくのケガにいらだっていたのは、ラフもぼくのスケートに描いていた理想とともに、ぐんぐん進んでいきたかったからだ。ケガをするたびに、回復するまで休まなくてはならないことは、ぼくにとってだけでなく、ラフにとっても後退を意味していた。

ラフはぼくが新しいエレメンツを習得できたことは喜んでいるようだったが、それでもぼくのトレーニングの方針についてはあいかわらず批判的だった。ぼくは手術やリハビリがあったにもかかわらず、努力を重ねて時間を無駄にしなかったと思っていたので、この反応に驚いた。ぼくにとって重要だったのは、自分にまだ試合に出られるだけの強さがあって、また練習をする準備ができているとラフに知ってもらうことだった。2種類の新しいジャンプを決められたことが、その証拠になると思っていた。

新しいジャンプについて、ラフは納得していなかった。ラフは、ぼくがその2種のジャンプを跳べるようになったのは、自分がそのための準備をしてきたからだとわかっていた。ただ、ほかの4回転ジャンプを跳びながらじょじょに習得して増やしていく計画だったのだ。そうしていつか、まだ誰も試してこなかったことをできるようにするつもりだった。フリープログラムで6本の4回転を決めることだ。

2016~17年シーズンがはじまったばかりの9月に、ぼくは小さな試合に出場し、2本の新しいジャンプを披露した。ラフはまたしても、それは賢明なことではない、せっかちすぎると批判的だった。ラフは自分の計画を隠しておきたがるたちで、ぼくの4回転すべてを世界にお披露目するまでにあと1年おきたいと考えていた。翌年2017～18年シーズンは、平《ピョン》昌《チャン》オリンピックのシーズンにあたる。ラフは、翌シーズンになってからじょじょにエレメンツを増やしていって、2018年2月のオリンピックでピークを迎えるのがベストだと考えていた。それにラフは、ぼくが、自分のできることをいつもいつもほかの選手に見せるのはやめたほうがいいという考えだった。手の内を明かして、ほかの選手に同様のエレメンツやジャンプ構成の練習をする機会を与えたくなかったのだ。

ぼくの考えはちがっていて、2種類の新しいジャンプをできるだけ多くの機会に跳んでおきたかった。これら2種の4回転が、ぼくをより強くしてくれる――国内ではもちろんのこと、もしかしたら世界でも――と期待していた。もちろん、それだけで一気に国際的なトップ選手の仲間入りができるわけではないだろう。ぼくの戦略は、むずかしいジャンプを入れて、高い基礎点を稼ぐというものだった。でも、たとえ新しい2種類の4回転を入れても、じゅうぶんかどうかはわからない。前回の全米選手権では、6本の4回転をきめても3位だった。あと2本増やしたら、順位は変わるだろうか？　ぼくはこの新たにめばえた不安をラフに打ち明けなかった。ぼくたちのあいだにある種の緊張が生まれたのはそのせいだったのかもしれない。自信が揺らぐにつれて、ぼくはラフから離れはじめた。またしても、つきつめればコミュニケーションの問題だった。ラフもぼくも、本気で相手の話を聞いたり、心をひらいて自分の思いを打ち明けたりしていなかったのだ。

プログラムコンポーネンツを向上させる

前シーズンの全米選手権のあと、ぼくはフィギュアスケート連盟のジャッジ（審判）と役員から意見や感想のフィードバックをもらっていた。ジャンプが注目を集める一方で、ぼくのスケーティングはプログラムコンポーネンツ（演技構成）の面で足りないところがある、という意見だ。プログラムコンポーネンツとは、スケートの芸術面に焦点をあてたスコアだ。たとえば、エッジの質、スケーティングの力、エレメンツと音楽がどのくらい融合しているか、プログラムにどれだけエネルギーと感情がこめられているか、などを評価する。要するに、ぼくはスケートの芸術面を向上させる必要がある、ということだった。

ぼくもジャッジと役員の意見に賛成だった。ぼくは一度にひとつのことに取り組む方法を取ってきたので、それまでは技術力をできるだけ引きあげることに集中していた。そろそろ、スケートのプログラムコンポーネンツのほうに、もっと注意を払うときが来たのだ。

２０１６年５月、まだコロラドスプリングスでリハビリをしていたころに、ぼくは芸術面を向上させるために、新しい振付師に頼むことを考えはじめた。母とぼくは数人の大物振付師を考えたが、そのなかでとりわけ名高いのはマリナ・ズエワだった。マリナはすばらしいコーチ・振付師で、おもにアイスダンス選手を指導してきた。オリンピックのメダリストもいる。2010年と2018年の金メダリスト、テッサ・ヴァーチュー&スコット・モイア組、2014年ソチの金メダリスト、メリル・デイビス&チャーリー・ホワイト組、2018年の銅メダリスト、マイア&アレックス・シブタニ組である。ショートプログラムを振り付けてもらいたいというぼくの頼みに、マリナは応じてくれた。そこでぼくは彼女の拠点であるミシガン州カントンを訪れて、新しいショートプログラムをつくった。曲はバレエ音楽の「海賊」だ。1週間で振付を終えると、コロラドにもどってリハビリをつづけた。

その後リハビリを終えてカリフォルニアにもどってから、自分のスケーティング能力が戦っていくのにじゅうぶんでないのかもしれないという不安が大きくなっていった。自信がなくなるにつれて、ジャンプも不安定になった。

どんどん自信を喪失していきそうで恐ろしくなり、母とぼくは環境の変化が必要だと判断した。一番の気がかりはプログラムコンポーネンツだったので、前シーズンに振付師のニコライ・モロゾフに力を貸してもらったときとおなじく、新しい振付師のマリナに頼ることにした。

マリナのコーチングチームには、オレグ・エプスタイン、ジョニー・ジョンズ、マッシモ・スカリ、エレーナ・ソコロワがいた。夏のあいだの数日間、マリナのチームと過ごしてみて、もっと長期の滞在が必要だと気が付いた。そして9月にカントンに到着したとき、ぼくはすぐさま、すばらしい環境だと思った。当時、パトリック・チャンがカナダから移ってきて、マリナの指導を受けていた。パトリックは世界チャンピオンに3度輝き、2014年のソチオリンピックでは銀メダルを獲得している。ぼくが行ったときは、3度めのオリンピックに向けてトレーニングをつづけていた。ぼくはカントンのポジティブな雰囲気が好きだった。たとえジャンプがほんとうにうまくいかない日だったとしても、そこからなにかを得られる。どういうわけか、そういうひどい日でも実りがあるように感じられた。

マリナは、ブレードの体重をかける位置から、衣装の色、氷上での顔の表現にいたるまで、細かいところに気を配って指導していた。1日の最初のレッスンでジャンプの練習をし、つぎの2回のレッスンではマリナやコーチングチームとともにプログラムや表現面のブラッシュアップをおこなった。いよいよ試合が近づくと、木曜日と金曜日には試合のシミュレーションをした。実際の試合のように、衣装を身につけて6分間のウォームアップと自分のプログラムを滑るのだ。

マリナとそのチームが指導しているのはおもにアイスダンスのカップルだったので、カントンに行く前、母は、どれだけ滑走時間がとれるか、ジャンプをしないアイスダンスの選手のそばでジャンプを跳ぶパトリックとぼくをどのように指導するのか、少し心配していた。幸い、ぼくたちはおなじリンク内でちがうパターンのスケートをする選手がいることにすぐに慣れ、なんの問題もなくアイスダンス選手のそばでジャンプを跳ぶようになった。いっしょに練習をするうちに、パトリックはぼくの兄のような存在になった。最初はパトリックのとなりで練習することに少しおじけづいていたが、彼はすぐに友だちのように温かく接して歓迎してくれた。練習以外の時間でも、パトリックはぼくの面倒を見ようとして、愛車のスポーツカーで食事に連れていってくれたりもした。

歓迎してくれたのはパトリックだけではなかった。誰もが協力的で、いつでもおたがいに助けあおうとしていた。チャーリー・ホワイトとアレックス・シブタニは、ぼくがひどく手こずっていたトリプルアクセルまで、手助けしようとしてくれた。彼らのやりかたは新鮮だった。テクニックを教えようとはせずに、ジャンプを論理的に見て不自然に見えるところを指摘し、ほかの動きを試してみたらと提案するのだ。意外なことに、これがわりと役に立った。

アイスダンスの選手は、氷上での表現と非常に精密な動きに集中している。彼らと練習することで、完全なプログラムというものがどこまで緻密《ちみつ》になり得るか、なるべきかを理解することができた。こうしてプログラムコンポーネンツの向上をめざしてつぎの段階に踏みだしたことで、ぼくはがぜんやる気になった。視点を切りかえて、ジャンプばかりに集中することをやめたのは新鮮だった。スケートにはジャンプ以外にも等しく重要な面があることを受けいれてみると、スケーターとしての価値をジャンプがうまくいくかいかないかだけにおく必要はないのだと気が付いた。こうしたことを磨いていくのは、当時、ぼくのスケートをひとつ上のレベルに引きあげるのにほんとうに必要なことだった。ジャッジに、ぼくがジャンプだけの選手ではないことを見せられるからだ。

２０１６年の秋、ぼくはマリナをコーチとして、初のシニアグランプリシリーズの試合、フランス杯に出場した。当然のことながら、ハビエル・フェルナンデスやデニス・テンとおなじ氷の上でウォームアップをして試合をすると思うと緊張した。デニス・テンとは、少しのあいだレイクアローヘッドでいっしょにトレーニングをしたことがあった。

ラフと会って気まずい思いをするのではないかというのも気がかりだった。カリフォルニアでラフのもとにいるアダム・リッポンが、おなじ試合に出場していたのだ。マリナのところにいることについてラフときちんと話していなかったので、グランプリの会場で会ったら居心地の悪い思いをするだろうと心配だった。

リンクでラフを見かけたとき、ぼくはマリナにこうたずねた。「ラフのまわりでどうふるまうべきかわからない。話しかけたほうがいいかな?」。マリナは挨拶《あいさつ》をしてみたらとすすめたが、試合に集中するためにも、あまりそのことを気にしすぎないようにといった。ぼくは勇気をかきあつめてラフのところに行き、声をかけた。ラフが気を悪くしている様子がなかったので、ぼくはほっとした。ぼくたちの関係は問題なさそうに思えた。

その試合は、あまりうまくいかなかった。ショートプログラムは、4回転ルッツ―3回転トウループのコンビネーションに4回転フリップ、ダブルアクセルの構成でクリーンに滑れたが、フリープログラムでは4回転トウループとサルコウで転倒し、いいできではなかった。5本の4回転を入れる予定だったが、クリーンに決まったのは2本だけだった。ぼくはあと少しのところでメダルを逃し4位に終わった。

表現と技術と

グランプリシリーズの2戦め、2週間後の札幌《さっぽろ》でのNHK杯に向けてトレーニングをしているうちに、まだ自分のジャンプには助けが必要なのだと気が付いた。パフォーマンスの面では強くなったと感じていたが、安定したジャンプはもどってきていなかった。そこでぼくは、日本に向けて出発する1日前になって、ラフに力を貸してほしいと頼みこんだ。今のような事態になったことをあやまり、まだラフの助けが必要なので、もう一度受けいれてほしいと伝えた。ラフがどんな反応を見せるか少し不安だったが、それはまさにラフが聞きたいと思っていた言葉だったのだ。ラフはぼくを温かく迎え入れてくれた。劇的なことはなにもなく、離れていたせいでぎこちなくなることもなかった。ぼくはラフにとって、スケート界での息子のような存在だった。ぼくが自分でなにかを解決したくて離れていったとしても、まだラフの力が必要だとわかったのなら、ラフは追いかえしたりはしないし、支援の手をさしのべるつもりでいたのだ。

すべてはバランスの問題だ。ぼくはスケーティングスキルと表現面を気にするあまり、ジャンプが二の次になってしまっていた。2、3か月ラフと練習をしなかったために、テクニックが少し揺らぎはじめ、ぼくは自力で問題を解決しようとしていた。トウループとサルコウは問題なかったし、フリップとルッツも安定しつつあった。けれども、プログラムのなかでこれらのジャンプを組み合わせて着実におりることができなかったし、アクセルはあいかわらずあてにならなかった。このまま状態が悪化しつづけていくのはいやだった。どんなにプログラムのほかの部分が優れていたとしても、高難度な技術要素がなければ、戦っていけない。だからぼくは、ラフのもとにもどる必要があった。

このような調整をしたのは、これが初めてではない。技術力と表現とのあいだを振り子のように揺れながら、ぼくのスケートは成長してきた。幼いころは、技術力が弱かったところからはじめて、同時にスケーティングスキルを伸ばすことに集中した。ラフの指導を受けるようになってからは、技術力が優先された。そしてマリナの指導を受けるとこんどは、スケーティングスキルと表現が向上した。けれども当然のことながら、ジャンプは少し弱くなった。だから、プログラムのジャンプ以外の部分の生かしかたをより深く理解したうえで、ラフのもとにもどったのだ。新しい場所に行くたびに、あるいは新しいコーチの指導を受けるたびに、ぼくは与えられたものをすべて吸収していった。ひとつひとつ非常に価値があるものばかりで、ぼくは今日《こんにち》までですべてを自分のスケートのなかに生かしつづけようと努力してきた。

とにかく、ラフはあいかわらずテクニックに関してエキスパートだった。ラフのようにジャンプの背後にある仕組みを分析できる人はほかにはいない。ラフはぼくに4回転を教えるとき、この競技での長年の経験からつちかってきた新しい戦略を使っていた。それまでのほかの生徒には、包括的に組み立てることができなかった指導法だ。ラフはそれを、走り高跳びの革新的なテクニックとして知られる「背面跳び」になぞらえていた。背面跳びは、アメリカのディック・フォスベリーが1968年にメキシコシティで開催された夏季オリンピックで披露したものだ。それまで、高跳びの選手はバーをまたぐ正面跳びか、前向きに回転するベリーロールでバーを越えていた。生体工学に詳しかったフォスベリーは、うしろ向きに踏み切り、背中を弓なりにしてバーにふれないように跳べば、ほかの跳びかたほど重心を高く上げなくても、バーを越えられることに気が付いた。この戦略によってフォスベリーはオリンピックで金メダルを獲得し、走り高跳びの競技を完全に変えたのだった。

ラフは男子フィギュアスケートでおなじことをしようと考えていた。ぼくは実験台だったのだ。ラフのジャンプ指導の力量には全面的な信頼をおいていたので、ぼくはそれでかまわなかった。

ぼくはヨーロッパ仕込みの技術を習得しながら成長した。アメリカでのジャンプの教えかたとは少しちがう。ぼくのテクニックは、踏み切り前の体の動きに大きく依存する。回転力を生みだすように上半身をひねるのだ。2回転を跳ぶときには、体の軸を中心に約25度のひねりを加えて回転力を得る。3回転は、さらに25度のひねりを加える。4回転では、さらに25度。要するに、回転と逆の方向に——ぼくの場合は右向きに——ひねりを強くしてその反動で回転力を得るということだ。弓を強く引けば引くほど、矢が遠くに飛ぶ、弓と矢の関係と似ている。

ぼくに初めて本格的なジャンプ指導をしてくれたカレル・コバールとヨゼフ・サボフチクは、チェコスロバキアでトレーニングを受けてきたので、ふたりともヨーロッパのコーチだったということになる。カレルのあとは、エイコップ・マヌーキアン、それからジェーニャ・チェルニショワ。どちらも技術はロシア仕込みだった。

ラフはアルメニアにいたときにロシア出身のジュニア選手を何人か指導して実績をあげ、ロシアに招かれて、伝説のコーチ、タチアナ・タラソワのアシスタントを務めるようになった。タラソワは史上最多のオリンピック金メダリストを育てたコーチだ。なんと教え子が計8個もの金メダルを取っているというから驚きだ。ぼくはラフに教わる前から、多くのヨーロッパ人のコーチのもとで練習してきたので、ラフのテクニックが自分にぴったりだろうとわかっていた。マリナの指導を受けたあと、ラフはぼくたちがやめていたところから再開して、彼の計画どおりに2018年のオリンピックに向けて準備をつづけていった。

アメリカの希望《ホープ》

ラフにつきそわれて出場した日本のグランプリ大会で、ぼくは初めて羽生結弦と対戦した。夢のような体験だった。彼は2014年のソチオリンピックで金メダルを獲得し、つぎの2018年も金メダルの有力候補だった。もしぼくが平昌オリンピックに出場するとしたら、対決しなければならない選手のひとりになる。2016年当時は、とうとう結弦とおなじリンクで滑ることができて、ただわくわくしていた。世界選手権で戦う機会を、手術のせいで逸してしまっていたからだ。ぼくは気を散らさないようにしていたが、あいかわらずジャンプに苦労していて、思ったほどいい演技はできなかった。ただ、高難度構成のおかげで、結弦に次いで2位に入った。これはシニアに上がって初めての国際試合のメダルで、ぼくはこの新しい、非常にレベルの高い選手たちの世界でも、なんとかやっていけるのではないかと感じはじめていた。

この試合は特に意義深かった。それまで国際試合には同行していなかった母が、このとき初めていっしょに来てくれたのだ。母は日本に留学するチャンスをあきらめたせいで、一度も日本に行ったことがなかったので、きょうだいでお金を出しあって母の航空券を買い、ぼくのスケートを見てもらえるようにしたのだった。

この2大会の結果によって、ぼくはグランプリファイナルの出場権を得た。グランプリシリーズに出場した選手のなかから各種目――女子、男子、アイスダンス、ペア――上位6人（組）だけが招待されて出場できる試合だ。ファイナルは2016年12月にフランスのマルセイユで開催された。このときもぼくの演技は完璧ではなかったが、結弦に次いで銀メダルを獲得した。

ファイナルが終わると、ラフとの練習をつづけるために、母とカリフォルニアにもどった。前に借りていたアパートは手放していたので、何軒かAirbnb（エアビーアンドビー）で探した民泊に滞在してから、レイクウッドのリンクまで数マイルのロングビーチに小さなアパートを見つけた。

シーズンが進むにつれて、ぼくはいきおいがついてきて、演技はよくなっていった。自分の力に前より自信をもつようになり、全米選手権では大胆にもフリープログラムで5本の4回転を入れることにした。そのシーズンの全米選手権は1月にミズーリ州カンザスシティでおこなわれた。

ショートプログラムでは2本の4回転を決めた。4回転ルッツ―3回転トウループのコンビネーションと4回転フリップ、トリプルアクセルという構成だった。いかにも当時のぼくらしい考えかたで、フリーではいちかばちか4種5本の4回転に挑戦しようと考えた。賭《か》けは成功した。シニアの全米選手権で初の優勝をおさめたのだ！

ぼくがつぎつぎと4回転を決めていくのを見て、NBCで解説をしていたタラ・リピンスキーはこういった。「これはとんでもないことよ！」。いっしょに解説をしていたジョニー・ウィアーはぼくのことを「アメリカの希望《ホープ》、ネイサン・チェン」と呼んだ。ふたりはもちろん、ぼくが翌年韓国でおこなわれる平昌オリンピックに出場する可能性を強くほのめかしていた。

2月に韓国の江陵《カンヌン》市でおこなわれたISU四大陸選手権でも、そうした注目は高まるばかりだった。会場は、翌年の平昌オリンピックでスケート競技の会場となるリンクだった。ぼくは実のところ、「アメリカの希望《ホープ》」と呼ばれるのがいやでたまらなかった。自分ではまだなにも成しとげていないと感じていたからだ。けれども、自信を押しあげてくれたのはたしかで、四大陸ではスケートをはじめて以来一番ジャンプがうまくいったと思えた。ぼくはまたしてもショートで2本、フリーで5本の4回転を決めた。

この試合でぼくにまた別の「初めて」がついた。国際試合のフリーで5本の4回転を決めた

「初めて」の選手になったのだ。

この流れからすると、フィンランドのヘルシンキでひらかれる世界選手権でも表彰台に乗れるのではないかと思われた。ヘルシンキ大会はぼくにとって初めてのシニアの世界選手権で、ぼくは全米選手権、四大陸選手権につづいて、つぎの優勝を狙っていた。フリーに新たな4回転のコンビネーション――4回転フリップ―2回転トウループ――をつけくわえて臨んだが、4回転で2度転倒し、6位に終わった。

滑りおわったとき、ぼくは落胆を隠せず、最後のポーズをとったときには顔をしかめていたはずだ。自分にジャンプを決めてプログラムをまとめるだけの力があるのはわかっていた。ただ、力があるのと、安定して力を発揮できるのとは別の話だ。目標を達成するために、体と心を正しく鍛える方法を見つけださなければならない。まだまだ学ぶべきことが山のように残っていた。

第4章

恐怖心

失敗是成功之母

失敗は成功の母

股関節を痛める

世界選手権で思うような演技ができなかったのは、経験不足だけが理由ではなかった。2017年シーズン後半、股関節周辺に鋭い痛みを感じるようになっていた。特に右側はひどかった。世界選手権が終わると、再度アメリカ・オリンピック委員会（USOC）の医療チームに相談し、MRI検査を受けることになった。結果、新たに両股関節でインピンジメント（衝突）とそれによる関節唇の損傷が引きおこされていることがわかった。アスリートにはよく見られるケガで、ジャンプが股関節に大きな負担を強いるフィギュアスケーターは特に負傷しやすい。関節唇というのは、骨盤が大腿骨《だいたい》と接するカップ状の受け口である臼蓋《きゅうがい》を覆う軟骨組織のことで、大腿骨を支えて安定させるゴムパッキンのような働きをする。この関節唇を損傷すると、関節が不安定になり筋肉に負担がかかって、股関節や鼠径《そけい》部に痛みを引きおこす。ぼくの症状はまさにこれに当てはまった。

ある程度予測はついていたが、医師からは4回転ジャンプの練習をくりかえしたことによる負荷が症状を悪化させたといわれた。ぼくの場合、立って右脚を前に上げ、膝をhの文字のように曲げた状態からかかとを右に動かし、股関節を内側に回転させると痛みが出た。ところが、この股関節を内側に回転させる動きは、アクセルとサルコウジャンプを跳ぶために欠かせない。ほかのジャンプでも、跳びあがるときに加えるひねりや右足での着氷は股関節に大きな負担になっていた。多少調子がよいときですら、こわばりがあって股関節を完全に回転させることができない。ひどいときには関節で骨どうしがこすれるような感覚があって、力が入らず不安定になる。しまいには、練習でこれらの不具合をかばおうとするあまり、内転筋群と股関節屈筋群に負荷がかかって、ドミノ倒しのようにダメージと痛みが広がっていく。そして痛みはいつも、最も望ましくないタイミング、つまり試合前と試合中にひどくなった。調子を上げるために反復練習を増やすのだから、当然といえば当然だ。そのたびにケガも悪化した。

その年の夏、USOCスポーツ医療チームから、コロラド州ベイルの股関節専門の整形外科医で、ぼくとおなじケガに苦しむ多くのアスリートの治療にたずさわっているマーク・フィリポン医師を紹介された。フィリポン医師は、手術も選択肢のひとつだといったが、ぼくはいくつかの理由で再度の手術にはどうしても気が進まなかった。手術をすればケガの大元を矯正して痛みを取りのぞくことができるとわかってはいたのだが、回復するまでのあいだまともに練習できなくなることがこわかった。なにより、手術の影響でジャンプの跳びかたを大幅に変える必要が出るのではないかと心配だった。とりわけ、オリンピックまでわずか8か月しか残されていないとなると、そのリスクはなんとしても避けたかった。

フィリポン医師からのもうひとつの提案は、多血小板血漿《けっしょう》（ＰＲＰ）の投与だった。再生治療の一種で、自分の血液から抽出した血小板をふくむ血漿を使って、筋肉や腱や靭帯《じんたい》や関節の修復をうながす方法だ。まず、チューブ数本ほど採血をし、その血液を遠心分離器にかけて血小板を分離させて濃縮する。血小板には多くの成長因子がふくまれていて、これを痛めた股関節部分に投与するのだ。超音波を用いて最も損傷のはげしい関節唇を特定して注射をすることで、多血小板血漿にふくまれる成長因子やそのほかの細胞成分が痛めた軟組織の再生を助け、その部位をかばうことで負荷がかかる筋肉や腱や靭帯を保護する働きもしてくれる。なにより重要なのが、この治療によって痛みが軽減されれば、抗炎症薬の量を減らし、ステロイドも使わずにすむことだ。

フィリポン医師は、２０１７年7月1日にはじまり、翌18年2月にオリンピックが開催されるシーズンを、このＰＲＰ療法で乗りきれると確固たる自信をもっていた。ただひとつネックだったのが、ぼくがベイルまで行き、1日かけて採血と成分の抽出、精製、投与をしなければいけないことだった。さらに、ふつうに歩けるようになるまでひと晩かかる。帰宅後も、約1週間安静にしてからでないと、本格的に追いこんだ負荷の高い練習にはもどれない。

それでも、ぼくにとってはこれがベストな選択だった。オフシーズンのうちに、最初の投与を受けた。症状はだいぶましになったが、期待していたほど効果がつづかなかった。アイスショーのツアーに出ると、じきに痛みが再発した。ふたたびベイルへ行って2度めの投与をし、こんどはかなり効果が持続した。3度めはシーズンに入ってから受けたが、これで最も練習がきつくなる時期と、願わくはオリンピックも乗りきりたいという思いでいっぱいだった。

PRPを投与しても、痛みが出はじめると練習の強度を下げざるを得ない。ぼくの股関節は毎日のようにジャンプ練習をくりかえすことでたえず大きな衝撃を受けつづけ、そのことでケガは悪化していった。休めばよいことはわかっていたが、大事な五輪シーズンにとてもそんな気持ちにはなれなかった。

ブランドン・サイクルからは、指導を受けるようになった当初から、また2016年の手術後のリハビリ期間中は特に、練習で体にかかる負荷を緩和するためにも意識的に練習量の調整をするようといわれていた。練習量を減らすのではなく、より効果的におこなうために、1週間のうち日によってジャンプを跳ぶ回数を変えるというやりかただ。

ブランドンの専門家としての意見は信頼していたが、ここまで自分なりに成果をあげてきた練習法でやってきて、今このタイミングでルーティンを大きく変えるのは適切ではないと思った。ぼくのやりかたでは、ジャンプは安定しておりられると自信がつくまで、とにかく何度でもくりかえし跳んでいたからだ。

ブランドンは、より柔軟な方法のほうが、1回ごとの練習で得られる成果も大きくなると強くうったえた。カリフォルニアにも何度もやってきて、ぼくの練習量と負荷を計測し、うまく調整できるようあれこれ知恵をしぼってくれた。週のはじめは練習量を多めにして、半ばにかけて軽くしていき、週末にまた増やす。それで1週間を通してずっとおなじレベルで強度の高い練習をつづけないようにする。ぼくたちは計算式を使うことにした。たとえば一度の氷上練習で、自分がどれだけ力を出したか1から10のあいだの数字で評価し、その数字と練習時間をかけると、それがぼくの使ったエネルギーの指標となり、間接的に体が感じる負荷量を表すことになる。とはいえ、これはあくまでも主観的な評価にすぎず、実際にどれだけ信頼に足る指標なのかぼくたち自身にもわからなかった。それに、練習量に変化をもたせようとするブランドンの考えは理解していたが、うまくいかないときは、ジャンプに自信をつけるにはこれしかないと自分が考えるやりかた――きつい反復練習――にどうしても頼ってしまう。

ラフもぼくのメンタリティを変えようとしていたが、それでもぼくはいっそうの反復練習が必要だと信じこんでいた。この考えかたを修正するためには、自分自身の身をもって学ばなくてはならず、実際、もう数年の時間を要することになった。当時のぼくは、4回転ジャンプの習得も、複数の異なる種類の4回転を組みこんだプログラムも、痛みや自分を甘やかす気持ちを押しのけて練習しなければ、けっして成しとげられるものではないと思っていた。それがアスリートというもので、一朝一夕にできることではないのだと。けれど、ぼくが、そうした気持ちの強さと体の声を聞くこととのちょうどよいバランスを学ぶまでには、とてつもなく苦い経験が必要だった。

ベラとの出会い

平昌オリンピックという大舞台をひかえた2017〜18シーズンがはじまると、これまで経験のないプレッシャーを感じるようになった。前年の好成績から、ぼくはにわかにオリンピックのメダル候補、しかもときには金メダル候補として名前をあげられることが多くなっていた。ぼく自身は、自分は金メダルのチャンスがある多くの選手のひとりにすぎないと思っていた。ラフは平昌でのメダルは現実的だろうし、ひょっとしたら金メダルもあり得ると考えていた。ぼくのプログラムは、これまで誰も挑戦したことがないようなジャンプ構成だった。4回転の数だけではなく複数種類の4回転を組みこんでいたからだ。正確にいつかはわからないけれど、ぼくが「クワドキング」と呼ばれるようになったのは、このころからだと思う。ぼく自身は、おもしろいけど少し仰々しいような気もしていた。

周囲からメダル争いにからむと見られることをうれしく思っていなかったわけではない。ただ、その重圧とどう向き合えばいいのかがわからなかった。賞賛の声は、五輪というゴールが近づくほど、期待を裏切ってしまうのではないかという不安を増大させていった。自分のなかで、楽しみな気持ちが恐怖に変わりはじめていた。

おなじころ、ブリヂストン、コカ・コーラ、ケロッグ、ナイキ、のちにはユナイテッド航空など、大企業からスポンサーの話をもらえるようになった。こうした貴重な機会に恵まれたときは、２０１６年からエージェント業務を委託していたＩＭＧのサエグサ・ユキ（三枝裕紀子）が窓口となって対応してくれた。ファッションデザイナーのベラ・ウォンに衣装を依頼するようになったのも、ユキがつないでくれたおかげだ。ベラは、自身も元フィギュアスケーターで、過去にはナンシー・ケリガン、ミシェル・クワン、エヴァン・ライサチェクらの代表作の衣装をデザインしている。

ベラとは、ニューヨークで初めて会ってすぐに意気投合した。ベラが手掛けた衣装には以前から感嘆していたし、フィギュアスケートの衣装がどういうものかを熟知している人だと思っていた。耐久性があり、演技に必要な身体の動きを妨げないが、独創性があってプログラムの個性を象徴するデザイン。エヴァンにつくった衣装を数点見せてもらったが、どれもただただすばらしかった。ぼくのジュニア時代の衣装はほとんどが母の手製で、それ以後も何人かの衣装デザイナーに依頼したことがあったが、このレベルのデザインチームとの仕事は初めての経験だった。衣装の制作についてはベラに一任することにした。ぼくからの要望は着心地の良さだけ。ベラはぼくの考えを最優先するとけあってくれた。

ベラがデザインした衣装で臨む初めての試合は、2018年1月開催の全米選手権になった。フリープログラム用の衣装はとてもコンテンポラリーなデザインだった。スタイリッシュな黒い生地に、背中には垂直方向にシルバーのジッパーが施されていた。ベラは経験上、フィギュアスケートの衣装で強度が必要になる箇所や、スピンやジャンプで生地がどういう動きをするかを完全に理解していた。これほどの質の高い衣装は初めてで、ベラとチームスタッフが1着1着に細心の注意を払い丁寧に制作してくれたことがありがたかった。ベラのスタジオにはサイズ測定のためにぼく専用のトルソーが置かれていたので、毎回試着に足を運ぶ必要がなかったことも大きな助けになった。

高まるプレッシャー

大手のスポンサーと契約したり、ベラのような著名人とコラボレーションしたりするようになると、メディアからの注目度も格段に上がった。大手テレビ局のNBCに取りあげられることが増え、数えきれないほどのインタビューでくりかえし自分自身のことを話さなくてはいけなくなった。メディア対応はほとんどしたことがなかったので、すべてが新しい経験だった。

本心では、自分がどれほど進化したかについて話しているあいだにも、練習して少しでも演技をよくすることに集中したかった。

直近の試合にどんな構成で臨むか話すことも好きではなかった。それなのに、誰もがどの4回転を何回組みこむ予定かをぼくに質問した。ジャンプの話をしたくないというのはラフもぼくとおなじだった。ラフはけっして秘密主義ではないが、ジャンプ構成については事前に明らかにするのを好まなかった。ほかの選手がその情報をもとに対策をとってくると考えていたからだ。

ぼくもしまいには学習して、ただ「わかりません。当日のお楽しみです」と答えることにした。注目が一身に集まることにも、それに付随してメディア対応をしなくてはいけないことにも、不安をおぼえた。リポーターたちはくりかえし五輪に向けての戦略についてたずね、なにかしら情報を引きだそうと、考えたこともないような質問でぼくの頭をいっぱいにした。五輪ではどんな気持ちになると思いますか？　初めての五輪でどのようにプレッシャーと向き合いますか？　メディアからの質問で、自分は今たいへんなことに挑んでいるのだという思いがどんどん強くなっていった。

ひとりのときも、それらの質問がふいに頭に浮かんできて、こんどは自分で自分にくりかえし問いかけてしまう。「五輪はどんな感じなんだろう？　どんな気持ちになるんだろう？」それがしだいに「どうしたらいいんだろう？」に変わり、チームのみんなをがっかりさせてしまわないかと心配になる。自分に大きな期待が寄せられていることはひしひし感じるのだが、ぼくはまだ世界選手権のメダルすら取っていないのだ。自分はその期待にこたえられるだけの力をもっているのだろうかと、疑問を感じるようにもなった。

ほんとうはそんなふうに心を乱してよけいなエネルギーを使ったりすべきではなかったのだ。練習にいい影響はなにもないし、トレーニングの助けにもならない。当時は、それがきちんと対処すべき問題だとは知らなかったし、もし知っていたとしてもその対処法までは知らなかった。ひたすら、期待の重さはすべてオリンピックのメダル候補とされる自分の責任の一部だと思っていた。不安が増すにつれ、練習でうまくいかないときにはリンクでいらいらすることが多くなった。

シーズンが進むにしたがって、ストレスを感じると感情をコントロールできなくなる悪い癖が出るようになっていた。リンクでは、たいてい数人の選手が同時に自分のプログラムの練習をする。ある選手の音楽がかかっているときは、ほかの選手は進路からはずれて、曲かけ中の選手が優先的にジャンプを跳んだりリンク全体を使ったりできるようにする暗黙の決まりがある。あるとき、曲かけ練習でジャンプの着氷がうまくいかずいらいらしていたところに、ラフのチームでいっしょに練習している友人で、チェコ代表のミハル・ブレジナが近くを通りすぎたのが目に入った。ジャンプがパンクしたぼくは、ミハルに向かって、邪魔されたせいで集中が切れたじゃないかとどなってしまった。実際はそんなことはなかったのに、ただの八つ当りだ。自分が悪かったことはわかっていたので、ミハルにはあとから謝りに行った。ミハルはぼくの気持ちを理解してくれて、ぼくがシーズンがはじまってからずっとぴりぴりしているのはわかっているといった。

ぼくにはもうひとり、おなじリンクによい友人がいた。２０１６年からラフのもとで練習していたフランス人のロマン・ポンサールだ。ロマンにもこのシーズンのつらい時期を通しておおいに助けられた。ロマンはフランス選手権で計6回表彰台に上がっている選手で、当時のぼくが練習中に自分の演技に対してしょっちゅう起こしていたいらいらの発作もさらりと受けながしてくれるおおらかさがあった。家も1ブロックしか離れていなかったので、ぼくにとってはとても大事な、練習を離れても友人どうしとして気持ちを吐きだせる相手であり、リンクでも競いあえるよい仲間だった。ロマンもトリプルアクセル、4回転サルコウ、4回転トウループを跳べる選手で、ふたりでその3種類のジャンプを跳んで、より多く着氷できたほうが勝ちというゲームをよくしていた。週末にはロマンの家に行ってテレビを見たり、ロングビーチをいっしょに散歩したりもした。今でも思い出すのが、オリンピック前のいつも以上に練習がうまくいかなかった日のことだ。ロマンはぼくを呼んで、ちょっと気分転換が必要だな、といった。ぼくはロマンとモールへ行って、ひたすらのんびり過ごした。正直、あのときはほんとうに助けられた。

それでもあのシーズンは、試合に向けた準備のありとあらゆる場面に不安が入りこんできたことは否定できない。2017年のグランプリシリーズは、10月にモスクワで開催されるロステレコム杯と、その1か月後にニューヨーク州レイクプラシッドで開催されるスケートアメリカに出場が決まっていた。ロステレコム杯に向けた練習では、ジャンプをミスなく跳ぼうと何度挑んでも、転倒、転倒、転倒のくりかえしだった。

ラフのところに行き、自分でもなにが起きているのかわからないし、なにをどうやって修正すればいいのかもわからないと相談した。ラフからの助言を受けてそのとおりにやったのだが、それでも転倒してしまう。どうにか着氷した数本ですら渾身《こんしん》の力が必要で、ひとつの要素をこなすだけでこんなに力を使ってしまっては、いったいどうやってプログラム全体を力強く滑りきることができるだろうと途方に暮れた。ジャンプをつづけて成功させることで自信を深めていきたいのに、何度やっても不安定なままでそれができない。そしておなじ傾向が、この大事なシーズン中ずっとつづくことになった。

ジャンプの転倒やパンクに苦しみ、いっそう不安にかられる。ひとつひとつの要素をすべて完璧にこなすことに集中するあまり、たとえ成功したジャンプがあっても、うまくいかなかったジャンプやミスにこだわってしまう。ほとんど強迫観念のようなその思いこみに、ぼくの自信はどんどん削られていった。

グランプリシリーズではどうにか2戦とも優勝し、おなじ年の12月に開催されるグランプリファイナルに進出を決めると、そこでも初めて優勝することができた。とはいえ、そのシーズンのグランプリシリーズの3試合では、いずれも自分がめざすスケートの水準には到達できていないと感じていた。3試合のなかではロステレコム杯が一番ましだったが、それでもかなりのミスがあった。ショートプログラムでは4回転フリップとトリプルアクセルの着氷で大きく前傾してしまい、フリープログラムでは4回転トウループでパンクしてトリプルアクセルはふたつとも着氷が乱れた。

スケートアメリカでもいくつかミスがあった。ショートプログラムではやはりトリプルアクセルがうまくいかなかった。このときは踏み切りで滑ってしまったが、どうにか跳びあがって回転にはこぎつけた。フリープログラムでは4回転フリップでステップアウトし、4回転トウループで転倒した。

そしてグランプリファイナルは、ショートプログラムこそ3つのジャンプすべてを着氷することができたが、フリープログラムでは4回転サルコウがパンクし、後半の4回転トウループで転倒してしまった。

ひとつ試合が終わるごとにオリンピックは近づいてくる。そしてぼくに対する注目もいっそう高まっていく。滑るたびに、自分に集まる人々の目や関心や、受けなくてはいけないインタビューを意識するようになっていった。

試合で4回転ジャンプを着氷するためには、練習を問題なくこなせて、ジャンプをくりかえし跳べるだけの身体的な準備ができているという自信が必要だ。もし体が4回転に挑むだけの水準に達していないと、頭で本能的にストップがかかり、体に対して「ケガをするから跳んじゃだめだ」と指令がいく。その結果、ジャンプに及び腰になってパンクをしたり、まったく思いがけない形で転倒したりすることにつながる。

ストレスを感じていらいらしているときには、頭と体が一致しない状態はさらに悪化したが、それでもぼくは自分の頭の声には耳を貸さず、ひたすら進みつづけた。これまでついたコーチたちからは、練習で精神的、身体的な壁につきあたったときには、徹底して立ちむかうように教えられてきた。その経験が、試合でおなじことが起きたときの力になるという理由だった。

試合中にそうした問題につきあたることを、ぼくはとりわけ恐れていた。いまだにどうやって乗りこえたらいいのかがわからないままだったからだ。ぼくにできる唯一の対策は、「弱音を吐くな、とにかく進め」と自分にいいきかせて、精神的な壁をはねのけることだった。けっきょくこのやりかたは、自分が望んでいたほどの効果を発揮しなかった。さらに、ケガの可能性を高める危険性すらあった。

ブランドン・サイクルはぼくがおちいっている精神的な負のスパイラルに気付いて、それが最終的に体に及ぼす悪影響を心配していた。ブランドンは練習強度を分析するため、ぼくが1回の練習でおこなうジャンプの回数の記録を取りはじめた。そのデータから、ジャンプを何回跳ぶと股関節の痛みが再発するかを割りだすこともした。しかし当時のぼくの精神状態では、自分の技術に満足するまで練習をやめることができず、設定した限度をはるかに超えてジャンプを跳んでしまうこともたびたびあった。

股関節痛を悪化させるのは脚を内向きに回転させる動きだったため、トリプルアクセルと4回転サルコウを跳ぶときは特に痛みがひどかった。けれどぼくが一番苦労していたのはまさにこのふたつのジャンプで、そのシーズンの練習は、アクセルとサルコウを納得するまで跳びつづけるという方法を取っていた。残念ながら、このやりかただと痛みがひどくなって、症状がやわらぐまで2、3日はそのふたつのジャンプの練習中断に追いこまれることになった。そのせいで、けっきょくアクセルとサルコウの練習時間は、トータルでほかのジャンプより少なくなってしまった。

本来4回転ジャンプの練習は、3回転のように全力をつぎこんで毎日全種類のジャンプを何十本も跳ぶべきではない。いずれケガをして体が対応しきれなくなるからだ。ジャンプ練習量の適切なリズムを見きわめ、維持していく必要がある。それなのに、2018年の平昌五輪に向けた練習で、ぼくはその適切なリズムを見つけられなかった。自分が着氷できないジャンプをそのままにしておけなかった。うまくおりられたと満足するまでひたすらくりかえし練習をつづけた。

ぼくは燃えていた。オリンピックという輝かしい栄光のゴールに向かって、どれほど疲れようが気にしなかった。それはぼくの夢だった。ずっと自分のスケートに求めてきたすべてだったのだ。だから、精神的にも身体的にも、計画的に練習をする必要があるとは一向に気付かないまま、安定して成功することにこだわって何度も何度も何度も何度もジャンプを跳びつづけた。

優勝をめざすうえで最も有利な状況をつくるためには、自分の強みである技術面を生かす必要があると感じていた。ほかの選手との差をつけるには、技術点で誰よりも高い点数をとれるプログラムをつくらなければいけないのだと。採点競技では、点数にある程度の主観が反映されることは避けられない。そこでぼくは、唯一自分でコントロールできる客観的な課題は、基礎点を最大に設定する、つまり最も高得点を得られるエレメンツを組みこんだプログラムをつくり、それをミスなくやりとげることだと考えた。

ぼくが跳べるジャンプのうち最も基礎点が高いのが、13・60点の4回転ルッツだった。プログラム後半に組みこめば、さらに10パーセントのボーナスがついて基礎点が14・96点になる。このシーズンのグランプリシリーズから、ぼくは4回転ルッツ―3回転トウループのコンビネーションジャンプをショートとフリー両方で冒頭に入れていた。自分ができるジャンプのうちでも、これは最大の得点を引きだせる組み合わせだった。

スケートアメリカとグランプリファイナルでは、さらにフリープログラムの後半に2本めの4回転ルッツを単独で入れた。オリンピックにもこの構成で臨むつもりでいたので、どの程度の体力が必要になるか前もって知っておきたかったからだ。

それもあって、ぼくは4回転ルッツの練習に没頭した。ルッツはアウトサイドエッジで踏み切るジャンプなので、左の足首を深く外側にかたむけなくてはいけない。ジュニア時代に足首を痛める原因にもなったジャンプだ。足首にくりかえし大きな負荷をかけているうち、じょじょに痛みが出てきて、しまいにルッツの練習をつづけることができなくなった。

これで、安定して練習できるジャンプは4回転トウループだけになり、それ以外のジャンプにはまったく自信がもてない状況になってしまった。2018年1月にサンノゼで開催された全米選手権は、オリンピック代表を決める最終選考も兼ねていたのだが、この足首のケガが悪化してルッツジャンプを組みこむことができなかった。

そして1か月後のオリンピックで起こったことも、すべてこのルッツジャンプからはじまった。ショートプログラムの最初に組みこんでいたのだが、うまく着氷できなくてその後の演技に大きく影を落としたのだ。たいていの場合、最初のジャンプがうまくいくとよい流れをつかめて、残りの演技もすべてうまくいく。反対に最初のジャンプで失敗すると、立てなおすためによけいなエネルギーを使って、流れを取りもどすのがむずかしくなってしまう。

平昌オリンピック代表に選出

全米選手権に臨むにあたって、オリンピックの男子シングルアメリカ代表が3人えらばれるのは知っていた。ぼく自身をふくめて、ほとんどの人が3人のうちのひとりはぼくになるだろうと予想していた。

ケガの影響で、シーズン前半と比べても、あるいはオリンピックで挑みたいと思っていた構成からも難度を落とすことになったが、ともかく全米チャンピオンになることはできた。アメリカフィギュアスケート連盟の五輪代表選考基準に照らしあわせると、それだけで代表の座を確定させられたわけではなかったが、この全米優勝と、2017年世界選手権（6位）、2017年グランプリシリーズ（2戦優勝）、グランプリファイナル（優勝）、加えて2017年四大陸選手権（優勝）の成績から、ぼくはアメリカ代表のひとりにえらばれた。

ようやくオリンピック代表選手になれたのだ。ソルトレイクシティのあのオリンピックの練習用リンクでスケートをはじめてからずっと夢に見ていたオリンピック。

試合が終わって、ぼくは姉たちと連れだってサンノゼのアリーナを出た。ふたりともぼくがオリンピアンになったことに興奮していて、どんな気分かときいてきた。ふたりのそんな喜びにこたえたくて、わくわくしているよと答えたのをおぼえている。ぼくはついに夢をかなえたのだ。それなのに、ぼくの心にあったのは、目標に向かって何年も必死で努力してきて、やっとの思いでその夢にたどり着いたときに自分を満たすと思っていた感情ではなかった。

ぼくの心は、恐怖でいっぱいだった。

頭に浮かんでくるのは、「ちょっと待った、どうしよう？　だって、あのオリンピックだぞ？」という思いだけ。自分が負った大きな責任を前にして、ぼくはすっかりおじけづいていた。準備は間に合うだろうか。自分自身や、家族や、ラフや、今ではすっかり大きくなったぼくのチームが期待するような演技ができるだろうか。

もし今日がオリンピック当日だったとしたら、とてもじゃないけどまともに試合ができるような状態ではなかった。五輪がはじまるまでのおよそ3週間の練習で少しは自信がもてるかもしれないと、悪あがきにも似た希望にすがっていた。

当時のぼくが五輪にどんな意識で臨んだかといえば、すばらしい経験ができると期待に胸をふくらませているとか、ベストを尽くすことに集中するとかではなく、絶対に、なにがなんでも勝たなくてはいけない、ただそれだけだった。ぼくがそこにたどり着けるよう多くの人が助けてくれ、さまざまな支援による恩を受けてきたのだから、絶対に成功するのだと、肩にずしりと重い責任がのしかかるのを感じた。支えてくれた人たちをがっかりさせたくなかった。

ある意味、それは競技者としてはよい心理状態にもなり得る。プレッシャーを受けることで成長するタイプの人たちもいる。でもぼくの場合はちがった。実際、「ああ、だめだ。どうしたらいいのかわからない」と、今にも心が崩れてしまいそうだった。

インタビューでは、オリンピック代表にえらばれた人がいかにもいいそうな答えを口にした。長いあいだの夢がかなって幸せですとか、なんとか。誤解しないでほしいのだが、もちろんアメリカを代表してオリンピックに出場する機会をもらえたことは名誉に思っていた。ただ、自分にそのそなえができているかどうかに自信がもてないままで、そのあいだにも五輪がどんどん近づいてきた。

プレッシャーの一部は、そのシーズンと前のシーズンでぼくがおさめたいくつかの勝利からきたものでもあった。それらの勝利が、ぼくの心に、平昌でも勝てるかもしれないという考えを植えつけた。そのときまでぼくは、世界最高のスケーターたちと競いあって勝ちたいという夢をひたすら追いつづけていた。そして五輪出場を決めた今、メディアも、チームも、そしてぼく自身までもが、突然ぼくが彼らに追いついたと信じてしまったのだ。ぼくは、自分が勝てるのはこの五輪一度しかないのだと思いこんで、こわくなった。

たとえるなら、人が熱いものに近づきすぎたとき反射的に見せる反応に似ているかもしれない。体がすくんで、さっと身を引いてしまう。人生を懸けてオリンピックで戦いたいと願ってきたのに、いざその機会が夢ではなく現実となったとたん、ずっと思いえがいていたオリンピック選手たる資質が自分にあるのかどうか、わからなくなってしまったのだ。

負のスパイラル

母や、フィギュアスケート連盟の関係者もふくむチームのメンバーからは、強まるプレッシャーへの対処として、オリンピアンの先輩たちがオリンピックに向かう日々をどう過ごしたかについて話を聞いてはどうかと提案があった。

そして実際に、チャーリー・ホワイトとエヴァン・ライサチェクからすばらしい助言を得ることができた。ふたりともとても親切に、自分たちがどのように五輪を乗りこえたかについての体験談を話してくれた。とはいえ経験というのは人それぞれで大きくちがうものだし、ぼくはそのころ、練習について信じられるのは自分の経験だけで、人の話は参考にならないと頑なに思いこんでいた。チャーリーもエヴァンも、プレッシャーや周囲の期待をいかに乗りきったか、また、どうやって練習を組み立てたか、惜しみなく話してくれたが、ぼくの優先順位とは異なっていると思ってしまっていた。

２０１８年の全米選手権から平昌五輪までの1か月、ぼくはずっと強いストレスにさらされていた。ラフと母とブランドン、そしてぼくもふくめたチーム全体で、ここから完璧なステップを踏んで進みたかったのだが、どうしてもぴたりとはまる練習法が見つからなかった。試行錯誤を重ねてさまざまなトレーニングプランを試す余裕はなかったので、ただ過去にうまくいった方法をそのままつづけていた。

ぼくには、オリンピックがどんなものかまったくわからなかったし、どのくらい心理的に圧倒されてしまうものなのか予想もつかなかった。技術的な準備だけの話ではないことも、また初めての五輪に向けてどれくらいの時間練習すればいいのかも、当時は無知のままだった。ぼくにできるのは、これまでどおりのやりかたをつづけることだけだった。けっきょくは、うまくいかなかったのだが。

ともかく、ぼくは無我夢中で練習に取り組み、調子が悪くていらだちがつのっても、その気持ちを抑えつけようとした。初めての五輪に臨むにあたって、モットーは「金メダル以外は意味がない」だった。オリンピックには勝ちにいく、それ以外のことを考えるのを自分に許さなかった。オリンピックで金メダルを取れなかったら、ぼくにはいったいなんの価値がある？

オリンピック前のぼくの練習は、本来あるべき量よりずっと多かったと思う。多くのアスリートが試合直前にはテーパリング、つまり練習量をじょじょに減らして、疲労をためすぎず確実に試合にピークをもっていけるようにすると話している。今になって思えば、ぼくもおなじ方法を取るべきだったのだ。

ブランドンは、ぼくの練習量の強度に変化をもたせるよう、どこまで強く主張すべきか苦悩していた。ラフも母もぼくも、4回転ジャンプを1本以上、しかも単一ではなく異なる種類のジャンプを複数本組みこんだプログラムの練習については、手探りで進んでいるも同然だったからだ。この構成のプログラムに挑んだ選手は過去ひとりもいない。どの程度の練習量が適正でどの程度からが過剰になるのか、ぼくの股関節のケガという要素も加わり、その見きわめはすべて未知の世界だった。

ブランドンはサンノゼでの全米選手権の練習リンクで、ぼくがトリプルアクセルに苦戦して何度も何度も跳びつづけ、何度も何度も転倒しているところを見ていた。心中では、ぼくがジャンプを跳びすぎて股関節のケガが悪化しないかとはらはらしながらも、一方でオリンピック代表選考の最後のチャンスである試合の数日前に、自分が口をはさんで練習の流れを妨げたところでなんにもならないという気持ちもあったという。この全米選手権は、ぼくの生涯において最も大事な試合のひとつだったからだ。

そのころは、チーム全員がぼくを腫《は》れ物にさわるようにあつかい、みんなおなじ結論に達していた。「こわれないかぎり手出しをしない」。ぼくの心理状態と練習への向き合いかたが、ぼくの体と心をすでにこわしつつあることに、ぼくもふくめてチームの誰も気付いていなかった。

ジャンプ構成に迷う

オリンピック代表にえらばれたときに感じた恐怖が消えることはなかった。消えることを願っていたけれど、むしろ平昌に向かう1か月のあいだにますます大きくなっていった。そのシーズンを通して、ぼくは自分がまるでギリシャ神話に出てくるシーシュポスのようだと感じていた。苦労して山頂まで押しあげた巨大な岩がそのたび転がりおちてしまうように、気持ちを立てなおそうとしてエネルギーを使いはたしては疲れきる悪循環にはまって、ただただむなしい努力をくりかえしているとしか思えなかった。

自分で自分にダメージを与えていると自覚できていなかったがゆえに、練習がうまくいかなくなるとぼくは外的要因に責任を押しつけるようになった。靴が悪い、氷が悪い、環境が悪い。すべてに混乱して確信をもてないままオリンピックが近づいてきて、不安は増すばかりだった。

確信をもてないことのなかでもとりわけ深刻な問題が、ショートプログラムだった。シーズンを通して、ラフとぼくのあいだでジャンプ構成に関する考えは食いちがったままだった。足首のケガのこともあって、ショートプログラムにどのようなジャンプ構成で臨むかについては、ラフとぼくの意見は堂々めぐりだった。

ラフはケガの影響でルッツジャンプの着氷が安定しないので、コンビネーションジャンプに4回転ルッツ―3回転トウループ、単独ジャンプで4回転フリップという構成はやめたほうがいいという考えだった。4回転フリップ―3回転トウループと4回転トウループという組み合わせのほうがまだ安定感があるというのだ。オリンピック本番ではアドレナリンが出てふだんよりタイミングを取るのがむずかしくなるし、直近の数週間はジャンプが安定感を欠いていたからなおさらだと。

またラフは、さらにかんたんなプログラム構成――4回転トウループ―3回転トウループ――を選択するほうが安全で、戦略的には強いとも考えていた。特に、フリープログラムで6本の4回転ジャンプを組みこむのだから、たとえショートで1位をとれなかったとしても、フリーでよい点数を出せば巻きかえして勝つ可能性がじゅうぶんにあるとわかっていたからだ。けれども基礎点は4回転ルッツ―3回転トウループのほうが高いので、ぼくは、たとえ4回転トウループ―3回転トウループよりリスクが大きくても、当然ルッツからの連続ジャンプで臨みたかった。

ぼくの頭は、4回転ルッツがないと基礎点が低くなるという恐怖に支配されてしまっていた。自分が勝つためには4回転ルッツは欠かせないと頑なに信じこんでいた。前年の四大陸選手権で、ぼくを表彰台の真ん中へと押しあげたのが、まさにこの戦略だったからだ。ショートプログラムで首位に立ったぼくは、その点差のおかげで総合点でほかの選手を上まわり、優勝することができた。おなじように、オリンピックでもショートプログラムの得点を最大にできれば、フリープログラムとあわせた総合点で勝てる可能性が高まると考えた。ラフは反対した。

ぼくがひねり出した解決策は、五輪に向けてはふたとおりの構成でショートプログラムの練習をしておくという案だった。ラフが推す難度を落とした構成は、ぼくにとって初めてのオリンピックでの試合になる団体戦で滑り、その後、男子シングルの個人戦に向けての練習で調子を見て、どちらの構成で滑るかを決める。ラフはかなりしぶしぶではあったが、この提案に同意した。ぼくが自分の力を自分で証明しようと頑なになっていて、なにをいっても聞きいれないとわかっていたのだ。

平昌での本番が数週間後にせまり、本来であればきっちり定めていなければならない練習ルーティンですら、たびたび変更していた。通常は午前9時に氷上練習を開始し、あいだに休憩をはさんでおよそ3時間つづける。ところが、午後遅い時間になると調子が上がることから、特に午前の練習がうまくいかなかったときには1日の最後にさらに練習時間を加えることがあった。当然のことだが、練習量を増やしたせいで疲労は限界に達した。それでも当時のぼくは、オリンピックのメダル候補ならみんなおなじことをしているのだと思っていた。オリンピアンたるもの、ましてやオリンピックチャンピオンをめざす以上、くたくたになるまで練習するのはあたりまえのことだとも。

ぼくはただ、過去のオリンピック選手たちとおなじ結果になるよう、わけもわからずに彼らのまねをしているだけだった。たとえばエヴァン・ライサチェクもおなじように、2010年のバンクーバー五輪前にはコーチのフランク・キャロルから練習を終了して帰るよういわれても、いつもこっそりほかのリンクで数回よけいに曲かけの通し練習をしていたという。その話が頭に残っていて、追加練習がオリンピックチャンピオンという結果をもたらしたなら、自分も余分に練習を積みかさねなくてはいけないといっそう強く思うようになった。

「金メダル以外は意味がない」のモットーは、2月が近づくにつれてますます強くぼくをとらえていった。韓国に出発する前、カリフォルニアでの最後の練習のとき、ラフに準備は万全かときかれた。ぼくは大丈夫と答えたが、ラフもぼくも自信がないままだった。

期待の重さ——ぼく自身、家族、チームからの——は、耐えがたいほどになっていた。

平昌入り

平昌へは、ロサンゼルスから飛行機で飛びソウル経由で入った。わくわくする思いよりも、自分はこれまで経験したこともないような大きな大会に向かっていて、そのオリンピックの大舞台でどれほどのことをやりとげなくてはいけないかという考えで、頭がいっぱいだった。韓国行きの飛行機に乗りこむ前、五輪のマークがいたるところにかかげられているのを見て、「いったいどうしたらいいんだろう?」と思ったのをおぼえている。ラフ、母、そしてリンクメイトであるアダム・リッポンがおなじ便に乗っていた。道中ずっとリラックスしようと努めたが、オリンピックに寄せられている期待のことばかり考えてしまった。ぼくは、その期待にこたえることができるのだろうか?

ソウルに到着したとたん、不安は今すぐにでも練習しなければという強迫観念に変わった。ぼくには使命があるのだ。ところが、まず空港近くのホテルで「チーム・プロセシング」があり、これにけっこうな時間がかかった。全員がチェックインをしてオリエンテーションを受けたり、選手団公式ウェアやIDパスを受けとったりするイベントだ。

このホテルには、長時間のフライト後に利用できるよう選手用にジムが用意されていたので、ぼくはランニングマシンに直行した。ぼくの荷物はまだ届いていなかったのでランニングシューズが手許《てもと》になく、アダム・リッポンに頼んで貸してもらった。ランニングマシンに乗るとすぐにスピード走をはじめた。ふだんはこんなトレーニングはしたことがない。一般的な法則に照らしていえば、試合を目前にひかえたアスリートは――とりわけオリンピックでは――通常のトレーニングルーティンを忠実に実行すべきなのに、ぼくは到着早々そのルールを破ったわけだ。

その後、選手村に荷物を運びこむと、ぼくはジムでいつものようにウェイトトレーニングをしたいとブランドンに伝えた。移動と出発前の数週間の練習で体はくたくただったが、気になどしていられなかった。

オリンピックはなにもかもがあわただしかった。多数の競技や種目があって、試合が同時に進行し、おなじだけ多くのメダルが授与され、目標が達成されていく。選手としてその場にいると、ただならぬ空気に呑まれてしまいそうになる。そのためアメリカフィギュアスケート連盟は、スケート競技が開催される会場のある江陵市を離れて春川《チュンチョン》市に練習拠点を用意してくれた。選手が落ち着いた雰囲気のなかで練習をすることができて、メディアやほかの人たちの目にさらされる心配をしなくてすむようにという配慮からだ。

春川市は江陵市から車で1時間ほどの距離で、練習場所は前年の四大陸選手権のときにもアメリカ代表チームで使用したリンクだった。ぼくにとってはよい思い出のある氷だ。四大陸選手権前にこのリンクでした練習は、最高に調子がよかった。それまではまともに着氷したことのなかった4回転ループに成功し、ルッツもとても安定していた。サルコウとトウループはほとんど自動的に跳べるくらいだった。ずっと苦手にしているトリプルアクセルもふくめて、かなりの数のジャンプをすべて立て続けに着氷できた。あのときのようにジャンプを跳びたい。おなじリンクで練習することで、それがかなえばいいと思った。

でも2度めは、最初のときとはまったくちがっていた。そのときの春川市のリンクで、ぼくはひとつもジャンプを成功させられなかった。

江陵市の試合用リンクでの練習がはじまってからは、トップ選手たちに練習を見られていたのがとてもいやだったことを思い出す。ショートプログラムの曲かけ練習では4回転ルッツが全然決まらなかった。ラフが恐れていたとおりだった。何度やってもまったく回転が足りなくて、着氷にもっていくことすらできない。さらに、ルッツにエネルギーを使いすぎるあまり、つづく4回転フリップとトリプルアクセルのときには疲れきっていて、失敗を重ねてしまう。そのくりかえしだった。

ぼくの身体は練習のしすぎで一番大事なときに力を出せなくなっていた。けれどそのときにはそれがわかっていなかった。けっきょく曲かけ練習では一度もクリーンな演技ができないままで、ほかの選手たちがつぎつぎとみごとな滑りでミスのない演技をつづけ、プログラムを仕上げていくのを見ながら、ただこう思っていた。「どうして自分はおなじようにできないんだろう?」。

家族はエアビーアンドビーで宿をとっていた。両親、兄のトニーとコリン、姉のアリスとジャニス、ジャニスのボーイフレンド(今は夫)のオレステス、そしておじ一家もいっしょだった。選手村のファミリーエリアで両親ときょうだいに会ったとき、母と姉たちには「あり得ないくらい緊張してる」と打ち明けた。母も姉も、それも試合の一部で、ふつうのことだとはげましてくれた。でも、なにをいわれても、ぼくの自信はもどってこなかった。オリンピックで戦うプレッシャーにうまく対応できずにこんなに苦しんでいるのは、ぼくだけじゃないかという気持ちだった。あのときのぼくは、誰になにをいわれたとしても安心できなかったと思う。

実際に試合がおこなわれる会場に行けば大丈夫だ、きっとうまく滑れるはずだと、必死に自分を落ち着かせようとした。なぜそんなことを考えたかはわからないけれど、リンクに入ればアドレナリンが出てきっとこの大会を乗りきれるだろうと思いたかった。

悪夢の団体戦

でもそれは、大きなまちがいだった。団体戦でショートプログラムを滑る日、ぼくはわらにもすがる思いで、すべてが自然とうまくいく、自分のひどい緊張は試合前に気持ちがたかぶっているだけでふつうのことなんだと思いこもうとした。滑走順を待つ選手は、リンクからカーテンで仕切られたブースで待つことになっている。いわば、オリンピック会場の小さな控室だ。ぼくはそこでがたがた震え、緊張のせいで恐ろしいほどの汗をかいていた。

名前を呼ばれてリンクに立ち、ショートプログラムの「ネメシス」のスタートポジションについた。顔を上げたその瞬間、目に飛びこんできたのはあの5つの輪、オリンピックのシンボルマークだった。体が固まった。

ぼくは思った。「よりによって、なんであれを見ちゃったんだ?」。必死で目をそらそうとしたが、もう遅い。音楽がはじまってしまった。あの5つの輪とその意味を考えずにやりすごすなんて、無理な話だった。今ぼくがいるのは、オリンピックのリンクなのだ。

なんとか最初のジャンプにそなえようとしたが、両脚の動きがまったく嚙《か》みあわないし体に力が入らない。あわてて跳びすぎたせいで4回転フリップは着氷で足が滑り、コンビネーションに予定していた3回転トウループが2回転になってしまった。2本めに予定していた4回転トウループもパンクして2回転になった。観客が「ああーーー」と声を漏らす。最後のジャンプはトリプルアクセルだったが、着氷で大きくうしろにかたむきすぎて、ころんでしまった。つまり、3本のジャンプすべてでミスしてしまったのだ。

氷に埋もれて消えてしまいたかった。

恥ずかしくてたまらなかった。これ以上、演技をつづけたくない。あのとき頭にあったのは、「今すぐリンクから出ていきたい」。それだけだった。

ようやくプログラムを滑りおえたが、団体戦だったので、スコアを待つまでのあいだ、アメリカチームのほかの選手たちとフェンス前に設けられた応援席にすわっていなければならなかった。ただただ、いたたまれなかった。みんなを失望させてしまって、なんといえばいいかわからなかった。団体戦では各選手の順位に応じて、たとえば1位の選手は10点、2位の選手は9点というように獲得したポイントをチーム全体で集計して競いあう。ぼくの演技では、アメリカチームにほとんど貢献できないだろうと思った。

ようやくスコアが発表されてその場を去ることができた。ぼくは一目散に、試合会場の下の階にある練習用リンクへと向かった。スケート靴も衣装もそのままで、たった今失敗したジャンプをもう一度試そうと重い足取りで練習用リンクに入った。

男子シングルに出場するほかの選手が、予定されていた練習時間に合わせて滑っていた。ぼくを見て驚き、「今、滑ったんじゃないの?」と声をかけてきた。

「そうなんだけど、ほんとうにゴミみたいな演技をしちゃったんだ。なにもできなかった」と答えてから、こみあげる涙をこらえながら滑りだした。失敗したジャンプを試して、また3回ともすべてころんだ。ぼくは途方に暮れた。

少し落ち着くと、ぼくは団体戦での失敗についてあれこれ理屈をつけて考えはじめた。「そうだ、少なくともこれで悪い演技は出しつくした。男子シングルの個人戦では、きっとよくなるはずだ」。けっして団体戦を軽視していたわけではないけれど、とにかく過ぎたことは忘れて気持ちを切りかえたかったのだ。

おかしな話だが——今振りかえるとおかしいと思えるが、当時は大真面目だった——、つぎの試合をどう乗りきるか、ぼくに思いつくのは迷信めいたことばかりだった。たとえば「スケート靴のひもを別の方法で結んだら、こんどはうまくいく」とか、「決まった時間にシャワーを浴びるか、決まった方向で携帯の充電プラグを挿しこめば、うまくいく」という感じだ。

ともかく、団体戦のショートプログラムの前にしていたことと反対のことをしさえすれば、個人戦ではよい結果になると思おうとした。なぜうまくいかないのか、ぼくにはぜんぜんわかっていなかった。そのときは、食事も練習も必要なことはすべてまちがいなくやれていると思っていたからだ。答えもないまま、ひたすらこの正体不明の迷信に頼ることで、自分をふたたび試合に向かわせようとしていた。

でも、アスリートのパフォーマンスとはそういう類《たぐい》のものではない。

こうした悪循環は、ぼくが支援のネットワークから孤立してしまっていたこととも関係していた。家族は応援に来ていたけれど、ぼく自身はオリンピック会場の選手村にいて連絡が取りづらかったし、練習やトレーニングや回復のために休養を取ることに忙しく、家族とゆっくり過ごす時間をもつのがむずかしかった。選手村に気楽に話せる相手もいなかった。もともと人見知りをするほうだし、ストレスのせいできっと近寄りがたい空気を出していただろうから、さらに孤立は深まった。ほとんどの時間、ひとりで部屋にこもり、どうしたらましな演技ができるか、突拍子もない思いつきばかりをぐるぐる考えこんでいた。

ほんとうは、アメリカの連盟に支援を頼むべきだったのだと思う。でも、自分にメンタルサポートが必要だという考えは一切頭に浮かんでこなかった。そのときになってもまだ、自分の問題はすべて身体的なことだと思っていた。試合の前、とりわけオリンピックという大舞台を前に、尋常でないくらいに緊張しているだけだから、身体面で解決する方法はないかとばかり考えていた。誰かに、特にチームの外に助けを求めようとはとても思えなかった。ぼくが頼りにしていたのは、母であり、ラフだった。ふたりが自分にとって助けになるようなことをなにもいってこないのなら、あるいは特別に伝えなくてはいけないと思うことがないのなら、そういうことなのだと。

頼れるのは自分だけだった。

団体戦が終わってから男子シングルの個人戦までは、1週間ほどあいていた。そこでぼくはまた春川市にいくことにした。母と話して、個人戦のショートプログラムでは4回転ルッツ―3回転トウループのコンビネーションジャンプ、4回転フリップ、トリプルアクセルの構成で臨むことに決めた。全米選手権前に足首を痛めるまでは、シーズンを通してこの構成で練習していたからだ。長く滑ってきたぶん体がこちらの動きに慣れていて、団体戦で試した4回転フリップ―3回転トウループには体が順応せずに失敗したというのが、ぼくたちの考えだった。

一方でラフは、フリップとトウループのコンビネーションの構成がいいと譲らなかった。ぼくの足首ではルッツはうまく跳べないし、五輪前の数週間はほとんどルッツの練習をできていなかっただろうというのだ。ラフは、難度を落とした構成であってもぼくが勝つチャンスはじゅうぶんにあると思っていた。

それでもぼくは自分の力を信じていたし、母がすすめるむずかしいプログラムに挑戦したかった。家族が春川での練習を見学にきた。ぼくはみんなの目の前で、ショートプログラムの通し練習で4回転ルッツに挑んでころび、立ちあがって、また最初からはじめて4回転ルッツでころび、立ちあがって、また最初からやり直すということをくりかえした。ついには音楽に合わせてプログラムを通しで滑ることはやめて、4回転ルッツだけを練習することにした。それでもうまくいかなかった。

母が転倒したときのビデオを撮ってくれて、問題を解明しようともした。でも、これといっておかしなところが見当たらない。ただ単純にジャンプが跳べない、それだけなのだ。ようやく、もしかしたら少し精神的にリラックスする必要があるかもしれないと思いいたったが、転倒するたびに落ちこみ、いらいらがつのっていく。完全に精神的、身体的な壁につきあたっていた。このころは練習がまったく自信につながらなかった。毎回、リンクに入るときより出るときのほうが自信を失っていた。リラックスするという選択肢はなかった。

個人戦ショートも……

個人戦ショートプログラムの日には、ほとんど星の導きに奇跡を願うような心境だった。練習で根をつめすぎてくたくただったし、おまけに試合前のウォームアップでかえって疲れが増していた。あのシーズンは、試合前に相当量のウォームアップをする習慣になっていた。滑走順の予定時間より約1時間半前にはリンクに来て、1時間のウォームアップ・ルーティンをこなす。そのせいで、スケート靴のひもを結んでもいないうちに、すでに疲労困憊《こんぱい》だった。試合前のウォームアップ量は、バランスを取るのがむずかしい。なにもしなければ、もちろんよい滑りをするための心身の準備がじゅうぶんにはできない。けれど今振りかえると、あのシーズンのあらゆることがそうだったように、ぼくは明らかにやりすぎていた。ブランドンですら、ぼくのウォームアップはやや過剰だったかもしれないと、あとになって同意している。

当時のブランドンも、ぼくとおなじで挑戦的なプログラムに向けた準備にはどの程度のストレングス&コンディショニングのエクササイズが最適か、試行錯誤をしながら探るしかなかった。さらにぼくのケガの状態も考慮に入れないといけない。つまりふたりとも、ぼくが望むレベルの戦いかたに必要な準備とウォームアップがどういうものかはまったくわかっていなかったのだ。ただ、痛めている股関節のためには、氷に乗る前にできるかぎり筋肉を動かしておくほうが氷上練習が楽になるだろうとしか考えていなかった。ところがぼくのウォームアップのルーティンは、必要とされる量をはるかに上回る過剰なものになっていた。

個人戦ショートプログラムのリンクにおりたったとたん、数日前の団体戦ショートプログラムのときとまったくおなじ状態になり、おなじ感情に襲われた。「ああ、だめだ。こんなの無理に決まってる」。こんどは、ある意味もっとひどかった。数日前の記憶を振りはらえなかったからだ。

ラフのアドバイスに反して、冒頭のジャンプは4回転フリップではなく4回転ルッツにすると決めていた。そのジャンプで転倒したとき、最初に思ったのは「もう一度プログラムを最初からやりなおしたい」だった。でも、もちろんそんなことはできるわけがない。この失敗をカバーするには残りふたつのジャンプで点数を最大限に稼がなくてはいけない。ぼくは頭のなかで複雑な組み合わせを必死に計算した。最初の転倒から立ちあがるのにかなり力を使ってしまったというのに、このあとプログラムを立てなおすためには、できるだけ高い得点を稼ぎながらも残りのジャンプで失敗しないよう力をセーブしておく必要がある。そんなことができるだろうかという考えが頭をよぎる。最後の最後になって、プログラム後半に跳ぶ4回転ジャンプは予定していたフリップではなく、よりかんたんなトウループにすることに決めた。でも、心の準備が追いつかなかった。不安で頭がいっぱいになり、恐れていたとおりのことが起こってしまった。3回のジャンプすべてで失敗してしまったのだ。またしても。

4回転トウループではステップアウトし、トリプルアクセルも着氷でおなじミスをした。バランスを崩して氷に手をついてしまった。

もし、ショートプログラムでひとつの構成に専念していたら――ラフが提案したほうであれぼくがやりたかったほうであれ――、そしてなにがあってもそのひとつをつらぬいていたとしたら、2回ともこんなに悲惨な結果にならずにすんだと思う。少なくとも実際に披露したものよりはずっとましな演技にまとめられたはずだ。代替案がありすぎたせいで、ありとあらゆるジャンプの組み合わせがつぎつぎと頭に浮かんできてしまった。シーズンを通して練習してきたことに集中すべきだったのに、判断ミスをする余地が生まれ、試合で失敗する方向に進んでしまったのだ。

リンクから出ても、ぼくはラフの顔も会場にいる誰の顔も見ることができなかった。そこにあるのは失望の色だけだとわかっていたからだ。もう何年もとったことがないような低い点数が出た。会場のまぶしいライトのなかから逃げだしたかった。

メディアの取材には応じないで、すぐにでも会場を去りたかった。ミックスゾーンでは、ずらりと並んだリポーターたちが待ちかまえてあれこれ質問を浴びせてくる。実際には選手はそこを通らず外に出ることが許されていたのに、ぼくは知らなかった。だから取材を受けた。リポーターがみんなとてもやさしかったことをおぼえている。きっとぼくとおなじくらい彼らもショックを受けていて、たった今起こったことにどう対処すればいいかわからなかったのだろう。

「今どんなお気持ちで？」

「よい気分ではありません」

ほかになにもいえなかった。

全選手の演技が終わった時点で、ぼくは出場選手30人のうち、フリープログラムに進出を決めた24人中17位だった。取材を終えるやいなや試合会場を抜けだし、選手村の自分の部屋にもどった。ベッドに横たわってもうなにも考えたくはなかった。

自分から電話をしたのか、かかってきたのかおぼえていないが、家族といっしょにアリーナを出て歩いている母と話をした。

「ひとつお願いがあるの、ネイサン」

母がいった。

「なに？」

ぼくは答えた。

「明日のフリーはノーミスで滑って。あなたならできる」

ぼくも心の底からそうしたかった。でもそのときはとても約束できる心境ではなかった。それはいかにも母らしいはげましかただった。母の子育ての哲学は「最後まであきらめない」だ。ぼくたちきょうだいには、最高の結果を出すために勉強も運動も全力で取り組むことを求める。そしてうまくいかないときでも、結果がどうあれ最後までやりとおすことが大事だとはげます。

何年も前、ノービス選手権の3週間前に膝をケガしたとき、それでも出場すると母がジェーニャにいったのもそういう理由からだった。たとえ最下位になったとしても、挑戦しなければ自分にはなにができるか知ることができないからと。母の短い頼みには、その哲学がすべてぎゅっと詰まっていた。フリープログラムをノーミスで滑ってほしいと頼むことで、まだ試合は終わっていないと伝えようとしていたのだ。

けれどそのときは、今日の演技に関することはなにも考えたくなかった。それから18時間は、毛布にくるまってずっとベッドで寝ていた。試合は午前中におこなわれたため、まだ午後の早い時間だったが、窓のシェードを閉めきって食事も摂《と》らなかった。ただ暗闇に横たわっていた。

何時間かしてからシャワーだけは浴びて、眠ろうと思った。でも平昌に到着してからというもの、ぼくはうまく眠れずにいた。うとうとはするのだが熟睡できず、おかげでずっと体が休まった気がしないままだった。アメリカにいるときには毎日10時間近く睡眠を取るのに、ここ数日合わせても1日分にも足りないくらいだった。このときもやはりまったく寝つけず、ぼくはパニックになった。

何度も何度も寝がえりをうち、とうとうアリスに電話した。

「眠れないんだ。どうしたらいい？」

ぼくはアリスに泣きついた。

「タイレノールPMを飲んだほうがいいかな？」

どうしても睡眠が必要になったときにそなえて、平昌には睡眠導入剤のタイレノールPMをもってきていた。以前も使ったことがあるのだが、つぎの朝は頭がぼんやりして反応が悪くなってしまった。翌朝早い時間にフリープログラムの公式練習が予定されていたので、ぼんやりした状態で氷に上がりたくはなかった。

アリスは、いっしょに泊まっている家族みんなに相談した。その結果、1錠だけ飲めば眠ることもできるし翌朝少し早い時間でもちゃんと起きられるだろう、ということになった。それ以上ほかの話をする気分ではなく、家族もぼくの気持ちを感じとって尊重してくれた。タイレノールPMを1錠飲むことが決まると、ぼくはすぐに電話を切った。

その夜は、韓国に来てから初めてぐっすりよく眠れた。翌朝目覚めたときには、疲れが取れすっきりしていて、フリープログラムに向けて気持ちも切りかわっていた。試合開始は午前10時。順位が下位だと練習時間も早いので、朝の公式練習でぼくは最初のグループに入っていた。

個人戦フリーで巻きかえす

フリーの構成は、前にラフと話して4回転6本でいくと決めていた。でも心のどこかで、練習でもずっと不安定だったのに試合で挑む意味はあるだろうかと疑問にも思っていた。この大会では、2度のショートプログラムですでに考えられるかぎりのジャンプミスをしている。むしろそれなら、とぼくは考えた。あと2、3回ミスをしたところで、なにも変わらないじゃないか。その時点では、もはや結果を気にする気持ちはなくなっていた。

失うものはなにもない。順位がさらに下がっても関係ない。メダルの望みも消えた。朝の練習リンクには、母とトニーが来ていた。話はしなかったが、母とアイコンタクトをして、少し気分がよくなった。なにがあろうと母はぼくの味方なのだ。トニーにもおおいに力をもらった。それから声援も。その時間は、リンクにほとんど人がいなかったので、トニーが「いけ、ネイサン！」と叫ぶ声も、ぼくがジャンプをおりるたびに「いいぞ、ネイサン！」と喜ぶ声もよく聞こえた。プレッシャーはすっかり消えさって、曲かけ練習ではクリーンにプログラムを滑りきることができた。

ぼくの練習時間中、羽生結弦が自分の練習のためにリンクにやってきた。ぼくはまだ氷上にいて、結弦は着いた直後でウォームアップをはじめたところだった。ショートプログラムを終えた時点で、1位はもちろん結弦だった。2位のハビエル・フェルナンデスとの点差は4・1点。自分の感情を投影していただけかもしれないが、ぼくの目には、結弦はこの瞬間を自分自身のものとして、2度めのオリンピックを心から楽しみ、連覇へ進んでいるように見えた。

それはけっしてかんたんなことではない。結弦にも、ディック・バトンが1948年と1952年大会で成しとげて以来の五輪連覇という大きなプレッシャーがあったのだ。そのとてつもない期待を背負いながらも、結弦からは不安も恐れも感じられなかった。とても冷静だったし、この場で戦えることへの感謝に満ちていた。そのときふと、自分はこの大会のあいだ一度もそんな気持ちになったことはないな、と思ったのをおぼえている。

結弦とは会話をしなかったたし、どんな気持ちかたずねることもしなかったし、すべてぼくの勝手な印象にすぎなかったのかもしれない。ぼくにとってのオリンピックはひたすら緊張の連続で失望だらけだったけれど、それでもこの日の練習のこの体験は、とりわけ心に残るできごとだった。

フリープログラムに向かうぼくの心境は、ショートプログラムのときとは完全にちがっていた。もう結果は気にしない。オリンピックに出場するという機会を軽視しているわけではない。これは長いあいだの夢だったのだから。でも、今では目標が大きく変わった。家族にも短く伝えると、メールで返信が届いた。みんな、その感謝の気持ちをなにより大切にするようにといってきた。たとえここまで滑った2回のショートプログラムがひどい結果でも、まだ1回戦うチャンスが残されている。それは多くの選手たちにとっては望んでもかなわないことなのだと。

順位が何位になってもかまわなかった。スピンやステップで最高のレベル4を取ってやろうという気持ちもなかったし、すべてのジャンプで転倒したっていいと思っていた。目標は、音楽がはじまったらプログラムに入って音楽がとまったらプログラムを終える、それだけだ。そのあいだのことは、なるようにしかならない。

この考えかたはオリンピックへの敬意が足りないようにも見えるが、ぼくにとってはここまで重くのしかかっていた「金メダル以外は意味がない」という思考を打ち消すために必要なアプローチだった。ショートプログラムで17位ということは、あとは順位を上げるだけと考えることもできる。だったらこんどこそのびのびと、自分にできる最高の演技を披露することもかなうかもしれない。

そして実際、そのとおりになった。6本の4回転ジャンプで一度もころばず、フリープログラムでは1位をとることができたのだ。

母がぼくに望んだことを、やりとげた。

フリープログラムでトップに立ったとはいえ、メダルを取るチャンスは実質ないも同然だった。ショートとフリーの合計点で勝敗が決まるのだが、ぼくのショートの点数はとても上位を狙えるものではなかったからだ。それでも、フリーを滑りおえたあと、ぼくの胸にはごく小さな希望の光がともった。心のなかで「フィギュアスケートではなにが起こるかわからない。もし上位7人の選手がほとんどのジャンプを失敗したら――もちろんそんな可能性はごくわずかだけど――表彰台に滑りこめるかもしれない」と考えていた。

むずかしいとわかってはいても、ぼくは辛抱づよく残りの選手が順々にリンクに上がるのをじっと見ていた。けれども、最終グループの演技がはじまると、ひとり終わるごとにぼくの名前は少しずつ順位表の下へと下がっていった。

それでもぼくは、あのフリープログラムをやりとげたことに誇りを感じたし、すべての選手がオリンピックの瞬間を経験できたことをうれしく思っていた。

ただ、ぼくにとってそのときにはオリンピックはすでに終わったことだった。

1か月後に開催される世界選手権に向けて、気持ちは完全に切りかわっていた。

第5章

新たな挑戦

世上无难事，只怕有心人
意志あるものに不可能はない

平昌五輪を終えて

試合後数日して、ぼくは体調を崩した。全身に痛みを感じて熱が出たので、選手村にあるスポーツクリニックで診察を受けたところ、インフルエンザの迅速検査で陽性の結果が出た。試合が残っているほかの選手への感染を防ぐため、ぼくは選手村の外にある宿泊施設に移ることになった。エキシビションに招待されていたのだが、体調が悪くて練習にまったく参加できず、出場するには準備不足だと感じた。家族がソウルにエアビーアンドビーを借りて滞在していたので、早めにオリンピックを切りあげることにして、隔離施設から家族のもとに移動した。

ソウルには家族がそろっていて、ちょっとした休暇気分で家族旅行のような時間を過ごすことができた。きっとみんな沈んでいるだろうし、ぼくの演技のことを何度も思い出しているのだろうと思った。なにしろ、五輪はぼくたち家族の誰もが思ってもいなかったような結果になったのだから。

だけどそんなことはまったくなくて、みんながフリープログラムを滑りきったぼくを誇りに思うといってくれた。会場では、曲が終わらないうちに、家族も、おじやおばやいとこたちも、エージェントのサエグサ・ユキも、みんなそろって座席から立ちあがってぼくの名前を叫びながら、泣いていたのだそうだ。母も、ぼくを誇りに思う、あのフリープログラムにはぼくがこれまでしてきた努力のすべてが表れていたといってくれた。

ぼくたちはよさそうな店を見つけて韓国焼肉に舌鼓を打ち、ソウルの街の観光を楽しんだ。家族みんながそろうのはひさしぶりで、少しのあいだスケートを忘れることは気晴らしにもなった。この期間はまったく氷に乗ることはなかったし、男子シングルの数日後にあった女子シングルの試合がたまたまテレビで流れていたのを、見るともなく見たくらいだ。

3月にイタリアのミラノで開催される世界選手権にはぜひとも出たいと思っていた。そしてもう一度、ぜひともふたつのプログラムを披露したかった。特にショートプログラムを。五輪をああいう形で終えて、この世界選手権はある意味挑戦ともいえた。自分自身に自分の力を証明したかった。それに、信じられないくらい多くの応援をファンやほかのアスリートたちから受けとって、身に余る喜びと感謝をおぼえたし、ぼくを信じてくれていることにはげまされてもいた。

テニスプレーヤーのセリーナ・ウィリアムズは、SNSのダイレクトメールを通して、必要があればアドバイスでもなんでもするからいつでも連絡して、とまでいってくれた。これはほんとうに大きな力になった。直接会ったことのないぼくにこんなにも親切にしてくれるセリーナに、おなじアスリートとして心からの感謝と敬意をおぼえた。

ミラノ世界選手権

平昌でのフリープログラムは、まちがいなく自信になった。カリフォルニアに帰るころには心身ともに回復していて、すぐに練習を再開することにした。まずは、韓国で少し休んだ分をしっかり取りもどすことに集中した。ショートプログラムは、足首をケガするまでシーズン前半にラフと練習していたジャンプ、つまり4回転ルッツ―3回転トウループ、4回転フリップ、トリプルアクセルの構成にもどすことに決めていた。フリープログラムは、五輪で滑ったのとおなじ4回転6本の構成のままいくつもりだった。

世界選手権はこのときが2度めだったが、練習用リンクに立ったときには、これまでとはまったくちがった新たな意味で自分を信じられる思いがあった。ジャンプはまだ多少安定していなかったが、体と気持ちが一致して、すべてがあるべき場所におさまっていると感じた。たぶん、考えかたが切りかわったのだ。ミラノでも、平昌のフリープログラムのときのように「エレメンツのことは気にしない、ただできることをやるだけだ」という気持ちだった。

ショートプログラムは悪くなかった。ジャンプの着氷で少し詰まってしまったところはあったが、3本とも転倒せずにおりられた。うまくいってほんとうにうれしかった。フリープログラムでは、オリンピックとおなじように、6本の4回転ジャンプをすべて転倒せずに跳ぶことができた。自分でも、これは勝利といっていいと思った。初めて世界選手権で優勝することができて、とても大きな自信になった。

平昌でフリープログラムを滑りおえてすぐ、ぼくはもうつぎのオリンピックをめざして4年間練習をつづけたいと思っていた。もう一度オリンピックで戦うチャンスを手にしたいという思いにはなんの疑問もなかった。優勝をめざすというよりも、ただ自分でも納得して満足できる、やりきったと思える演技がしたいという気持ちだった。

これからの4年間がどういうものになるか自分でもよくわかっていなかったのだが、偶然にも、もうひとつ人生の転機ともいえるできごとが起こった。しかもそれは意外にも思える形で、スケート界の外からやってきた。

イェール大学に合格

イタリアでの世界選手権が終わると、ぼくはスターズ・オン・アイスの日本ツアーに参加した。訪日中、とてもうれしい知らせが届いた。イェール大学に合格したのだ！　わが家では教育がとても大事なものと考えられていたので、ぼくも兄や姉にならって大学に進みたいと思っていた。フィギュアスケート以外の世界を見てみたいという思いも強くあり、そのためには大学に行くのが最良の道だと考えた。

願書を出したのは2017年12月だったが、全米選手権とオリンピックに集中していて、合格通知が届くまではほとんど頭から抜けていた。うれしくてうれしくて、すぐ母に電話をした。母もとても喜んでくれたが、当然のことながら、大学の勉強とスケートの練習をどう両立させるかが気にかかるようだった。イェール大学合格は大きなはげみになったし、これは新たな勝利といってもいいと思った。自分は正しい道にもどってこられたのだという思いがあった。

もし2018年の五輪に向けた練習が大きな試練だったというなら、この先の4年間はさらにむずかしいものになることもわかっていた。なにしろスケートの練習をフルでつづけながら、大学での勉強をこなしていかなければならないのだ。加えて、男子シングルはがらりと景色が変わり、2022年には選手の顔ぶれはまったくちがっていると予想された。

これまでいっしょに試合に出ていたトップ選手たち、たとえばハビエル・フェルナンデスやパトリック・チャンは引退を決めていて、男子シングルの状況は大きく変わるだろう。ぼくはジュニアにも注目していて、どの選手が上がってくるかを注意深く見ていた。ジュニアの一部や、すでにシニアで戦っていて4年後のオリンピックをめざす選手たちの何人かは、平昌の上位選手とほぼおなじレベルの技術点を獲得する構成で演技をしていた。そんなわけで競争は熾《し》烈《れつ》だが、これからの2、3年、ぼくも今到達しているレベルを維持できればじゅうぶんに戦っていけそうだということもわかっていた。つぎの五輪に出場する日が待ちきれなかった。一度経験しているのだから五輪がどんなものかもわかっているし、つぎこそもっとよい準備をして迎えられるだろう。

ただそれを、どう学業と両立させるかを考える必要があった。

ラフもイェール大学合格をとても喜んでくれて、ぼくの進路を後押ししてくれた。ただ、いっしょに練習できなくなるのは残念だ、2年後には2022年の五輪に向けた準備のためにカリフォルニアにもどってきてほしいと、はっきりいわれた。ぼくには今までやってきた練習をこの先2年間ひとりでしっかり維持できるだけの力があるので、そのあいだカリフォルニアにいないことは大きな問題ではないとラフはいった。ただ2020年からは、北京五輪に向けてスケートにより集中するほうがいいという考えだった。

ラフとブランドンは、ぼくが西海岸のカリフォルニアから東海岸のコネティカット州ニューヘイブンへ行ったとしても、定期的に練習内容を確認しあってコンディションを維持できると自信をもっていた。一方で母は、練習時間の確保に不安を抱いていて、具体的にどうやってこれまでとおなじだけ氷上練習の時間をもてるかを知りたがった。

ぼくはエージェントのユキと母といっしょに、イェール大学の〈ブルドッグ・デイズ〉を訪れた。新入生と家族向けのオリエンテーションのようなイベントで、大学についてよりよく知るためのいい機会になる。ぼくたちはここでアドバイザーに会っていろいろ話をすることができた。おかげで、授業のほとんどは午前中に組むことができて、午後は自由にスケートの練習にあてられることがわかった。それだけ練習できれば、これまでつづけてきた時間の割りふりとさほど変わらない。ぼくたち3人は、大学にかよいながらスケートをつづける目処《めど》が立ったことに安心していた。これまでより氷に乗る時間は少し減るかもしれないが、この先1、2年はじゅうぶんにやっていける自信が生まれた。

「キャラバン」振付

新シーズンのプログラムのことは、これまでとおなじように夏に考えはじめて、前季にひきつづきシェイ＝リーン・ボーンに振付を依頼することにした。五輪で滑ったショートプログラムであるベンジャミン・クレメンタインの「ネメシス」をつくったとき、とても楽しかったからだ。

シェイは1990年代後半から2000年代はじめにかけて、ヴィクター・クラーツと組んでアイスダンスのカナダ代表として活躍していた。2003年の世界選手権では、東ヨーロッパ出身のチームが長年トップの座を独占していた流れをたちきって、北米のチームとして初めて優勝に輝いた。また、五輪にも3度出場していて、1998年の長野五輪では4位、2002年のソルトレイクシティ五輪でも4位に入っている。ぼくがスケートをはじめた年だ。振付師としても世界中のトップスケーターと仕事をしていて、羽生結弦が2018年のオリンピックで金メダルに輝いたフリープログラムもシェイの振付だった。

シェイはそのころサウス・カロライナ州チャールストンを拠点にしていたので、ぼくも夏にそっちへ行って1週間ほどかけて新しいショートプログラムをつくった。曲はデューク・エリントンの「キャラバン」。エネルギーに満ちていてスタイリッシュだ。哀愁を感じさせる「ネメシス」とはかなりイメージのちがうプログラムになった。

シェイは、アイデアにあふれたすばらしく独創性のある振付師で、スケーターひとりひとりの個性にあった音楽をえらびだす不思議な力をもっている。自分が振付をするスケーター用に個別の候補曲リストをつくっていて、音楽の解釈という点で並はずれたセンスの持ち主だ。陽気な雰囲気の「キャラバン」は、2018年に使ったどちらかといえばシリアスな曲調のあとでは、まさにぴったりの選曲に思えた。

モントリオールを訪ねる

シェイとのショートプログラム制作が一段落すると、フリープログラムをどうするかについても真剣に考えはじめた。夏のはじめからフリーを新しい振付師に依頼するのはよい変化につながると思っていて、ずっとこれぞと思う人を探していた。過去に組んだことがあるのは、シェイのほかには、ローリー・ニコル、ニコライ・モロゾフ、ナディア・カナエワ、そしてマリナ・ズエワ。ローリー・ニコルは、何人もの世界チャンピオンと仕事をしていて、印象的なプログラムを数多くつくっている。たとえばミシェル・クワンが1996年に滑った「サロメ」、エヴァン・ライサチェクがオリンピック金メダルを取ったときの両プログラムなどだ。ローリーは非常に経験豊かな振付師で、オリンピックにふさわしいプログラムはどうあるべきかについて圧倒的な見識をもっている。平昌でぼくが滑ったフリープログラムもローリーの振付だ。

ぼくは、このシーズンは新しいタイプの音楽と新しい振付師を試すにはいいタイミングだと考えていたし、より現代的な音楽で滑る楽しさを学んでいるところでもあった。そこで思いついたのが、マリー＝フランス・デュブレイユだ。

平昌五輪でアイスアカデミー・オブ・モントリオール（I・AM）所属のアイスダンス選手

が試合や練習リンクで滑るのを見たぼくは、そのプログラムの斬新《ざんしん》さと独創性に目を奪われた。彼らのコーチ兼振付師がマリーとその夫のパトリス・ローゾンで、ふたりは2000年代にアイスダンスのカナダ代表として2度オリンピックに出場し、世界選手権では2度銀メダルに輝いている。I・AMの選手たちの動きはみんなとても端正で洗練されていて、プログラムからはほかには見られないセンスが感じられた。その多くがマリーによる振付だと知って、もし彼女とのコラボレーションが実現すれば、ぼくのフリープログラムにもこれまでと異なる色がもたらされ、スケーティングに新たな深みを与えられるのではないかと考えた。

ラフも賛成で、連絡を取ってみたらいいといってくれた。マリーの連絡先を入手してメールを送り、何度かやりとりをした。マリーははじめ、ぼくの申し出に及び腰だった。シングルの選手に振付をした経験がほとんどないのでシングルのルールにも詳しくないし、ぼくにぴったりこないとか、うまくはまらない内容のプログラムを提供するようなことはしたくないといった。マリーが得意とするのは、ふたりひと組のスケーターと組んで、ふたりの動きを融合させる振付だった。つまりシングルスケーターのぼくには、マリーのプログラムに必要な半分が欠けているということだ。

かわりにマリーは、よりシングルスケーターのプログラムづくりに経験がある友人をすすめてきた。それでもぼくはあきらめず、必死で食い下がった。もしジャンプの構成に不安があるなら、それは問題ではないと伝えた。ラフとぼくとで、いつもしているようにすでにいくつかのパターンを考えてあるので、それをもとに組み立ててもらえばいい。

加えて、ぼくは東海岸のニューヘイブンにある大学にいくので、モントリオールまでは飛行機で1時間半しかかからない。一度ちょっと行っておしまいにするつもりはないし、納得のいくプログラムができるまでやりとりをつづけることはいとわないとも伝えた。それでマリーもだいぶ安心したのか、ようやく前向きな返事をもらえた。

ぼくはその夏モントリオールに飛んで、1週間ほどかけてマリーと夫のパトリス（クラブのアイスダンス選手たちはパッチと呼んでいた）とフリープログラムの振付をし、そのあいだアイスアカデミー・オブ・モントリオールのすばらしい練習環境を思う存分楽しんだ。ここには、以前から親しくしている友人のジャン＝リュック・ベイカーがいた。ジャン＝リュックはもともとミシガンのリンクで練習していたのだが、その年の春からパートナーのケイトリン・ホワイエクとともにモントリオールのマリーとパッチのところに移籍していた。

モントリオールに滞在していた1週間は、ジャン＝リュックの家に泊めてもらった。ジャン＝リュックとは、ジュニア時代の最初のころ、遠征先でルームメイトになってすぐに意気投合し、以来ずっと仲の良い友人だ。モントリオールでの練習の様子はつねづね聞いていて、知れば知るほど自分の目で見たいと思っていた。

ぼくの期待は裏切られなかった。もともと、アイスダンス選手との練習は好きだったのだ。２０１６年にミシガンのマリナ・ズエワのところで練習していたときもほんとうに楽しかったし、モントリオールでもそれは変わらなかった。マリーとパッチがつくりだす明るく活気に満ちた雰囲気のなかで過ごす時間は、試練つづきだったオリンピックイヤーを終えたばかりのぼくがまさに必要としているものだった。ぼくの目には、アイスダンスの練習環境はつねにポジティブで開放的に見えたし、マリーとパッチの指導方法には心から感銘を受けた。

彼らのもとには世界中から20を超えるトップチームが集まっていて、２０１８年の平昌で銀、２０２２年の北京五輪では金メダルを取るフランス代表のガブリエラ・パパダキス＆ギヨーム・シゼロン組や、アメリカ代表で北京五輪銅メダリストのマディソン・ハベル＆ザッカリー・ダナヒュー組、おなじくアメリカ代表で世界選手権で3度表彰台に上がっているマディソン・チョック＆エヴァン・ベイツ組をはじめ、ほかにも何組も各国の代表チームが集まっていた。北京五輪では、出場した23組のうちじつに11組がマリーとパッチの生徒たちだった。

モントリオールでの時間は、ぼくのスケートに対する愛を再燃させ、試合で戦う楽しさを思い出させてくれた。ぼくはジャンプの練習が大好きで、回転や軸や角度にかかわる技術の解析に挑むのは特に楽しいと思っている。しかし、長い時間ただくりかえし跳ぶだけの練習をしていると、どうしても単調になってしまう。Ｉ・ＡＭでの練習はその決まりきったルーティンを打ちやぶるものだった。アイスダンス選手と練習していると、彼らが氷上にえがくカーブのパターンや、コーチたちとつくっている振付の動きなど、つねに新しい発見がある。アイスダンスの選手と練習したのは、ミシガンのマリナ・ズエワのところにいたとき以来だ。そのときもとても楽しかったが、より成長した今、モントリオールでのアイスダンス選手たちとの練習にはさらに大きな意義を見出すことができた。

　この経験は、今後の演技でさらに際立たせたいと思っていた深いレベルの芸術性を、ぼくのスケーティングにもたらしてくれた。選手たちが、スケートそのものと、氷上にドラマやキャラクターをえがき出すことを心から楽しんで愛しているのが、見ているだけではっきりわかった。アイスダンスでは、あらゆる面で細部にわたりジャッジと観客にアピールする力が必要で、それは氷上でスケート靴のブレードが見せるエッジワークや、振付に組みこまれた腕、頭、そして体の動きのひとつひとつの表現によってなされている。ジャンプが構成の中心ではないプログラムをつくりあげるにはとてつもない時間と労力が必要で、そのプロセスを一から見られたのはほんとうに貴重で興味深い経験になった。

　大学がはじまってからの練習時間と内容をどう調整していくか考えなければいけない時期だったこともあり、マリーとパッチが選手たちと氷上でどのように時間を使っているかを直接見ることができたのも、とても参考になった。時間を一瞬たりとも無駄にしない効率的な彼らの練習からは、学ぶべきことがたくさんあった。彼らと比べてぼくの練習は生産性という点で改善の余地だらけだった。やるべきことに集中できていない時間が多かったし、いらだちをやりすごすことに力を使ったり悪い習慣のリズムにはまったりしてばかりだったからだ。

モントリオールの選手たちは、氷上にいる一分一秒を目的をもって計画的に過ごしていて、その取り組みかたを見ていると、量より質をなにより大事にすべきだと思うようになった。ここでの学びは、スケートと学業を両立するための練習スケジュールを考えるうえで、大きなヒントになった。

その夏に、ぼくがマリーとつくった初めてのプログラムは、「ランド・オブ・オール」だ。曲はぼくの希望で、はじめからフランス人のミュージックビデオディレクターでありシンガーソングライターでもあるウッドキッドの楽曲にしようと決めていた。ぼく自身はもともと彼の音楽のファンだったが、マリーがフィギュアスケート向きだと思うかどうかはわからなかった。とりあえず聴いてもらったところ、マリーもおもしろいと思ったようで、冒頭にチェロのイントロを加えるアイデアまで飛びだした。ぼくたちは振付に没頭し、2、3日のうちに新しいフリープログラムが完成した。

マリーが終始ゆったりとリラックスしていたことに、ぼくは正直少し驚いた。世界トップのアイスダンス選手たちと仕事をしているということは、もしかしたら堅苦しくてきびしい人なのではないかと勝手に先入観を抱いていたからだ。とりわけ、アイスダンスという競技ではすべてに厳密さと明確さが求められるので、自分がやりたいことにはっきりとした考えをもっているのだろうと思っていた。ところが、実際のマリーはとてもおだやかで、いっしょに仕事をしていて楽しい人だった。あらゆることに柔軟で、創造性に満ちていた。

このプログラムの振付は、マリーがぼくに動きのアイデアを提案し、しっくりこなかった場合はぼくが変えてほしい部分を伝えて、そこからまたはじめるという、ほんとうの意味での協同作業だった。マリーは、ぼくが遠慮せずに自分の意見をいいやすい雰囲気をつくってくれて、どんな動きが好きでどんな動きがうまくいかないか教えてほしいといった。

さらにぼくは、マリーのもとで振付師をしているサミュエル・シュイナードとも作業をする時間をもつことができた。サムは優れたヒップホップダンサーで、I・AMでは選手たちにダンスのレッスンもしている。いつもポジティブで、創造力にあふれたエネルギーの塊のような人だ。I・AMにくる前はスケートを滑ったこともなくて、スケーターと本格的な仕事をしたこともなかったそうだ。ところが2010年のバンクーバーオリンピックの女子シングルで銅メダルを獲得したカナダのジョアニー・ロシェットにいくつかのプログラムで振付協力をしたことで、マリーとパッチの目にとまった。

サムはスケートをおぼえて、今では振付をするときには必ず選手といっしょに氷に乗っている。さらにダンスの動きをいかにして氷上に移行するかについても深い知見をもっていた。サムとの作業は、フィギュアスケートのコーチというよりダンサーといっしょに振付をする感覚だった。サムはぼくの動きに、これまでまったくなじみのなかった新しい発想をもたらした。プログラムを象徴するような独創的な振付を加えて、氷上でより自信にあふれたキャラクターを生みだし、ぼくの新たな一面を引きだしてくれた。ぼくのプログラムに見られる遊び心いっぱいのコレオシークエンス（注：フリープログラムの1要素。特徴的な動作からなる一連の動きで構成される）とあふれるエネルギーは、すべてサムのおかげだ。

　サムとぼくはまずスタジオでいくつかの動きをつくって、その後、氷上でマリーもいっしょに調整を加えた。そのシーズンは、試合でトップを争えるレベルは維持しつつ、4回転の本数を少し減らしたいと考えていた。基本の構成に組みこむ4回転は3本だが、必要に応じていつでもあと1本加えられるようなオプションも用意しておいた。シーズン中、実際に予備の4回転を使うかどうかはいつも対戦相手によって判断していた。日本の宇《う》野《の》昌磨《しょうま》と対戦したグランプリファイナルでは、4回転を1本増やしてじゅうぶんなリードをもてるようにした。昌磨は技術的に強くて、芸術性も高い選手だと知っていたからだ。

　とはいえこのシーズンはぼくが大学にかよいながら競技にも出ていた最初の年で、練習時間をどの程度取れるかについても、自分がどれだけこなせるかについても、現実的に判断しようと決めていた。最高難度のジャンプ構成ではなく安定的に実施できるプログラムをしっかり練習できることのほうが、自分の限界のプログラムで試合に挑むことよりも大事だと理解していた。

イェール大学の1年生としてフルタイムでカリキュラムをこなしながらスケートの練習をつづける生活を送るためには、練習方法にいくつかの変化を取りいれざるを得なかった。

ぼくはほんとうに幸運だった。チームに加えてスケート連盟のミッチ・モイヤーも、ぼくが大学にいながらオリンピックをめざして練習をつづける生活を最大限有意義に送れるよう、さまざまに骨を折って必要なことはすべて協力してくれた。

大学生活スタート

2018年の秋に大学がはじまるころには、新しい生活に対する不安はほとんど感じていなかった。ミッチとユキとブランドンがイェールを訪れてスポーツ競技部門の担当者と話し合い、大学のスケート施設である「ホエール」での氷上練習と、ジムでおこなうトレーニングの時間についての調整はできていた。

イェール大学のスケートリンクの正式名は、大学のアイスホッケーチームの元キャプテンの名前を冠してデイビッド・S・インガルス・リンクという。「ホエール」というのは、曲線を描いた屋根と棟《むね》のせり上がった先端部分の形状がザトウクジラの背中と尾に似ていることからついた愛称だ。1930年代にイェール大学建築学科を卒業した工業デザイナー、エーロ・サーリネンの設計による優れた建築物のひとつだ。サーリネンはほかにも、セントルイスのゲートウェイ・アーチ、ニューヨークのジョン・F・ケネディ国際空港にあるトランスワールド航空ターミナルといった、斬新で象徴性をもったすばらしい建築物を残している。

1959年に建てられたイェール・ホエールは、アーチ状の肋材《ろくざい》が曲線を描いたコンクリート製の棟部を支える、サーリネンの特徴的スタイルをもった構造をしている。足を踏みいれたとき、ほんとうにクジラのお腹のなかにいるような気持ちになって息を呑んだ。このリンクで練習できることが誇らしかったし、イェール（Ｙａｌｅ）のＹの文字がいたるところで見られるのにも胸が躍った。スケートリンクの雰囲気はどこもよく似ていて、あまり独創性を感じることはないのだが、ホエールでの練習は特別だった。観客席があるので、練習ではなく大きな大会の会場にいる気分になれた。

毎日1時間半、ホエールで練習できるだけでも恵まれているとは感じたが、それでもこれまでとおなじように1日3時間の氷上練習はどうにかして維持したかった。そこで、春にニューヘイブンにいたあいだに大学から車で30分ほどのチャンピオンズ・スケーティング・センターにも下見にいき、午前中に授業に出たあとは大学のリンクで滑って、その後すぐにチャンピオンズに車で移動して午後のセッションができるよう手配した。またありがたいことに、インガルス・リンク事業部の主任だったアシスタントのジョージ・アルヌーティスの協力で、大学のリンクに空きが出たときはその時間にぼくの練習を組みこんでもらえることにもなった。

学業と練習の両立をはかるための段取りが、すべて望ましい形でととのっていった。イェールとチャンピオンズのリンクの人たちからの支援で、大船に乗った気持ちだった。いよいよ大学がはじまるときには、ぼくの心は明るい希望に満ちていて、きっとすべてがうまくいくだろうと感じていた。

そして実際、ほとんどのことがうまくいった。寮に入って日常生活のリズムができていくのは楽しかった。部屋は個室のスイートで、続き間の大きなリビングルームを5人のスイートメイトと共用して使っていた。授業については、専攻をどうするかまだ決めていなかったが、気持ちは医学予科にかたむきつつあった。自然科学系科目をひとつ取らなければいけないが、基礎科目をすべて履修できるかについてはあまり心配していなかった。最終的に医学部に進むと決めた時点で、出願する前に卒後研修プログラムに参加して未履修の科目を受講することも可能だと知っていたからだ。

医学予科の科学系科目の選択に障害があるとすれば、週に一度午後1時から5時までかかる実験実習が必須《ひっす》になっていて、それが練習時間と重なることだった。幸運なことに、医学予科の初年度必修科目のひとつに、講義とは別にあとから実習だけおこなうことが可能な一般化学が含まれていたので、こちらを取ることにした。ほかには微分積分学、作文術、スペイン語を履修登録した。

授業が忙しくなってくると、すぐに自分は効率的な勉強の仕方を知らないことに気付いた。高校の授業の最後の2、3年はすべてオンラインで履修していたので、自分の力で問題を解決する訓練はできていたのだが、大学の対面講義のきびしさは予想以上だった。

もちろんティーチングアシスタントはいたし、研究室が開いている時間に教授を訪ねれば、問題を抱えた学生にはアドバイスをくれるはずだった。ただぼくは、スケートでもそうなのだが、はじめは自分の力でどうにかしようとしてしまう。人に助けを求めることが恥ずかしくてうまくできないのだ。自分の学力不足も感じていて、みんなは自力で課題をこなす方法を知っているんだ、だから自分もひとりでなんとかできるはずだと思いこんでいた。それが現実的な考えかたではないことを、最初の2、3か月はまったく理解できていなかった。必要なときには助言をもらえる環境をもっと活用すべきだった。

前期の大半は、なんとか落ちこぼれずにいられるよう四苦八苦するだけで終わった。特に授業と試合のスケジュールをやりくりするのがたいへんだった。秋はスケート選手にとって一番忙しい季節だ。10月下旬にグランプリシリーズがはじまり、ほぼ毎週末にさまざまな国で大会があって、通常12月上旬に開催されるグランプリファイナルまではそれがつづく。幸運なことに、ぼくは前シーズンの世界選手権で優勝していたので、グランプリシリーズでどの大会に出たいか希望を出せて、ある程度尊重もしてもらえた。大学の休暇期間に当たっている大会をえらんで希望を出していたのだが、それでもいくつかの講義を欠席せざるを得なかった。ぼくはじょじょにクラスから遅れはじめた。

前期の数学のクラスでは、毎週水曜午後が提出期限の課題が出ていたのだが、その時間はちょうどチャンピオンズ・スケーティング・センターでのフリープログラムの練習時間だった。特に忙しかった何週かは、移動中の車内で問題を解いたり、リンクのロビーで終わらせたりして、水曜の期限前に提出するようにしていた。毎週、どの課題もとても時間がかかって、ときには練習時間を削って取り組むこともあった。つまり、スケートにも勉強にもいいことはなにもなかった。とにかく期限に間に合わせるのにせいいっぱいで、課題の意味をきちんと理解して自分の身につくような取り組みかたがまったくできなかった。時間の上手な使いかたを学ぶ必要があった。

スケートに関していえば、ショートプログラムは「キャラバン」、フリープログラムは「ランド・オブ・オール」を滑って、グランプリシリーズとファイナル、全米選手権、そして世界選手権と、全体的にはよい結果を残せたシーズンになった。とはいえ、10月上旬に日本で開催されたシーズン初戦のジャパンオープンでの演技は、けっして幸先《さいさき》のよいスタートとはいえなかった。ジャパンオープンは団体戦の形式をとっていて、フリープログラムだけで競い合う。あまりシビアな勝負ではなく、その後の大会に向けてのよいウォームアップになるという意味で、この試合でシーズンをはじめるのは気に入っていた。試合前の数週間はしっかり準備に費やせていなかったと感じていたし、出場すべきか迷ったが、新プログラムを試合で滑る機会がほしかったので参加を決めた。

母に電話して、日本に出発する前の数日間だけでいいので、ニューヘイブンに来て曲かけ練習をするのを助けてほしいと頼んだ。ずっとひとりで練習していて、誰からもフィードバックのない状況がつづいていたので、どうしても母に見てもらって意見を聞きたいと思った。以前もそうしていたし、実際母の意見はとても参考になっていた。ラフと話をするのは月に一度程度で、ジャンプ構成の話が中心だった。ラフは基本的に、試合に向けた調整はぼくが自分でできると信用してくれていたのだ。

ジャパンオープンは、転倒による減点が4点あり4位という結果で、望んでいたようなシーズンのスタートを切れなかった。もちろん、悪い演技をするのをよしとするわけではないが、これがスケートと大学の勉強を両立させる最初のシーズンであることを考えれば、前年までとおなじ結果を残せると思ってはいけないと納得もしていた。この結果にあまりくよくよせず、ただ今後ひと試合ごとに前進していこうと決めた。

そのシーズン最初のグランプリシリーズの試合はスケートアメリカで、10月19日から21日にかけてワシントン州エバレットで開催された。グランプリファイナル進出を狙える順位に入ることを目標にはしていたが、もし望んだとおりの結果にならなかったとしてもあまりがっかりしないよう覚悟もしておいた。ラフはこの状況を「サバイバル」と呼んだ。目的はあくまでも技術面のレベルを維持することで、なにか新しいことを達成するために必死になりすぎないようにしていたからだ。

演技には少し苦しんだ。ショートプログラムでは4回転フリップでステップアウトし、フリープログラムでは4回転ルッツの着氷にやや詰まってしまった。それでも全体としてはそれほどがっかりすることはなかった。フリープログラムの構成は現実的に考えて、ラフとぼくははじめから4回転を4本は入れないことにしようと決めていた。練習に専念できていない状態でその数の4回転はこなせないとわかっていたので、難度を少し下げて3本でいくことにしたのだ。エバレットではこのプランがうまくはまった。試合ごとに積みあげていくという考えかたを、ぼくはその後の4年間ずっと変わらずもちつづけた。エバレットでの演技は完璧ではなかったが、ジャパンオープンからは大きな進歩だったし、大学生としての初優勝を飾ることができた。

　つぎの試合は1か月後、感謝祭の休暇中にフランスのグルノーブルで開催されるフランス杯だった。大学が休みになるので、ぼくは早めに渡欧し、グランプリシリーズの別の試合でモスクワに来ていたラフと合流してジャンプを集中的に練習した。

　モスクワのCSKAアイスアリーナでは、フィギュアスケートの伝説的コーチであるタチアナ・タラソワにも会った。大学にいるときと練習環境が変わり、授業もないことから、気持ちが高揚してエネルギーがわいてきた。イェールでふだん練習していたときより多めにプログラムの通し練習をしてしまったため、フランスに着くころにはすっかり疲れていた。ただ、ここでも自分に対する期待値を低めにして、結果を気にしすぎないようにした。現実的になる方法を身につけたことは、その年とつぎの年を乗りきるうえでおおいに助けになったし、よい演技にもつながった。スケートに専念できず、勝つことにもこだわらずにいたのに、ここからの2年間は参加した試合すべてで優勝することができた。

　とはいえ、けっしてかんたんなことではなかった。特に最初の年の最初の学期は苦労した。2018年12月上旬にカナダのバンクーバーで開催されたグランプリファイナルの期間中は、ベッドで横になりながら、すべてをちゃんとやるのはもう無理だと苦しい気持ちに押しつぶされそうだった。スケートについてはうまくいっていたし、自分はまだトップで戦えている自信があった。ただ大学がとにかくたいへんだった。課題の提出と試験に追われて、いつも準備の時間が足りないと感じていた。それほどむずかしい授業をとっていたわけではないのに、この先さらに専門的な内容になったらどう対応すればいいのかと、不安でいっぱいだった。

後期に入ると、多少は学業とスケートのバランスをうまく取れるようになった。試行錯誤をくりかえし、必要にもせまられて、多忙なスケジュールをこなすための的確なシステムのつくりかたが、少しずつだがわかってきた。

ひとつには、スケートより大学に重点をおくようにしたことで気持ちが楽になった面もある。精神的なエネルギーにも限界があることを知って、その力をより大学のほうに向けることをおぼえたのだ。

後期の期間を通して環境にはかなり慣れてきて、つねに後れを取っているという焦りもなくなっていた。スケートのスケジュールに余裕があったのも助けになった。全米選手権は通常1月に開催されるが、大学は新学期のはじめで本格的な講義に入る前だったし、世界選手権は春休み中の3月だったので授業を休まずにすんだ。

ぼくは統計学の分野に進もうと決めて、その勉強に役立つ講義を増やすことにした。より高レベルの微分積分学、線形代数学、プログラミング、確率論などだ。特に線形代数学が気に入った。勉強していて楽しいし、内容にも興味をひかれた。

大学を優先させることには、ぼくの「100か0か」という極端な考えかたを現実的に見直す効果もあった。勝つためには複雑で最高難度の夢のプログラムに挑む必要はなくて、着氷できるジャンプの成功率を現実的に見て、一番安定して実施できる構成で試合に臨むべきだと考えられるようになった。それはつまり、自分が練習で実際になにができているかをシビアに見きわめ、試合でもそのとおりにやるということでもある。

現実的に見るという考えかたは、その後もおおいに役に立った。日本のさいたま市で開催されたその年の世界選手権では2度めの優勝を果たし、スケートでの足場をたしかなものにできたと感じた。全米選手権で3連覇、世界選手権でも2連覇と、2018年の五輪以降は出場したすべての試合での優勝がつづいていた。

「ラ・ボエーム」と「ロケットマン」

2019年の夏、ぼくがイェールの2年生になる前に、ラフはまた拠点のリンクを変えた。こんどはアーバインにある〈グレート・パーク・アイス&ファイブポイント・アリーナ〉だ。カリフォルニア最大の複合施設で、アメリカ国内でも有数の規模を誇るアイススケート関連施設だ。グレート・パークにはNHLサイズのリンクが3面、オリンピックサイズのフィギュアスケートリンクが1面あり、２５００人収容の観客席を備えたアイスショーとホッケーの試合用リンク〈ファイブポイント・アリーナ〉が併設されている。

その夏、新シーズンの計画を立てはじめたとき、前シーズンを振りかえって、ショートとフリーがまったくちがって対照的なプログラムだったのがよかったし、それぞれの振付師であるシェイとマリーの組み合わせもとてもよかったと思った。そこでおなじ戦略を取ることにして、前シーズン同様ショートプログラムの振付はシェイに、フリープログラムはマリーに依頼した。

ただ、それぞれのプログラムの曲のテンポは前年と入れかえることにした。「キャラバン」はアップテンポで陽気で遊び心を感じさせる曲調だったので、シェイもぼくも、新プログラムはエネルギッシュなものではなくゆったり落ち着いた曲にしたいと考えた。「キャラバン」は金管楽器のトリル音に似合うスタイリッシュで華やかな動きがふんだんに盛りこまれたプログラムだったが、こんどはもっと深みと内省を感じさせるプログラムをつくろうと決めた。

シェイはぼくのスケーティングのより情緒的な面を追求したいといい、ぼく用につくっていた楽曲のデータベースから、感傷的な音楽をつぎつぎと流していった。ぼくはスケートで使う音楽をえらぶことに関しては、選択肢を与えられてもかなりえり好みをするほうなのだが、そのシーズンにシェイがシャルル・アズナブールの「ラ・ボエーム」を聴かせてくれたときには、すぐにこれだと思った。ほかにはない美しさと品格のようなものがあった。この曲をえらぶのに迷いはなかった。

　そのころシェイにとって、もの悲しさを感じるこの曲は特に切実に心に響いたようだ。その1年前、スケーターのデニス・テンが故郷であるカザフスタンのアルマトイで強盗に襲われ命を落としていた。デニスは2014年のソチオリンピックの男子フィギュアスケートで銅メダルに輝いた優れたスケート選手で、ぼくがカリフォルニアに移ったばかりのころはレイクアローヘッドのフランク・キャロルコーチのもとで練習していた。シェイはデニスと親しかったし、フィギュアスケート界のとても多くの人がデニスの死にショックを受けた。

「ラ・ボエーム」の振付をしていたころ、シェイは死について考えることが多かったのだろう。この曲のもつ哀愁と、パリに住む芸術家がボヘミアン的な生活を懐かしむ心情を歌いあげるアズナブールの歌声は、シェイの悲しみと重なるところがあったのだと思う。

　ぼくたちは人生のはかなさや、アズナブールの詞の意味について多くを語りあった。人生で美しいものに出会ったら、そのとき、その場でしっかり味わい、しっかりつかまえることが大切だ。なぜならそれは永遠につづくものではないから――。曲のなかでアズナブールは、モンマルトルのお気に入りの場所を再訪し、自分がかつてえがいたカフェやスタジオがなくなっていることを知り、若き日々と純粋だった時代を懐かしむのだ。

　先ほどもふれたとおり、前シーズンに滑った陽気な「キャラバン」とは正反対の音楽だったが、ぼくは自分の演技で新しい方向性をめざすことにも、氷上でより情感のある物語を演じることにも、意欲を感じていた。シェイもぼくも、死以上に哀惜の念に焦点を合わせたつもりだったが、思っていた以上に重みと影を感じさせるプログラムになった。

人生を楽しみ、同時に、変化と死は人生の避けられない一部だと受けいれる――。この相反するテーマと向き合い探究することで、プログラムには深みが加わり、個人的には自分の人生にかかわる人たちへの感謝の思いを新たにした。そして演じるたびにキャラクターを練りあげていくことにもつながった。ぼくにとってスケートの楽しさは、異なる人物像を自分のなかに取りこみ、自分自身では表に出すことのない感情を表現する機会をもてることなのだが、「ラ・ボエーム」はまさにそういうプログラムだった。

マリーも、前年使用した重厚で壮大なウッドキッドの音楽からなにか変化がほしいと考えていた。マリーの頭にはすでに候補作があった。自分のアイスダンスチームのひとつに、映画『ロケットマン』からエルトン・ジョンの音楽を使ったプログラムをつくっているところだったのだが、ぼくに合うと思った楽曲をいくつかとっておいてくれたのだ。

ぼくがモントリオールを訪ねたとき、マリーは新しいプログラム用の音楽とアイデアについて話すのが楽しみで仕方なかったらしい。ぼくもマリーの選曲を聞いてすぐ、完璧だと思った。ショートプログラムとはまったくちがう曲調で、それも大きな決め手になった。ショートとフリーを似たような曲調のプログラムでそろえるのは、ぼくの好みではない。それに映画の『ロケットマン』はすでに見ていて、とても気に入っていた。映画では、エルトン・ジョンが自分の音楽を追求するためにひとりの人間としてどのように困難をくぐりぬけ、自分自身と自分の仕事に身を捧げてきたかが、とてもよくえがき出されていた。

「ロケットマン」のプログラムがめざすのは、ややスローテンポな曲ではじまって「ロケット・マン」「ベニーとジェッツ」というアップテンポに盛り上がる曲へとつなげるエルトン・ジョンメドレーだった。はじまりは「グッバイ・イエロー・ブリック・ロード」で、ショートプログラムにも通じる変わってしまったなにかや去っていく誰かを惜しむ気持ちがこめられている。マリーとぼくは、自分自身を理解してついに自由を手に入れるというテーマを表すのに、音楽の転換がぴったりの手法だと考え、曲が「ロケット・マン」に替わったところで殻を打ちやぶる自分を表現することにした。

全体の仕上げとして、ベラ・ウォンがまたも両プログラム用にすばらしい衣装を制作してくれた。「ラ・ボエーム」の音楽を聴いて、ベラはこの曲のロマンチシズムを伝え、アズナブールの歌声に満ちる感情を感じとれる衣装にしたいと考えた。そしてプログラムのそうした情感を色におきかえ、ラベンダー色のシルクタッチのトップスをぼくのためにデザインした。シンプルで着心地がよく、音楽の背景にある感情を象徴的に表現する衣装だ。

ベラは「ロケットマン」の衣装はとにかく目立つものにしようと考え、楽曲のもつ異次元の力に似合う蛍光色のアイデアに強く惹《ひ》かれた。ほかの選手の衣装もあれこれ見たうえで、ぼくにはいつでも誰よりも目立ってほしいと考えた。そしてこのフリープログラムに必要なのは、あっと驚くようなポップな衣装だと判断した。見る人の目を惹きつけるポイントとして大きめの文字をデザインに取りいれることを思いつき、「Ｎａｔｈａｎ」や「Ｃ」を提案してきた。その案には少し気おくれしてしまったので、話し合ってエルトンの頭文字である「Ｅ」にすることに決まった。緑がかった蛍光色の黄色のトップスの袖《そで》に「Ｅ」の文字が配されるデザインだ。ベラとチームスタッフは、ぼくの衣装に使う生地はすべて特注でプリントするので、ほかでは見られないほんとうに特別なものができあがる。

さらにベラは、このときからぼくのためにちょっとした仕掛けを施してくれるようになった。衣装に小さな赤いタグを縫いつけたのだ。中国文化では、赤は幸運と幸福を象徴し、生命と活力を表す色でもある。ぼくは、ベラがぼくのためにしてくれるあらゆる気遣いに感謝した。

ぼくたちの誰ひとりとして、このとき自分たちが2シーズンも先にある２０２２年の北京オリンピック用のプログラムをつくったとは、知る由もなかった。もちろん、この先の2年で世界がどれほど劇的に変わってしまうかについても、知る由もなかった。そして自分たちが思いえがいてきたプランがすべてひっくり返ってしまうことも。

第6章 パンデミック

兵来将挡水来土掩

兵が来れば将で防ぎ、水が来れば土で守る

北京五輪を見据えて

イェールでの2年めがはじまった2019年9月、ぼくは大きな決断をせまられていた。2022年の冬季五輪に向けて、大学を休学する期間をどうするかについてだ。ぼく自身は、最低1年、できれば2年はカリフォルニアにもどって練習に専念したいと考えていた。2014年から2018年の4年間で、フィギュアスケートの技術レベルは急速に上がった。ここからの3シーズンでそれがさらに加速することはほぼまちがいないと思われた。

大学のアドバイザーに相談して、ぼくはふたつの選択肢について考えた。3年大学にかよって1年休学するか、2年かよって2年休学するか。学生にはもともと1年間、つまり2学期間の休学が認められている。もし2年休む場合は、1年間の休学後に一度正式に退学し、2022年以降に復学手続きをして再入学することになる。

でもラフは、できるだけ早くぼくにもどってきてほしいといっていた。ラフからはあらためて、オリンピックサイクルの最初の2年は現状維持でもかまわないけれど、少なくとも残りの2年は練習に専念して、前回のオリンピックを上回る難度でエレメンツの質と安定性を向上させなければいけないといわれた。両親はどちらであっても応援するといってくれた。

ぼくは2年間休学できるよう退学する方向で考えはじめて、アドバイザーと細かい手続きや条件などを調べてみた。まとめると、基本的には学力レベルが維持されている、つまり一定数の単位が取得されていればいいということがわかった。それ以外のことはぼくが理解したかぎりそれほど複雑な問題ではなさそうだった。履修中の科目すべての単位を取得して、学寮長に退学申請をメールで送ると、学部委員会が審査をして最終的な決定が下される。

その学期が終わる前に、ぼくとラフと家族で話し合って、2022年の冬季五輪の準備のため2年間カリフォルニアにもどるのが最良の選択だという結論になった。ぼくは学寮長にメールを送り、退学申請を提出するつもりだと伝えた。ところがその後、思いもかけない形で、ぼくの退学と復学の手続きは必要なくなった。

クリスマスと新年の休暇が終わり、ぼくは2020年1月にキャンパスにもどった。新型コロナがアメリカに到来する直前のことだ。ウイルスは瞬く間に世界中に広がっていった。キャンパス内ではイェール大学も閉鎖されるだろうと噂になっていたが、これからどうなるかは誰にもわからなかった。1月26日に全米選手権が終わり、ぼくは大学にもどって授業にも出つづけた。3月6日に春休みがはじまり、ほとんどの学生はキャンパスを去ったが、ぼくは前年とおなじように大学に残って、ほかの利用者がいなくなったのをいいことにホエールで世界選手権に向けて集中練習をしていた。

コロナ禍が広がる

3月10日、全学生宛てにキャンパスにはもどってこないよう通知するメールが届いて、授業はオンラインに切りかわった。学寮長からぼくに、イェールはパンデミックを理由に全学生に1年間の臨時休学措置を施す予定だと説明があった。それはぼくにとって、五輪に向けた練習期間がさらに取りやすくなることを意味した。学生にもともと与えられていた1年間の休学可能期間に加えて、大学からさらに1年の休みが与えられることになるからだ。これで2年間、ラフとカリフォルニアで練習できる状況がととのった。

世界選手権は、3月16日からカナダのモントリオールで開催されることになっていた。しかし3月11日、国際スケート連盟（ISU）から大会中止の発表があった。1896年の第1回大会以来、中止になったのはこのときでわずか4回めだった。第一次世界大戦、第二次世界大戦中にそれぞれ1回、その後は1961年にアメリカ代表チーム全員が大会に向かう飛行機の事故で犠牲になったときだけだ。今回ISUは、世界中から選手や関係者を一か所に集めて大会を開催することは危険が大きすぎると判断し、中止を決定した。

その日、ぼくはホエールから自分のスケート関係の荷物をすべて引きあげ、チャンピオンズ・スケーティング・センターでジャンプの技術指導をしているコーチの友人を手伝うことにした。少しして、兄のトニーから電話があり、不特定多数の人と長い時間いっしょにいるのはウイルスの感染性の高さを考えるとあまりいいことではないかもしれない、できるかぎり人との接触を減らして感染を避けたほうがいい、といわれた。

両親はこのころコロラドに引っ越していたので、春休み中は両親のところに行こうかとも考えた。再度トニーから電話があり、感染者数が急増しているのでコロラドにもどる機内からウイルスを家にもちこんでしまうかもしれないと話があった。そこで、このままカリフォルニアに行って練習することに決めた。

すべてがあっという間のできごとだったので、イェールを出る前にオレンジ・カウンティの住居を探している暇がなかった。ぼくが大学に入る前は、ラフのいるアーバインのグレート・パーク・アイスのリンクまで車で1時間ほどのロングビーチに母と小さなアパートを借りていた。大学に入ってからもしばらくそのままにしていたのだが、1年めの冬休みに滞在したときやはりリンクまで遠すぎるという話になって、母は契約を更新せずにコロラドスプリングスの父のところに引きあげていた。

ぼくはグレート・パークの近くに、エアビーアンドビーの契約で2軒の宿を1か月間借りることにした。身の回りの品はほとんどトランクルームか両親のいるコロラドかイェールに置いたままだったので、しばらくはスーツケースの荷物でどうにか生活していた。大学からは週を指定して荷物を取りに来てもよいと許可が出たが、そのあいだにもどることができず、けっきょくすべて送ってもらうことになった。

グレート・パークにいけば氷上練習を再開できるとばかり思っていたが、国内での新規感染者数が増えるにともなって、しだいにロックダウンする都市や州が出はじめた。学校、レストラン、それ以外の店や会社もつぎつぎ閉鎖され、スケートリンクも例外ではなかった。ただ、毎年春と夏はオフシーズンで休養と回復にあてるためにあまり氷上練習はしないので、これは大きな問題ではなかった。例年なら日本とアメリカでアイスショーのツアーがあったが、これらもすべてキャンセルになった。

けっきょくカリフォルニアは厳格なロックダウンに入ることになり、エアビーアンドビーで借りていた一般家庭の家のひと部屋で、のんびり過ごすことになった。食事は自炊だったが、トイレットペーパーなどの日用品は、店の棚が空っぽになっている状況でも心配する必要がなかった。ただ、滞在先の家族のところにかわるがわる親戚が訪ねてきて、彼らから感染してしまうのではないかと少し落ち着かない気持ちになってきた。そのため、ひとりで過ごせるもうひとつの滞在先に移った。

スケートの練習はなかったが、やることはたくさんあった。春休みが終わって授業がオンラインではじまり、学年末までやりとげなければならなかったからだ。ニューヘイブンにいたときのように、目まぐるしいスケジュールをどうにかやりくりしながらではなく、大学の勉強だけに集中できるのはありがたかった。ラフはぼくがカリフォルニアにもどってきているのを知って母に電話をし、リンクは使えないとしてもいつ練習を再開するつもりかと聞いてきた。ぼくは、学年末までは大学の勉強を終えることを優先したいと答えた。

勉強に集中できていたおかげで、もうすぐはじまるつぎのシーズンに向けた練習に、さらにいえばオリンピックにも、新型コロナがどう影響するかを悩みすぎずにすんだ。ロックダウンやほかの混乱状態がどれほどつづくのか誰にもわからなかった。みんなそうだったと思うが、ぼくもこのパンデミックは数週間、長くても数か月で終わるだろうと考えていた。まさかこんなに長く新型コロナとつきあうことになるとは予想もしていなかったし、生活すべてが大きく変わるとは思ってもいなかった。検査、マスク、バブル方式（注：選手と関係者を隔離し、外部と接触させない方式）の大会——これが2022年の北京オリンピックまでつづいたのだから。

ラフは母にぜひカリフォルニアのぼくのもとに来てほしいとうながした。母にぼくを陸上での練習に追いたててほしかったようだ。家族は、母が飛行機に乗るのはリスクが高いと判断した。ぼくもおなじ考えだった。自分でも細心の注意を払い、基本的にはエアビーアンドビーに引きこもって、ウイルスにさらされるリスクを極力下げるようにしていた。

学期が終わるとラフに連絡して、練習にもどれるようになったのでこれからコンディションをととのえたい、と伝えた。1か月も氷に乗っていなかったので、スケーティングの練習をするにはまだ体力がじゅうぶんではないと感じていた。このまま氷上練習に入ったらケガをしてしまいそうだった。ラフは、まずは体力をもどそうといったが、ジムはどこも閉鎖されていた。そこで、ラフのもとでいっしょに練習しているマライア・ベルもふくめた3人であちこちの公園や地元のテニスコートをまわり、屋外で体を動かすことにした。ラフは、スケート以外のスポーツをすることで可動性と柔軟性が上がると考えていた。マライアとぼくはテニスコートのネットをはさんで対戦し、おおいに楽しんだ。また、陸上でジャンプ練習をして、スケート動作に必要な筋肉を鍛えなおした。

ブランドン・サイクルにも連絡してみると、いろいろなめぐりあわせが働いてすべてがうまくいった。ブランドンは、ロックダウンがはじまる直前に拠点のコロラドスプリングスから2週間の予定でガールフレンドのいるロサンゼルスに来ていた。その後、店や施設が閉鎖され移動が制限されると、ボスからはそのままとどまってロスにいるアスリートの仕事をするようにいわれた。そこでブランドンは、ぼくたちが以前レイクウッドのリンクにいたころストレングス&コンディショニングコーチをしていたタイラー・プアから、移動式のトレーニング機器セットを借りてガールフレンドの車のトランクに積み、ぼくたちのところに来てくれることになった。ぼくとマライアは、週に3日ブランドンと公園で待ち合わせて、バーベルやトラップバーやチューブ、ウェイトベストでトレーニングをした。公園で子どもを遊ばせている人たちの目には、トレーニング中のぼくたちはさぞや奇妙に映ったことだろう。

こうした練習を1か月ほどつづけていたが、ようやくグレート・パークがぼくとマライアとラフをふくめた数人にリンクを使う許可を出した。マスクを着用しソーシャルディスタンスを取ることが条件だったが、リンクにもどれるのはうれしかった。数週間後には、利用者の安全を守るという理由で、一度の練習につき4人から5人に限ってリンクが使えるようになった。

スケートの練習を再開

しばらく氷から離れたあとでスケートを再開するのは、単純に最後にやったところからもう一度はじめるというわけにはいかない。スケートをはじめてからの17年間は、休みといっても2、3日だけで、2012年に足首のケガをしたときと2016年に股関節の手術をしたときを除けば、このときが一番氷を離れていた期間が長かった。

以前のように1日に3時間から4時間スケートの練習ができるようになるには、しばらく時間がかかった。はじめは1、2時間が限界だったが、このくらいがスケート向きに体をつくりなおしていくには一番いいやりかたに思えた。ラフとぼくは、この機会にぼくの技術面を一度ゼロにもどして、基礎に取り組むことにした。ジャンプ練習を再開したときには、1日に何回ジャンプを跳んだかきちんと数えて調整する必要があった。頭ではジャンプの跳びかたがわかっているのに、長いあいだ離れていた影響で筋肉の反応が遅くなっていた。ありがたいことに、感覚は思っていたより早くもどってきたが、体が重くて力も入らないというふつうにはない経験をした。いつもなら難なくぱっとできることなのに、何度もくりかえして試さなければいけない。1日の終わりには、それほど多くのことをやっていないにもかかわらず体はくたくたで脚も疲れきっていた。

一番苦しかったのは、4回転をかつてのように取りもどし、さらにプログラムに組みこめるほど確実なものにするまで、毎日こつこつ積みあげていくことだった。実際にできるようになるまで2、3か月はかかったと思う。もう何年もなにも考えず自然に跳べていたのに、一時的にでもそれを失ってもう一度立てなおさなくてはいけないのは、不思議な気持ちだった。

このころには、母はいつものようにネットで部屋探しをはじめて、練習リンクから数キロ離れたところにちょうどよい物件を見つけていた。

新型コロナは、まちがいなく誰の生活にも先の見えない不安をもたらした。アスリートにとってはなんといっても、コロナ禍がはじまった当初に東京オリンピックをめぐって巻きおこった混乱の影響が大きかった。

関係者は、２０２０年７月に予定されていた大会の中止か数か月または1年の延期の可能性について言及していたが、いずれにせよ出場予定のアスリートにとっては大きな試練になることはまちがいないと思われた。ぼくにもおぼえがあるが、アスリートはオリンピックにピークを合わせるために入念に計画をたてて準備をするからだ。この件は2年後の２０２２年に開催される冬季五輪にも影響する可能性があるので、ぼくはニュースを注意深く追っていた。

国際オリンピック委員会が２０２０年3月に東京大会を1年延期すると発表したときは、中止にならなかったことにほんとうにほっとした。「よし、これで希望がつながった。延期ということは、夏の大会からすぐ冬の大会があることになる。東京が無事に開催されたら、ぼくたちの大会もきっと予定どおりに準備が進むはずだ」と思った。

チェコ代表のミハル・ブレジナはそれほど楽観的ではなかった。夏季大会と半年しかあいだがあかないなら、２０２２年の大会は予定どおりには開催されず延期されるのではないかというのだ。ぼくは、ミハルのいうとおりにはならないでほしいと思った。せっかくイェールでの2年間の休学問題がうまくおさまったのに、延期になってけっきょく3年めに一から手続きをしなくてはいけなくなるのはいやだった。北京大会が予定どおりに開催されたら２０２２年の秋にそのまま大学にもどれるが、延期となったらまちがいなく大きな障害になる。

それでも、この件についてはあまり考えすぎないようにした。いずれにせよ自分でコントロールできる問題ではないからだ。

夏がじりじりと過ぎていくあいだに、新型コロナはみるみる世界じゅうを覆いつくしていった。もはや、すぐに以前の生活にもどれる望みはもてそうになかった。つぎのスケートシーズンがパンデミックの影響を受けざるを得ないこともわかってきた。

住む場所が決まったので、母がコロラドからカリフォルニアにもどってきてぼくの引っ越しと片付けを手伝ってくれた。とはいえ、母の安全面がとても心配だったし、絶対に感染してほしくなかった。母が来る日、ぼくはアパートのありとあらゆる場所の表面を4回も除菌剤で拭《ふ》き、外出するときには必ず手袋とマスクをした。当時はまだ、新型コロナはどれほど害があるものかも、症状がどれほどひどくなるのかもよくわかっていなかったので、とにかく不安が大きかった。かかった人はほんとうに具合が悪くなって人工呼吸器が必要になり、亡くなる人も多いということしか知らなかった。ぼくは、できるかぎりは家にいて、知らない人に会うのを避けるようにしていた。ラフとリンク外でなにかするときも、必ず屋外でするようにした。

練習リンクは、入場制限をしたりあらゆるものを消毒殺菌したりと万全の対策を講じていた。また、リンクを使用するスケーターは、毎日施設に入る前に健康チェックの質問に答えて体温測定をしなければならなかったし、施設内、リンク上ではマスク着用が必須だった。

　こうした対策が功を奏して、幸運にもリンクでの感染例はほとんど見られず、ウイルスからはしっかり保護されていると感じることができた。もちろんみんな外食は一切しなかったし、ぼくは屋外での食事に誘われても行かなかった。その結果、ほとんどの時間をアパートの部屋で母と過ごすことになった。この時間は、ぼくの中国語習得の絶好の機会になった。もともと聞き取りと会話は少しだけできたが、せっかくオリンピックが北京で開催されるならもっと中国語に親しんでおいてもいいと考えた。しかも母といういい先生がすぐそばにいるのだ。中国にいる母の兄に現地の小学生が使う教科書と読本を何冊か送ってもらい、かんたんな文を学び語彙《ごい》を増やす教材にした。中国語の文字はとても複雑なので、母がぼくにも読めるように「拼《ピン》音《イン》」と呼ばれる発音表記に書きおこしてくれた。おかげで流暢《りゅうちょう》とはいえないまでも、中国でなにかあっても自分でどうにかできそうだと思えるくらいの中国語は身についた。

　母は、この数か月のあいだに思いがけずふたりで過ごす時間をもてたことを、とても喜んだ。夜には、ぼくの提案でチェスをして楽しむこともあった。チェスは4人の兄と姉のほうが断然強くてぼくはちょっとかじったくらいなのだが、少しは腕を上げたいと思ってがんばった。

　自分のアパートにいないときは、マライアとミハル夫妻とビーチへ行ったり彼らの家で時間を過ごしたりした。知らない人と接することは避けたかったので、ぼくらがいっしょにいる時間は自然と多くなった。ぼくたちはおたがいに、それぞれがきちんと感染対策をして自分たちを危険にさらすことがないよう責任をもって行動をしていると信頼しあっていた。ずっと自分の部屋に閉じこもってばかりもいられないので、安心していっしょに過ごせる相手がいるのはありがたかった。

ミハルとダニエルの夫妻には2月に子どもが生まれていて、ふたりは特に家にウイルスをもち帰って娘に感染させないようにと細心の注意を払っていた。ぼくたちはこの期間を通じていっそう親しくなったが、身近にスケーターがいてオリンピックに向けた練習で感じるプレッシャーやストレスを理解しあえるのは、とりわけこのパンデミック中はありがたいことだった。

すべてが未定のシーズンイン

その時点では、ぼくはシーズンのことはもう考えていなかった。基本的に「シーズン」と呼べるものはなかったからだ。例年なら夏の終わりにかけての時期に唯一開催されるのが〈チャンプス・キャンプ〉だ。参加するのはアメリカ代表チームの選手で、ジャッジやアメリカフィギュアスケート連盟役員からプログラムのフィードバックを受けて新しいシーズンに向けた準備ができているかを確認する。原則として、このチャンプス・キャンプに参加しないとグランプリシリーズには参加できない。

そのシーズンはすべてが未定で不確かだったので、ぼくは連盟のミッチ・モイヤーにチャンプス・キャンプは開催されるのかとたずねた。ミッチの答えは「わからない」だった。最終的に、連盟はチャンプス・キャンプをバーチャル形式で開催すると決定した。選手はプログラムをスマートフォンのカメラで録画し、動画ファイルにして提出する。1回の通し演技であることがわかるよう、録画画面にはタイムスタンプを表示しなければならない。決められた期限までに提出して、ジャッジの評価を受ける。ぼくはショートとフリーの両方のプログラムを出した。演技の方法としてはかなり奇妙な感じがしたが、これが来たるべきシーズンの先触れになるのだろうなと理解した。そして、たとえリモートであっても、自分のスケートに対してなにもフィードバックを得られないよりはずっとましだった。

新しいシーズンがどうなるかは誰にもわからなかったが、ぼくは練習をつづけた。試合があろうがなかろうが、あるいはリアルであろうがオンラインであろうが、準備は必要だ。

パンデミックの恩恵といえることがあるとすれば、練習が股関節と周辺の筋肉に与える負荷をより明確に数値化する測定方法を、ブランドンといっしょに検討する機会が増えたことだ。ブランドンは、メジャーリーグでストレングス&コンディショニングコーチをしている友人の話から、バッターのスイングとピッチャーの投球動作の速度を測るセンサーがあることを知った。そこでフィギュアスケート連盟とアメリカ・オリンピック・パラリンピック委員会に働きかけて、そのシステムを購入する許可を得た。連盟とスポーツ科学者が協同でプログラムを修正し、フィギュアスケーターのジャンプおよびスピンを測定できるバージョンができあがった。

自宅待機期間が明けてリンクにもどってすぐ、ぼくは腰にセンサーをつけて1回の練習でどの程度の「仕事」をしているかデータの収集をはじめた。この方法は、以前にブランドンと考えたやりかたよりずっと量的測定がかんたんで、その分データをより有効活用できた。センサーからぼくのスマートフォンのアプリにデータが送られ、その数値を参考にしながら、股関節のケガを再発させずに最大の効果を得られるジャンプ練習の回数を判定するのだ。このシステムは、コロラドスプリングスのアメリカ・オリンピック・パラリンピック・トレーニングセンターで練習している選手をふくめ、グランプリシリーズに出場するほかのアメリカ代表選手も使っているそうだ。

このころロサンゼルスに拠点を移していたシェイ＝リーンと、新シーズンのプログラムづくりに取りかかった。その年は、ショートプログラムとフリープログラムの両方をシェイに依頼した。このときつくったフィリップ・グラス・メドレーのフリープログラムは、ぼくのお気に入りの作品のひとつだ。グラスのミニマリストの音楽スタイルに創造性を刺激され、氷上でより表現力豊かな動きを生みだすことができたと思っている。

コロナ禍でのスケートアメリカ

２０２０年8月、国際スケート連盟（ＩＳＵ）からその年のグランプリシリーズは予定どおり開催するとの発表があった。ただし、新型コロナをめぐる状況が大きく変動し先行きが不透明なため、実際の開催については各開催国が国内の感染状況に照らして適切かどうかを判断できるとした。グランプリファイナルは、２０２２年の北京オリンピックのテスト大会として、五輪の試合会場となる首都《しゅと》体育館での開催が予定されていたが、こちらもやはり新型コロナを理由に、ＩＳＵがシーズンスタート後に開催の可否を判断するという通知があった。

そのころは多くの国で国境を越える移動にきびしい制限がかけられていたので、6つの大会すべてで開催国外に在住する選手の参加はほぼ不可能だった。そのため、例年のように2大会へのエントリーではなく、多くの選手が自国か近隣国で開催される1大会だけの参加になった。

その後、２０２０年10月には、フランスとカナダのスケート連盟が大会の中止を発表した。これで6大会中、開催されるのは4大会のみとなった。

ぼくは10月に予定されていたスケートアメリカへの参加が決まっていた。新型コロナに対する不安は消えていなかったが、いくつかの理由でこの大会には参加したいと思っていた。グランプリファイナルの開催が保留のままということは、スケートアメリカが今季唯一の試合になる可能性がある。また、オリンピック前年であるこのシーズンのうちに自分の演技の改善点を把握したかったし、五輪に向けての準備とピークづくりのためにもできるかぎり試合に出ておきたかった。ほかにリアルで開催される大会があるかどうかもわからなかったので、この大会にはぜひ参加して経験しておくほうがいいと思ったのだ。大会終了後に団体戦が予定されていることも、つぎの試合がいつになるかわからないなかでは、つづけて試合に出る想定で準備ができるチャンスでもあった。

参加者の安全を確保する対策については、大会主催者であるアメリカフィギュアスケート連盟が出発前からじゅうぶんな案内をしてくれていた。

まず、厳格な検査体制を設ける。参加者は全員出発前にＰＣＲ検査をして陰性証明を提出し、会場到着後に再度検査を受けて、結果が出るまでは部屋で待機する。そして陰性の場合にかぎり部屋を出ることができる。観客は入《い》れず、大会は完全なバブル方式でおこなわれる。すべての大会関係者は定期的に検査を受け、定められた出発日まではバブルの外に出ることはできない。さらに連盟は、大会に関係しない外部の人間との接触を厳格に禁じるルールも定めていた。

ぼくは安心して大会に参加することができた。これなら感染リスクはほとんどないといってよい。観客が入らず、参加者は帰宅後も検査をつづけるのなら、この大会がスーパースプレッダーになる可能性はごく低いと思われた。

パンデミックの状況が変わるにつれて、ぼくの新型コロナに対する不安も変化していった。はじめはこの感染症に関する知識がまったくなかったので、ほかの人たちとおなじようにとにかくこわくて不安だった。たとえば3月にニューヘイブンからカリフォルニアに飛行機でもどるときは、まだアメリカ国内の感染例は数百ほどだったが、ぼくはN95マスクを着用し、もっていたアルコールティッシュで自分の座席の周辺はすべて消毒した。自分を守るための対処法がわかってくると、不安な気持ちもしだいに小さくなっていった。

新型コロナの問題でぼくの個人コンサルタント的存在だったのが姉のジャニスで、いつも頼りにしていた。ジャニスは分子生物学で博士号を取得していて、カリフォルニア大学バークレー校ではノーベル賞受賞者であるジェニファー・ダウドナ教授の研究室に勤務しつつ、教授と共同でバイオテクノロジーの会社であるマムモス・バイオサイエンスを設立している。そのため、新型コロナに関してなにかわからないことがあったときには、いつもジャニスにメールで質問していた。ジャニスからは、身を守るためにはマスクが最善の対策だと教えこまれた。そして流行の早い段階から、N95マスクの着用をすすめられていた。ジャニスのおかげでウイルスへの対処法について自分でコントロールできることはきちんと理解できていたので、未知のものに振りまわされて消耗せずにすんだ。

２０２０年秋、隔離状態がはじまっておよそ7か月後にスケートアメリカが開催され、ぼくは試合に参加できる機会を心からありがたいと感じていた。全米選手権があるのか、ほかのグランプリシリーズの大会が開催されるのかもわからないし、ぼくが試合に出るのは２０２０年1月の全米選手権以来で、ラフもこの大会に強い期待を寄せていた。

大会は、アメリカフィギュアスケート連盟がさまざまな工夫をこらして参加者を守る安全対策をとったうえではじまった。コロナ禍で参加した大会はこのときが最初で、すべてが初めての経験だったが、まったく気にならなかった。ホテルは決められた経路でしか出入りができず、大会関係者以外の利用者とは完全に分離されていた。ぼくたちの使う出入口は直接アリーナに通じていて、このシステムのおかげでバブル方式は最大限守られることになっていた。

一番奇妙に感じたのは、試合なのに観客がいないことだった。正面にジャッジ席があることを除けば、練習と似た感覚で滑れるのはある意味よかったともいえる。観客席にはほかのカテゴリに出場する選手たちの姿があったが、すわることが許されるのは上階のスイートルームだけだったので、リンクに近い下の階の席には誰もいなかった。通常の試合とはすべてがまったくちがった環境だった。

バックステージから会場のリンクに入ると、座席に顔が並んでいるのが見えて一瞬混乱してしまった。ぼくが観客だと勘ちがいしたのは、厚紙を切りぬいた応援パネルだった。あとで知ったのだが、これは世界じゅうのスケートファンからアメリカフィギュアスケート連盟メモリアルファンドに寄せられた寄付で設置されたものだった。メモリアルファンドは1961年にアメリカ代表チームが飛行機事故で亡くなった悲劇を受けて設立された基金で、才能ある若い選手に奨学金を支給するなどの活動をおこなっている。ぼく自身、メモリアルファンドの支援を受けたおかげで競技生活をつづけてこられた。

試合の雰囲気を感じるうえで観客の存在はとても大きい。実際の演技中は観客の声がすべて聞こえているわけではないが、エネルギーは感じられるし、大勢の観客を前にするとアドレナリンがわいてくる。一番ちがいを感じたのは、技を決めたときの雰囲気だった。ジャンプに成功しても、観客席が歓声にわくことはなく、しんと静まりかえったままなのだ。録音された歓声を流す演出がなされていたのだが、それも演技終了時だけだった。そのときはとても奇妙に感じたのに、それからの2年ですっかり「ふつう」のことになってしまった。

テストイベントのように感じる大会ではあっても、満足できる点数を得るためにせいいっぱいの演技をしたいという自分自身に対するプレッシャーはあった。長く試合をしていなかったので、まるで体にクモの巣がかかっていて、それをひとつひとつ取りはらっていくような感覚だった。試合当日の朝の20分間練習でやるべきこと、試合がはじまり滑走順グループでの6分間練習でやるべきことを、順を追って計算しながら準備を進めるのだが、あまりにもひさしぶりですべてが初めての経験に思えた。でも、いったん流れに入ってしまうと、自転車に乗るのとおなじで自然とやるべきことがわかった。ほんの少し錆《さ》びついた感じはあったけれど。

ショートプログラムは悪くなかった。コンビネーションジャンプは4回転トウループ―3回転トウループ、単独ジャンプは4回転フリップを着氷した。でもフリープログラムでは、思っていたより不安定になってしまった。4回転は3回成功したがサルコウが2回転になり、トリプルアクセルはパンクした。でも、この試合のあとの団体戦で滑ったフリープログラムで4回転ループに成功したことはとてもうれしかった。

全体的には、良かった点も悪かった点も、自分で思いえがいていたとおりの演技になった。理想とするトップレベルの演技に合わせた準備はできていなかったが、この状況下で練習を積んできた基本的なスケーティングスキル、ジャンプのタイミング、ジャンプのパターンには、まちがいなく成果が表れつつあったと思う。

スタミナと力強さという点では、安定して質の高い演技ができるまでにはまだまだで、さらに練習を積む必要があった。とはいえ、例年より長いオフシーズンを過ごしたことを思えば仕方のないことでもあった。振りかえってみると、２０２２年の冬季五輪を1年半後にひかえたシーズン初戦としては、かなりリラックスした状態で迎えることができたと思う。新型コロナがなかったとしたら、こうはいかなかったはずだ。ふつうに考えれば、五輪前年のシーズンには基礎を集中して見直す時間的余裕はない。できるだけ新しいことはやらずに今できることに磨きをかけ、五輪で完璧なパフォーマンスができるようにすることが目的になる。

ところが、2020～21シーズンに入る前は、かなり長い期間氷から離れている時間があった。そのおかげで、ストレスを感じたり時間に追いたてられたりもせず、余裕をもって一歩引き、新しいことを概念化したり学んだりすることができた。これは、長い目で見てぼくのスケーティングにもよい影響をもたらす、刺激的で楽しい勉強の機会になった。

パンデミックはたしかに試合にまつわる物事を大きく変えたが、もっとひどい事態になっていた可能性があったこともよくわかっていたし、アスリートとしては感謝でいっぱいだった。特にぼく自身は、とても恵まれていたと思う。友だちも家族もみんな無事で、誰も体調を崩さず、病院に行くこともなく、救急医療にかかることも集中治療室に入ることもなかったし、仕事を失うようなこともなかった。ニュースで見聞きするように多くの人がパンデミックで困難に直面していることを思えば、自分は不平をいえる立場ではない。練習できるくらい健康だし、試合にも参加できるのだ。自分が幸運であることには、感謝の気持ちしかなかった。

スケートアメリカの大会中は、試合以外にも心配事があった。同時期に、カリフォルニア州一帯に火事が広まっていたのだ。その年は森林火災の件数が過去最悪を記録していた。大会中、ぼくたちの練習リンクがあるオレンジ・カウンティ近郊でも大きな火災が複数発生し、何十エーカーにもわたって被害が広がっていた。試合が進むにつれて、ぼくもおなじリンクから来ているスケーターたちも、試合のゆくえ以上に、家は無事だろうか、大会を途中で切りあげて帰宅し、荷物を運び出して避難すべきだろうかという心配で、頭がいっぱいになっていった。

火事はどんどん拡大して、ついにぼくのアパートでも住人に避難命令が出された。大会終了時も解除されていなかったので、ぼくとマライアとアイスダンス選手のケイトリン・ホワイエクは、大会翌日の夜はサンディエゴに1泊せざるを得なかった。ぼくは兄のトニーの家でソファを借りて眠り、翌日車で帰宅した。幸運にもぼくたちのアパートは火の手を免れて、数日間煙の害に悩まされはしたものの、大きな被害を受けずにすんだ。

全米選手権と世界選手権を制する

2020年12月に北京での開催が予定されていたグランプリファイナルは、ISUが最終的に中止の決定をした。これで3月末にスウェーデンのストックホルムで開催される世界選手権の前に参加できる大会は、1月の全米選手権の1回だけになった。

全米選手権ではよい演技ができて、すぐに3月末の世界選手権に照準を合わせた練習に入った。ラフとぼくは、そのときどきの対戦相手に応じてジャンプ構成を決めることが多い。ラフは世界選手権では、4回転フリップ―3回転トウループのコンビネーションジャンプをショートプログラムの後半に組みこんで、構成の難度を上げるべきだと主張した。前のシーズンは、後半のコンビネーションをよりかんたんな4回転トウループ―3回転トウループにしていたからだ。大会数自体が少なく、また実際にどの大会が開催されるかが不透明ななかで、試合ごとにゆっくりジャンプ構成の難度を積みあげていく方法は取れなかった。ラフとぼくは、北京五輪に向けて調子をあげるためにも、試合に勝てるだけのレベルをきっちり保っておくことが重要だと感じていた。この構成は、ぼくの力を試し五輪に向けた準備にもなるとラフが計算したうえで、必要だと決めたリスクだった。

ストックホルム世界選手権では、力強いフリープログラムを滑ることができた。ラフはのちに、北京に向けた試合でぼくが見せた演技のうち、このときが一番よかったと振りかえっている。ぼくとラフは夏のあいだ、ジャンプをできるだけ力みなく安定したものにするため、跳びかたに自由度を増やして流れをつくる練習を集中して積んでいた。ラフがいうには、このフリープログラムの演技はまさにその練習の賜物《たまもの》だった。とはいえ、試合はけっして楽なスタートを切ったわけではない。ショートプログラムでは冒頭の4回転ルッツで転倒し、羽生結弦と、彼のチームメイトの鍵山優真《かぎやまゆうま》――まちがいなく五輪メダル候補となる才能あふれる若い選手だ――に次ぐ、3位に終わったのだ。おそらくぼくには、ふたたび世界選手権で戦う緊張を振りはらうための時間が必要だったのだと思う。

ショートプログラムで見せてしまった演技には自分でも動揺し、平昌五輪でのショートプログラムのあとと似たような気持ちになった。そしてフリーの前には、やはりあのときとおなじ、失うものはなにもないという思いになった。もうプレッシャーを感じることもなく、ふだん以上に冷静で落ち着いていた。そして集中力を高め、5本の4回転を成功させることができた。

ラフはぼくが失敗から立ちあがり、優勝したことを誇りに思うといってくれて、ぼくも自分自身が誇らしかった。ぼくはふつう、自分の演技を見返すのは課題を克服してつぎにつなげる方法を見つけたいと思うときだけなのだが、このときのフリープログラムだけは、なにも気にせずただ満足した気持ちで見返したくなる、数少ない演技のひとつだ。

世界選手権でぼくたち選手が挑んだのは、よい演技をすることだけではなかった。パンデミックはシーズンを通して試合とぼくたちの練習に影を落としつづけ、ぼくのように幸運にも感染を免れた選手もいたが、なかには罹患《りかん》してしまった選手もいた。もし感染していたら練習にどんな影響があったかが知りたくて、彼らにどのくらい苦しかったか、回復後すぐに体力がもどったかなどについてたずねてみた。みんな口をそろえて、新型コロナはほんとうに厄介で、練習を休まざるを得なかったといった。何人かは、回復後数週間、数か月たっても倦怠《けんたい》感やスタミナ不足に悩まされているといっていた。

そのころ新型コロナにかかった選手はほとんど、症状が重いといわれるデルタ変異株の感染だった。ワクチン接種が進みつつあって重症者の数は減っていたし、ワクチンによる免疫効果も持続しているはずだったが、それでも感染してしまえば数日間は動けないし、その後も練習にマイナスの影響が出ることは避けられない。罹患した選手の多くは、練習にもどったあともしばらくは呼吸が苦しかったといっていて、ぼくにはそれが心配でたまらなかった。

その後少しして、オミクロン株がデルタ株にとってかわった。オミクロン株は伝播《でんぱ》性が高く、より感染しやすい。ただ万が一かかっても症状はさほど深刻になりにくく、特にワクチンを接種していればリスクはより低くなる。そのころには、逆に、大会での検査が精緻化され、自覚症状がまったくないのに陽性と判定されて試合に出られなくなることが心配になってきた。そんなことになったら悪夢だ。北京五輪に向けて最大限の準備をするためにも、可能なかぎり試合には出ておきたかった。検査で陽性結果が出て、大会に行けなくなり、試合に参加できなくなったらと思うだけでこわくなった。それですべての準備が無駄になってしまうのだ。試合に出られないなら、なんのためにここまでやってきたというのか?

自分を守るためにできることはすべてやった。ワクチンも接種対象になった2021年4月にすぐに打った。母とぼくは、ロサンゼルス・カウンティが設置した屋外接種会場でほぼ同時期に接種をすませた。これで少し心の平穏を得ることができたが、それからもマスクの着用は

つづけて人との接触もできるかぎり避けるようにしていた。

２０２１年7月から8月にかけて東京で開催された夏季五輪の状況は、高い関心をもって見まもっていた。ここで起きたことはなんであれ、すべて北京五輪の指標になるはずだ。東京五輪は、パンデミック以後に世界中からアスリートとメディアが集結する最初の大規模な国際スポーツイベントだったため、見ていて神経をすり減らす思いだった。どうかここで感染爆発が起きたりしないでほしい、五輪が感染拡大の原因となるようなことにならないでほしいと祈るような気持ちだった。そんなことになったら、わずか6か月後に開催される北京大会にも影響が出ることは避けられない。最悪の場合は中止に追いこまれる可能性もある。

東京オリンピック・パラリンピックの組織委員会が採用する検査や出場停止の基準が北京大会の運営にとっての先例になるだろうこともわかっていたので、無事に出場できるまでにはどんな障害があり得るかをイメージする助けにもなると思った。幸いにも、日本の組織委員会がとてもよい仕事をして、定期的に検査をおこない関係者全員のセミバブル方式を守ったおかげで、期間中に東京大会に関連する感染が大きく広がることはなかった。

最終的には、北京大会は無事に開催されるだろうかという不安はもちながらも、これは自分がコントロールできる問題ではないのだと受けいれた。ぼくにできることは、すべてが予定どおりにおこなわれるという想定で集中を切らさず、練習をつづけることだけだった。

第7章

支えてくれる人たち

一个篱笆三个桩，一个好汉三个帮

壁には支えが3本必要　勇者には支えが3人必要

揺らいだ母との関係

緊張感とプレッシャーの高まるオリンピックシーズンを終えると、必ずその爪あとが残る。自分だけでなく、近い人たちにもだ。ぼくの場合は、平昌五輪後に母との関係が揺らいだ。スケート人生を通じて母との関係はつねに変化してきたが、イェール大学に入学して2年間過ごしたあとは、特に大きく変わった。母がいなければ、ぼくはけっしてオリンピック選手になれなかった。でも、緊密で濃い人間関係はみんなそうだと思うけれど、ぼくと母の関係も山あり谷ありだった。

うちの母のように、親が子どものトレーニングに全面的にかかわるのは、あまり一般的ではないだろう。なかには、ああ、典型的な中国人の「タイガー・マザー」（注：『タイガー・マザー』エイミー・チュア著　齋藤孝訳　朝日出版社）だな。子どもの意思に関係なく、とにかくお尻をたたいてやらせるんだろう、と思う人もいるかもしれない。たしかにそういう一面もある。母はいつも、ぼくたちきょうだいが目いっぱい努力することを望んでいる。でもぼくらの望みを無視したことはない。母がぼくたちの尻をたたくのは、努力の成果を享受してほしいと願っているからだ。母の望みは最初から、ぼくらが今もっているものを大切にして、与えられた機会を最大限に生かすこと。だからレッスンを受けるならしっかり学んで、それに費やす時間と努力を無駄にしないようにと教える。

母は、ぼくらがおもしろいと思わなかったり、夢中になれなかったりする活動にむりやり参加させることはけっしてない。でもいったんなにかをやると決めたら、選択肢はただひとつ。そのことに全力投球して、どんな困難に出会っても、乗りこえる努力をしなくてはならない。母はいつもこういっていた。「試合前にくやしい思いをして泣くほうが、試合後にくやしい思いをして泣くよりましでしょ」。そういわれるとなんとなく笑ってしまうのだが、実際に役に立つ言葉でもある。この言葉のおかげで、ぼくは、練習というものはいつも思いどおりにいくわけではないと知ったし、練習の成果を手にし、困難に立ちむかうことで強くなれば、たいへんな思いをしたのにも意味があったと感じられて、つらさもやわらぐということがわかった。

先日ぼくは、ピクサーの映画『私《わたし》ときどきレッサーパンダ』を見た。アジア人の親が子どもにかける期待をえがいた物語なのだが、ああ、そうそう、と思えるシーンがたくさんあって笑ってしまった。移民一世の子ども世代なら、共感する人が多いのではないだろうか。うちの両親は、子どもたちのためにとても多くの犠牲を払い、たいへんな苦労をしてきた。だから子どもにはっぱをかけるのは――ときにやりすぎだと思えるほど口うるさくても――すべて子どものためを思ってのことだ。それが、夕食後のフルーツとおなじくアジア人の親の愛情表現なのだ（ちなみに夕食後にフルーツを切って出してくれるのもアジアの習慣で、ぼくはとても気に入っている。食事のしめくくりとして最高なので、ぜひ試してみてほしい）。親たちは、自分が英語が話せないせいで、あるいは好機を得られなかったせいで味わった苦労を、子どもたちにはしてほしくないと思っている。子どもたちには、好きなことをとことん追求し、努力して夢をかなえてほしいと願っているのだ。

母の子育て法が、軋轢《あつれき》を生んだこともあった。ぼくが小さいとき、積極的に口を出す母のスタイルは、リンクでは歓迎されなかった。リンクの運営側はつぎつぎに新しい規則をつくって、はじめは母がぼくに指導することを禁じ、しまいにはリンクのなかでぼくに話しかけることを一切禁止した。でも、そのせいで母の指導熱はさらに高まった。否定的な見かたをはねかえすには、これまで以上に努力を重ねていっそううまくなるのが一番だと信じているからだ。

大人になった今、母がどれだけ自分のことをあきらめ、どれだけたいへんな思いをして、ぼくたちきょうだい全員にあれだけの機会を与えてくれたかがよくわかるようになった。子どものころぼくらは、やってみたいことがあるのに手が届かなくてあきらめるという経験はしたことがなかった。たとえば姉たちがダンスが習いたいといえば、母はなにかの奨学制度を見つけてきたり、授業料のために追加の仕事をはじめたりした。ぼくのスケート教室だってそうだ。母に尻をたたかれて練習にはげみ、トレーニングやレッスンや宿題で日々のスケジュールが埋めつくされるようになると、もうこれ以上は無理だと感じることもあった。そこで、経験を積むにつれて、ぼくは自分のスケートと生活のことをもっと自分で決めたいと思うようになった。それまでは母が、ぼくに必要な役割を完璧に果たしてくれていた。事実上のコーチとして、日々の練習のこまごましたことをすべて管理し、指示してくれていたのだ。けれど特にイェール大学に進学してからは、ぼくもそれなりの経験を積んで、自分のスケジュールとトレーニングを自分で管理できると感じるようになった。

たしかにぼくは人生経験も浅いし、がまんが足りないところもある。完全に自分の好きなようにやっていたら、ぼくのスケートがどうなっていたか、わかったものではない。ただ、母はものすごく思いやりのある人ではあるものの、とにかく練習が物をいうと信じていて、すべきことがあるなら、ほかのことは一切関係ないという考えだった。しかもぼくがうまくできることは、すでに身についていることだから取りたててほめたりせず、伸び代のあるところだけ注意するという方針だ。だからぼくは、スケートをはじめてかなり長いあいだ、自分はへたなのだと思っていたし、そのせいでときには挫折《ざせつ》感を味わうこともあった。

母が事実上ぼくのヘッドコーチになったのは、母が自分で望んだからというだけでなく、必要にせまられたからでもあった。ラフはぼくに自立するよう望んでいたが、それは一朝一夕に成しとげられるものではなく、達成するまで何年もかかった。その間《かん》、ぼくのトレーニングを見るためにまた別の人に加わってもらうよりは、すでにコーチ役を果たしていた母に、そのまま務めてもらうほうが都合がよかったのだ。母はかつてのコーチだったステファニーやカレルやジェーニャとのレッスンのときも、注意点をつぶさにききとり、ぼくがレッスン以外で氷に乗るときにはコーチ役を務めてくれていた。だから正式にはラフがぼくのヘッドコーチだが、母もヘッドコーチのようなものだと思っていた。

母は、細かいスケート技術は抜きにして、ぼくの練習計画を立て、日々のメニューをつくってくれた。母がコーチを務めることは、文書になっていたわけではないし、正式に就任したわけでもない。でも、以前からずっとそういう形になっていた。

レイクアローヘッドに越して、母とふたりで小さな山小屋に住んでいたころ、母はホワイトボードにぼくが日々こなした練習と、跳んだジャンプの種類や本数を書きこみ、ぼくのスケート向上のためのメニューを考えてくれていた。もっと小さいときには、ぼくはひたすら母とコーチにいわれたとおりのことをしていた。母がコーチ役をするのは、ぜんぜんいやではなかったし、ときにすごくきびしく指導されても平気だった。母は大人だから、なにが一番ためになるかをわかっているだろうし、指導されたとおりにするのがぼくの役目だと思っていたからだ。それにぼくは、自分がお尻をたたかれないとだめだと思っていた。なにかしら生活に規律をもたらしてくれる人がいないと、必要なだけのトレーニングが積めずに終わると思っていたのだ。

スケートをはじめてからかなり長いあいだ、ぼくが自信をもてるか否かは、母が自信をもっているかどうかにかかっていた。そして母が自信をもてるのは、ぼくがたっぷり練習を積んだときだけだった。母には信念があって、それは試合でなにが起ころうとも——たとえばぼくが緊張していたり、ちょっとしたケガで痛みを抱えていたりしても——たっぷり練習を積んでいれば、体がひとりでに動いて、筋肉の記憶で乗りきることができるというものだった。母にとっては練習、それもはげしい練習をこなすことがすべてだった。

けれどぼくも成長とともに、スケートの経験を積みかさねていくようになった。それは母には体験できないことだ。運動競技は、すべてを燃やしつくす活動だ。だからリンクの外でまではげしい鍛錬をつづけていたら、身も心もくたくたになってしまう。うちの母には、目標に到達するためならどんな苦難にも耐え、なにがあろうと立ちどまらないという強い精神力がある。もしかするとそれは、移民として見知らぬ新しい国にやってきて、一から生活を築きあげた経験によってつちかわれたものなのかもしれない。でもぼくは、母のように常時フル回転で事に当たる必要性は、必ずしも感じなかった。リンクでミスをくりかえしたり、練習がうまくいかなかったりしたとき、家に帰ってまでその話をされるとほんとうにぐったりする。もちろんそれは仕方のないことで、母はコーチたちとちがって、リンクではスケートの話ができないから、家で話すだけなのだが。

親子の関係、そしてコーチとスケーターの関係。そのふたつはまったく別のものだ。母とぼくのようにそれが重なってしまうと、舵取りがとてもむずかしくなる。

イェール大学で2年間、大学の授業とスケートのバランスを取りながら過ごしてみた結果、どういう配分でトレーニングをするのが自分にとって一番いいか、だいぶわかってきた。つねに全力で練習するのは必ずしもよくない。それに股関節の問題があるから、ぼくは練習の強度に以前より細かく気をつけるようになり、試合までの日数によって練習量を調節するようになっていた。

ぼくも母も目的地はおなじだった。ぼくがしっかり準備をして、試合で最高のパフォーマンスをすることだ。ただそこへ行きつくための経路が、母とぼくでは大きくちがっていた。母は、滑っていないときもふくめてぼくの行動のすべてが、なにかしらトレーニングのためになるものでなくてはならないと考えていた。でもぼくは、リンクで最大限に効率よく練習するには、スケートから離れて息抜きをする時間が必要だと気付きはじめていた。

母の考えの出どころはわかっていた。母はトップアスリートの伝記やトレーニング方法のテキストを読むのが大好きなのだ。スポーツの種目は関係ない。野球、バスケ、水泳、ゴルフ、フットボール、ホッケー、なんでもござれ。チームを優勝に導いた監督の手記まで読んでいる。それらの本から母が導きだした結論はただひとつ。うまくなるにはさまざまなことをがまんして、練習あるのみ。チャンピオンになるには、ライバルよりもたくさん、きびしい練習をするしかない。母とは、ぼくのやる気について――というかやる気のなさを母が感じている点について――ずいぶん時間をかけて話し合った。ぼくはスケートとそれ以外の生活のバランスを取る必要性を感じていた。でも母は、スケート以外の生活でがまんを重ねなくては、チャンピオンになれないと考えていた。もちろん正解はないが、母もぼくも妥協点を探す必要があることはわかっていた。

ぼくは、いいパフォーマンスをするためには気分転換をし、エネルギーを満タンにして、楽しい気持ちでリンクに行く必要があると感じていた。試合に向けて練習し、準備する自分の能力は信じている。試合の何週間か前になったら、ぐっと集中力を高めていくのだ。逆にシーズン中ずっと全力で練習しつづけたら、燃えつきてしまう。

一方、母の考えはこうだ。ぼくの過去の経験からして、いつでも予想外のことが起こり得る。ケガをしたり病気になったり、またはスケート靴に問題が生じたりして、練習ができなくなり、休養を余儀なくされるようなことがある。だから練習できるときは、毎日、一分一秒も無駄にせず、全力で臨まなくてはいけない。そうすればたとえ休養を余儀なくされることがあっても、準備万全でいられるはずだ。

ぼくと母は何度も何度も話し合いを重ねて練習方針をすりあわせ、妥協点を探った。最終的に決めたのはこうだ。試合まで間がある長い練習期間には、ぼくが責任をもって日々の練習をこなし、母はリンクに来ない。そうすることでぼくは自分の心と体と相談しながら、ジャンプを何本跳ぶか、プログラムの通し練習を何回やるかを決めることができる。そして試合が近くなったら母にリンクに来てもらい、演技のなかで磨きをかけなくてはならない箇所の感想を聞いたりして、質を高めるのを手伝ってもらう。

この歩み寄りは最高だった。このやりかたなら、ぼくもある程度自分で練習して自信をつけることができるし、母が練習を逐一チェックしているわけではないから、家でまで細かい話をしなくてすむ。

とはいえ、ここに到達するまでは長い道のりで、ときにはかなりはげしいやりとりもした。ぼくが門限を過ぎて帰宅したり、リンクに行く時間が数分遅れたり、少しのあいだスケートを休んだりすると、母とけんかになる。母にとっては規律がなによりも大切で、北京に向けてぼくの練習の手伝いをするうえでも、規律が一番の鍵だと考えていた。規律なくして成功などおぼつかないというのが母の考えだった。それもリンクの上だけではない。疲労回復や栄養の摂りかたにもおなじくらい全力で取り組まなければ納得しないのだ。

ぼくも基本的には母の考えに賛成だったが、実際にそれをつづけていくのは無理だった。それに母との関係がスケート一色になってしまったこともつらくて、ときにはただの母親と息子にもどりたいと思うこともあった。以前はそんなふうに過ごしたこともある。ハイキングに行ったり、テニスをしたり、バスケをしたり（母はリバウンダー）、フットボールを投げあったり（母はけっこう強烈な回転のかかったボールを投げる）、スケート以外の話をしたり。そういう時間は楽しかった。でも会話が練習のことにもどると、ぼくはまたいらいらしてしまう。日中リンクで過ごしたあと、家ではなにか別の話をしたかった。母が翌日、あるいはそのあともずっと、ぼくにいい練習をしてほしいと思っていたことはよくわかる。でも、毎日家でスケートの話をつづける気にはなれなかった。

　誤解しないでほしいが、母はぼくのスケートの向上をおおいに助けてくれた。目がいいので、ぼくが失敗したところや、悪い癖になりかけているところを見きわめることができる。ただ、ぼくは、母が望むような徹底した規律をつねに保ちつづけることができなかったのだ。

　しまいにはぼくも、家族との関係もふくめた自分の生活のすべてが、スケートと密接にかかわっていて、切りはなせないということを受けいれられるようになった。母がぼくのトレーニングコーチとしてめちゃくちゃ有能なこともわかっていた。母がいなければ、ぼくは自分のミスのビデオを何時間も見て修正をはかり、試合ごとにうまくなることなんか、できなかっただろう。母がいなければ、毎日の練習が完璧ではなくてもやがて調子は上向くから、それまでぐっと耐えるのだということも学べなかっただろう。そして母がいなければ、ぼくは、もうこれ以上無理だと思ったとき、最後のひと押しをするだけの向上心をもてなかっただろう。練習はきびしいものだし、母親と練習するのはさらにきびしいものだ。そしてぼくも母もかなりの時間をかけて、それぞれの限界を知るにいたった。

メンタル面の強化をはかる

母がぼくのなかにある闘争心を育ててくれたおかげで、ぼくは恐怖心を乗りこえ、のちに五輪で優勝できるまでになった。もうひとり、ぼくの「金メダル以外は意味がない」という思いこみを乗りこえるために力を貸してくれたのが、シェイ＝リーン・ボーンだ。もちろんぼくは全力で金メダルをめざして練習していたが、平昌を体験したあとは、もう少し物事を幅広い視点でとらえるようになって、たとえ金メダルが取れなくてもこの世の終わりではないし、敗北がぼくという人間のすべてにもならないと気付くことができた。オリンピックは目標であると同時に、長い旅路であるということもわかってきた。だからこんどは、そこへたどり着くまでの過程もしっかり味わいたい。

シェイからは、オリンピックに出る機会をもらったことに感謝して、そのありがたみをじっくり味わいなさい、とアドバイスをもらった。平昌のときのように、オリンピックを緊張するもの、恐ろしいものと考えるより、そのほうがいいと。たしかにオリンピックでは、期待もプレッシャーも大きくなる。でもとてつもなくすばらしい経験でもあって、ぼくは幸運にもそれにあずかることができたのだ。

シェイはまた、アリーナではゆっくりと天井のライトを見あげてごらん、スタンドの座席の色を心にとめたり、氷に手をふれてその感触を味わったりするのもいいよ、というアドバイスもくれた。そして恐れたり後悔したりするのではなく、感謝の念に気持ちを向けるということをとにかく強調した。振付や練習がうまくいかなくてぼくがへこんでいると、シェイはひと息つかせてくれる。文字どおり呼吸法の訓練を施してくれる。そうすると、ぼくはもやもやが晴れ、氷に乗る感触や、エッジで氷を押してぐいぐい進む感触が心から好きだということをあらためて実感する。

感謝の念に目を向けたおかげもあって、北京五輪では平昌とはまったくちがう体験をすることができた。そういう気のもちようが身につくにはだいぶ時間がかかったけれど、1年たつごとになじんでいった。そして、北京へ向けてトレーニングするにあたって、ぼくはもうひとり重要な人物にサポートチームに加わってもらった。当時、ぼくの準備に欠けていた部分を埋めてくれる人だ。ぼくはメンタル面の強化に乗りだすことにしたのだ。

それまでのスケート人生で、ぼくはアスリートにとってのメンタルヘルスの重要性をあまり重視してこなかった。というか、無視してきた。それはぼくにとって、最も改善の余地がある分野だったのだ。ぼくは、トップレベルのパフォーマンスをするには、体調をととのえ肉体的な鍛錬を積むことがすべてだという偏った考えを長年抱いていた。だから方向転換をするのは容易ではなかった。アメリカフィギュアスケート連盟は、毎年、シーズンがはじまる前、連盟に登録しているすべての選手にスポーツサイコロジスト（スポーツ心理士）を紹介し、精神的な状態をチェックしてもらって、問題があればそれを明確にするという活動をしている。たしかこのシステムは、ぼくがかなり小さいころはじまったと記憶している。

当時は、スポーツサイコロジストが競技上の問題について助言してくれるという意味が、ちゃんとわかっていなかった。カウンセリングも毎年お決まりのものだと思っていたし、おもに人間関係の問題をあつかっているんだろうと思っていた。だから、それがなぜスケートのためになるのか、まったくわかっていなかった。

国際試合に出るようになってから、ぼくは何度かこういうカウンセリングを受けた。2017年には母に手伝ってもらって、ほかのフィギュアスケーターと重ならないスポーツサイコロジストを探した。ほかのトップアスリートもサイコロジストをつけているという話をきいたからだ。面談でその女性サイコロジストは、試合前の緊張について話をし、ぼくに、試合のことで不安はありますかとたずねた。ぼくは、「あります」といって説明したけれど、そういう不安感は誰にでもあるものだと思っていたから、優れた人ではあったものの、一度面談しただけで終わってしまった。

平昌五輪に向けてトレーニングしているときでさえも、オリンピックのようなイベントに向けて精神面の準備をととのえるうえで、スポーツサイコロジストの支援を受けることが大切だとは気付いていなかった。自分のことはほかの誰よりも自分が一番よくわかっているから、自分でなんとかしようと思っていた。こう考えるにいたったのには、ほかにも理由がある。五輪出場経験のあるおおぜいのスケート選手に話を聞いてみたものの、彼らの経験やアドバイスを必ずしもぼくの具体的な状況に結びつけて考えることができなかったのだ。だからぼくは、自分のオリンピックに対する思いはほかの誰にも理解できないし、ぼくの感じているプレッシャーや日々の練習でのくやしさなども、言葉でまとめられるはずがない。自分でなんとかするしかないのだと思いこんでしまった。

日々の忙しさに流されていたところもあったかもしれない。当然のことながら、いつも試合前に一番プレッシャーを感じていたが、試合というものはあっという間に終わってしまう。試合の最中はアドレナリンが急上昇してプレッシャーを感じていても、試合が終われば不安は消える。だから瞬間的には、わらにもすがりたい気持ちになっても、試合が終わればすぐに「自分の力だけでなんとかしのぎきった。これ以上サポートはいらない」と思ってしまうのだ。こんな感じかたをしていたのは、うんと小さいころから試合に出ていて、プレッシャーの問題と本格的に取り組んだことがなかったせいもあるのかもしれない。ぼくのなかでは、自分がどういう演技をするかということだけが重要だった。そしてずっと長いこと、いい演技の成否は、身体的にどれだけ準備ができているかにのみかかっていると思っていた。

こういう考えかたが平昌での失敗につながった。オリンピックのように巨大で、はげしく感情をゆさぶられるイベントをひとりで切りぬけようとするのはまちがっていたのだ。

それでも平昌後もまだ、メンタルトレーニングは独学でできると思っていた。ほかのアスリートから話を聞いたり、本を読んだりして、マインドフルネスの呼吸法や、不安を感じたときに集中しなおす方法など、いくつかのテクニックを自分で学んだ。そして2021年のストックホルム世界選手権で試してみたものの、少しも気分はよくならなかった。やはりプロの助けが必要だ。ぼくはようやく支援を受けいれる気になった。

北京五輪の前にメンタルトレーナーをつけたい。もう一度五輪に出場するチャンスをもらえるなら、ありとあらゆる手をつくして準備をととのえたい。とはいえ、スケートのコーチと同様、ぼくが心を許せる最適な人を見つけることがなによりも重要だ。

すると2021年の春、ストックホルム世界選手権の直後に、エージェントのユキがドクター・エリック・ポタラットはどうかと提案してくれた。ドクター・ポタラットは、現在、メジャーリーグのロサンゼルス・ドジャースで、メンタル面の評価と強化を担当する部門の部長を務めている。エリックは20年間服務したアメリカ海軍で、特殊部隊シールズ（ＳＥＡＬｓ）の主任精神科医を務めた。

退役後、２０１９年には女子サッカー米国代表チームのスポーツサイコロジストを務めた。ワールドカップで優勝した年だ。軍務経験のせいかもしれないが、最初に話をしたとき、方法論がとても系統立って、きちんとしていることが気に入った。彼は、オリンピック選手、ワールドカップ優勝チーム、ワールドシリーズのチャンピオンなど世界有数のアスリートたちと仕事をしてきた。ぼくのめざす目標にもぴったりだ。エリックのカウンセリングを受けるようになって1年たつが、実はまだ直接の対面を果たしていない。これまでのセッションはすべてズームか電話だったからだ。

最初のセッションはわずか20分ほどだった。ぼくは来たるべきオリンピックシーズンの目標と、平昌五輪のときの心理状態を説明し、当時目の前に立ちはだかっていた心理的ハードルを乗りこえたいという希望を伝えた。さらにマインドフルネスを試してみたもののあまりうまくいかなかったことも説明した。するとエリックは、こんな趣旨のことをいった。「保証しますよ。オリンピックがせまってくるころには、必要なときにいい演技ができると確信できるようになります」。この自信に満ちた言葉は、とても新鮮だった。ぼくはすぐに気に入った。

つぎのセッションでは、これまでの経歴についてたずねられた。そしてぼくのほうは、エリックがどういう方法でどの程度助けてくれそうか、見きわめようとしていた。

エリックのくれた質問票は、メンタルをととのえる技法のうち、ぼくがすでに活用しているものと、これから上達すべきものについて掘りさげる内容だった。たとえば試合前にストレスを軽減する方法があるか、練習中の体の状態はどう感じているか、練習中はどの程度自信を感じているか、氷に乗る前の心構えはどうか、試合の際どの程度自信を感じているか、などなど。ビジュアライゼーション（注：イメージトレーニング）が得意かどうかもきかれた（当時はできなかった）し、感情を制御することに長けているかどうかもきかれた（これも当時はあまり上手ではなかった）。

こういう質問を通じてエリックは、ぼくのプロファイルを作成し、練習中に用いるメンタルスキルと試合の際に用いるメンタルスキルを整理していった。それによって、すでにうまくできていることは活用し、改善の余地がある部分については新しい技法を導入するというわけだ。

簡潔に要点を話してくれるエリックのスタイルはとても気に入った。ぼくは、試合で感じるストレスやプレッシャーに対処できるようなメンタルトレーニングの方法を探していたわけで、エリックはまさにそれを提供してくれたのだ。彼はいつも一歩先を考えていて、ぼくの具体的な問題に対処できる技法をきっちり準備してくれた。たとえば練習がうまくいかないときに、くやしくてもやもやした気持ちを乗りこえる方法、試合で自信のないエレメンツがある際におちいりがちな悲観のスパイラルから自分で抜け出す方法など。セッションではスライドを使って説明し、最後に課題を出してくれる。まさに心のトレーニングのようで、ブランドン・サイクルとラフが体のトレーニングをしてくれているのと本質的には変わらない。

実際、エリックのやりかたと、ラフやブランドンのやりかたには共通点が多く、そのおかげで対話が充実したものに感じられたのだと思う。セッションの冒頭には、トレーニング内外での精神状態、そのほかの心配ごとなどについてたずねられるが、大半の時間は、精神面の強度を増すためにぼくが身につけたほうがいい具体的な課題やテクニックについて話し合った。不安を制御し、試合のプレッシャーに押しつぶされないようにするという目標も明確だった。

北京五輪シーズンに突入する直前の夏、エリックと何度かセッションを重ねてみて、ぼくは、平昌五輪に向かう前、いかにメンタル面の準備が不足していたかをあらためて痛感した。それまではこの分野のトレーニングなど考えたこともなかったので、それが自分に欠けているという認識もなかったのだ。

メンタル面をととのえる3つのスキル

エリックとのセッションには決まったスケジュールがあったわけではなく、ぼくが必要性を感じたときに話すようにしていた。エリックは2、3週間おきにメッセージをくれて、そろそろセッションが必要か、提案したスキルを試してうまくいかないところはあったかと聞いてくれる。夏のあいだ、ぼくはエリックに教わった3つのスキルを練習していた。これらのスキルには北京五輪の期間中、おおいにお世話になった。

ひとつめはポジティブな言葉で自分に語りかけること——つまり、正しい言葉を見つけて自信を高めることだ。どういう言葉が適切かは、人によってちがう。ぼくの場合は、これまできざんできた一歩一歩、これまでしてきた失敗のひとつひとつが、すべて学びの一過程だと自分にいいきかせることだった。

以前は、ジャンプで転倒したり、パンクしたりすると、「こんなことじゃだめだ。このジャンプが跳べていないじゃないか」と自分に語りかけていた。ネガティブな言葉を使っていたのだ。するとそのネガティブな気持ちが自分に還《かえ》ってきて、さらなる不満を生み、自信喪失につながる。ぼくは練習で調子が悪いと、「あのジャンプはだめだった」「あのスピンはへたくそだ」というネガティブな思考で頭を満たしがちだった。でもエリックにポジティブな言葉を使うことを教わって、そうした負のスパイラルにおちいらないようになった。たとえばジャンプがうまくいかないときは、「もっとテクニックを向上させよう」と自分に話しかける。すると、どこをどう調整すればこのジャンプをきちんとおりられるのかと、より冷静に分析するようになる。

ポジティブな言葉で自分に語りかけるもうひとつの方法は、「物事を反対側から見る」というものだ。これは特に、試合中にミスをしたり、ミスを恐れて不安になったりしたときに重宝する。ぼくの場合は、失敗したらどうしようという気持ちを引きずるのではなく、これまで問題のジャンプをきれいにおりたり、プログラムをノーミスで滑りおえたりしたときのことに気持ちを集中するよう訓練した。「前にできたのだから、またできる」と自分にいいきかせることが大切だ。

エリックが大切だと強調したふたつめのスキルは、「場面ごとに、適切な心構えをもつ」ということだ。氷の上にいるときは、アスリートの心構えをもつ。でも、その際の強烈なやる気や規律正しさは、氷を離れて家族や友人と過ごすときには、必ずしも適切ではないと認識する。心構えというものは、自分の果たす役割と深く結びついている。人生で、あるいは1日のなかで、自分の果たす役割が移りかわるたびに、心構えも切りかえていかなくてはならない。

これは、五輪前に自分で自分に期待をかけ、そのせいでプレッシャーを感じるという状況を乗りきるうえで、特に効果があった。平昌のときは、自分や家族、フィギュアスケートのファン、そして一般の人たちからの期待を不健全な形で背負《しょ》いこんでしまった。「オリンピックのフィギュアスケーター、「ネイサン・チェン」であろうとすることを一瞬たりともやめず、その心構えから切りかえるということをしなかった。それで最後にはつぶれてしまった。

体操のシモーネ・バイルズ選手が、多大な期待を背負いながらも、東京オリンピックを棄権するという勇気ある決断を下したと聞いたとき、ぼくは彼女が感じていた困難に共感するところが大きかった。彼女の感じていたプレッシャーは、ぼくが体験したものよりはるかに大きかったと思うが、メディアや一般の人たちがアスリートをスーパーマンのように見なしがちで、ふつうの人間のような感情を抱いたりプレッシャーを感じたりしないと思いこんでいるというのは、とても思いあたる節があった。だから、自分でも感じていたけれどうまく言葉にできなかったことを、はっきり表明してくれる人がいてうれしかったし、それをやってのけたシモーネに、とても感銘を受けた。

メンタルヘルスをめぐる考えかたは変わりつつある。シモーネのようなアスリートが、自分の苦しみを語ってくれたことで、ぼくは、エリックの協力をあおぐことは、オリンピックのような一大イベントに臨むうえで絶対に必要なことだし、必要とされるべきだという認識をさらに強めた。

３つめのスキルはビジュアライゼーションで、これは北京にいるあいだ最もひんぱんに利用した。エリックがぼくのために練ってくれた戦略のなかでも、大きなものだった。ぼくは以前にもビジュアライゼーションを試したことがあるが、そのたびにどうしても、ころんだり、ミスをしたり、ジャンプがパンクしたりという悲しい場面ばかり思いえがいていた。でもエリックは、1日に数回きちんと時間を取って、ビジュアライゼーションの練習をしなさいとくりかえしいい、正しいビジュアライゼーションの方法をたたきこんでくれた。手でふれられるほど細かいところまで思いうかべることによって、体をどう導けばいいかを心に教えこむのだ。このトレーニングは夜にやるといいと教わった。記憶は、夜、眠っているあいだに形成される。だから眠る直前にプログラムをノーミスで演じるところを思いうかべなさい、そうすれば翌日、そういうふうに演じるよう思い出すことができるから、と。

はじめはなかなかうまくいかなかった。それでも1日に何度か、数分の時間を見つけて――歯を磨いているときや、散歩に出かけたとき、ちょっと休憩しているときなど――ビジュアライゼーションをするようになった。できるかぎり細かいところまで思いえがくこと、というのがエリックからの指示だ。だからただジャンプを思いうかべるだけでなく、氷にトウをついて跳びあがる際の音や、空気のにおい、回転するとき口に流れこむ空気の感触、指先の感覚、空中で回転するとき肌に衣装がまとわりつく感触まで思いおこすようにした。単にジャンプのテクニックを反芻《はんすう》するだけでなく、きわめて感触を重視したビジュアライゼーションだ。

こうすることによって、プログラムをノーミスで演じる体験そのものを味わい、それを脳と体にきざみつけることができる。エリックは、心と体にこういうつながりをつけておけば、たとえ平昌のときのように緊張と不安にさいなまれても、いい演技の感覚と筋肉記憶を、試合で呼びさますことができると考えていた。

北京にいるあいだじゅう、ぼくはビジュアライゼーションを積極的にトレーニングに取りいれた。首都体育館のメインリンクで練習があるときは、必ず氷に乗る前にリンクサイドに立ち、ジャンプを跳ぶ場所を確認して、正確にその場所でそれぞれのエレメンツをこなす自分の姿をありありと思いうかべた。自分が演技するさまを心の目でくりかえし見れば見るほど、必要なときにそれを実際にこなせるようになる。試合の日が来るまでは毎日1時間おきぐらいに、ちょっと腰をおろしては毎回ちがうエレメンツを思いうかべる時間を取った。完璧な4回転ルッツを数回、4回転サルコウとトリプルアクセルも何回か。1回1回はごく短いエクササイズだったが、滑っていないときは定期的にやるようにしていた。

とはいえ、このシーズン、五輪に向かっていく試合をこなすなかで、メンタルトレーニングのテクニックすべてがうまくはまったわけではない。たとえばぼくの場合、試合直前に呼吸法で気持ちを落ち着けるテクニックはあまり効果がなかった。グランプリシリーズの最初の試合で試してみたものの、効果がないどころか逆にいらいらしてしまった。

でも試合の前夜にうまく眠れないときには、呼吸法も効果があった。その際には〈Ｃａｌｍ

〈Calm（カーム）〉や〈Headspace（ヘッドスペース）〉といったアプリを使ってエクササイズをおこなった。

こうして振りかえってみると、試合のためにメンタル面を強化する材料は、ずっと身近なところにあった。でも、自分でそれを利用する心構えができていなかった。ようやくその気になって取りいれてみたら、効果絶大だったのだ。

第8章

別の道筋をたどって

条条大路通罗马

すべての道はローマに通ず

音楽好きの少年

フィギュアスケートに音楽は欠かせない。スケートを通じてぼくはさまざまな人物像を演じ、ときには自分でも気付かなかったみずからの新たな一面を表現することもあった。音楽はそのための入口だ。

ぼくは昔から音楽が好きだった。物心がつく前からかもしれない。最初の楽器は、1歳半のときトイザらスで釘付けになったおもちゃのピアノだった。母によると、幼児のころ、ぼくはうちにあったアップライトピアノの前にすわってでたらめに鍵盤《けんばん》をたたいていた。当時、姉たちがピアノのレッスンを受けていたので、まねをして弾こうとしたのだろう。でも、そのうちかんしゃくを起こして泣きだした。母が、なにをそんなに怒っているのと聞くと、ぼくは「ジングルベルが弾きたいのにピアノがちゃんと弾いてくれない」とうったえたそうだ。自分にその力がなかったくせに、ピアノに八つ当たりしていたのだ。それでぼくも、レッスンを受けさせてもらうことになった。

ピアノのレッスンはすごく楽しかった。でも小さいときに音楽をはじめた子どもにありがちなように、やっぱり練習は面倒くさかった。家で、ぼくがピアノを、兄のコリンがチェロを練習していると、たまに母がぼくたちを置いて買い物に出かけることがあった。母が出かけたとたん、ぼくたちは練習をやめて別のことをはじめる。でも窓の外にはずっと目を光らせていて、母の車がもどってくると、ぼくはピアノの前に駆けもどり、コリンはまたチェロの練習をはじめる。いっしょに演奏したこともある。コリンがチェロのリサイタルをひらいたときには、ピアノの伴奏が必要だったので、母に頼まれてぼくが伴奏した。とても楽しい思い出だ。

ピアノのレッスンは6年ほどつづけ、新しい曲を練習するのがいつも楽しかった。当時はかなり真剣に取り組んでいて、地区のピアノコンクールに出場して優勝したこともある。けれどリンクで過ごす時間が増えるにつれて、ピアノを練習する時間が削られ、しだいにピアノは趣味になっていった。

ユタとカリフォルニアを行ったり来たりするようになると、ピアノの練習をつづけられるように、母が電子キーボードを買ってくれた。でも12歳でカリフォルニアに引っ越すと、レイクアローヘッドの小さな山小屋にはアップライトピアノを置く場所がなかったので、しばらくピアノにはさわれなかった。それでもなにかアコースティックな楽器を演奏したいという気持ちをもちつづけていたら、母がバイオリンをすすめてくれた。試合で州外に遠征することも増えていたので、バイオリンならもちはこびに便利だというのだ。バイオリンも、姉たちが弾くところを見ていたので、すぐにおぼえられそうな気がした。母は週に一度、レイクアローヘッドから車で1時間ぐらいのところまでレッスンに連れていってくれた。ところがぼくは2014年に右手を骨折し、バイオリンの練習ができなくなってしまった。だからバイオリンは、早々にあきらめることになった。

それでもやっぱりなにか、もちはこびできる楽器を演奏したかったので、こんどはコリンが弾いていたギターに挑戦してみた。これが当たりだった。ぼくはギターが気に入って今でも弾く。はじめはかんたんだったので、すぐに夢中になった。進歩も早く、やさしい曲なら弾けるようになった。むずかしいことをするようになると、こんどはユーチューブで弾きかたをおぼえた。ピアノとちがって、ギターはきちんとしたレッスンを受けたことがないし、定期的に練習するものでもないけれど、楽しくて気持ちがほぐれるのがいい。ギターを弾いているときは時間がたつのが早い。新しい曲を練習していると、1時間ぐらいあっという間だ。

特に試合のときは、ギターを弾いているとスケートのことを考えずにいられる。ぼくは試合が近づくと、音楽で気をまぎらわせるようになるので、ギターを弾く度合いもぐっと増える。イェールではピアノもそこそこ弾いていた。まわりに人がおおぜいいるときは恥ずかしくてあまり弾かないけれど、3月の春休みのときは、世界選手権の準備のためニューへイブンのキャンパスに残っていたので、試合に出発する前の週ぐらいにはキャンパスが空っぽになり、音楽室にも人がいなくなった。だから思う存分ピアノが弾けてとても楽しかった。

北京五輪の1年前にはエレキギターを手に入れて弾きかたをおぼえた。試合にはだいたいギターをもっていくので、北京にはこのエレキギターと小さなアンプをもっていって、息抜きにビートルズなどを弾いていた。

五輪シーズンのプログラムを振り付ける

2021~22年のオリンピックシーズンを前に、ぼくはシェイ＝リーン・ボーンにショート、フリー両方の振付を依頼した。ショートは2018年の「ネメシス」のような曲がいいと伝えてあった。平昌ではうまく滑ることができなかったものの、あの曲のもつエネルギーは好きだし、ベンジャミン・クレメンタインの唯一無二のボーカルとメロディも気に入っていた。ぼくは何度も使われた定番の曲で滑るのがあまり好きではない。曲に入りこめるかどうかも、とても大切だ。そして、なにか印象的でエネルギーにあふれた曲を探していた。オリンピックではそういう曲が必要だと思ったからだ。

シェイはつぎからつぎへと曲を聴かせてくれたが、どれも今ひとつピンと来なかった。ぼくが「ネメシス」を気に入っているので、クレメンタインのほかの曲も提案してくれたが、それもぴったり来ない。ぼくが求めているようなエネルギーを感じる曲がなかなか見つからない。

でもクレメンタインでひとつおもしろい曲があった。「エターニティ」だ。ただ、ぼくがショートプログラムに求めているものより、少しテンポが遅く、重苦しい。そこで試しにリンクで「ネメシス」をかけてみると、コーチたち全員が、ぱっと顔を上げた。やはりテンポが速くて、ピアノとパーカッションがからっとしたビートを奏でる「ネメシス」のほうが、深みのある「エターニティ」よりもショートプログラムに向いている気がする。

熟考の末、シェイとラフとぼくはふたつの曲を組み合わせることにした。まずは「エターニティ」ではじめ、じょじょにテンポを上げて後半は「ネメシス」につなげる。もちろん「ネメシス」にまつわるいやな記憶――平昌での2度のひどい演技――のことも意識した。でも「ネメシス」に移るころにはジャンプは終わっていて、あとはステップとスピンだけだから、いやな思い出があっても関係ないだろう。できあがったプログラムはとても気に入って、ジャンプ構成も考えた。4回転ルッツではじめて、つぎにトリプルアクセル、そして後半に4回転フリップ―3回転トウループのコンビネーション。この最後のジャンプは1・1倍のボーナスもつくので大切だ。

フリープログラムはクラシックを使うことにして、モーツァルトのピアノ協奏曲と「レクイエム」のメドレーを滑ることにした。モーツァルトは子どものころから滑ってみたいと思っていたが、なかなか機会がなかった。この選曲はぼくにぴったりで、シェイも、曲の盛りあがりを生かしたすばらしい振付をしてくれた。

ふだんのシーズンなら、ぼくはたいてい10月はじめのジャパンオープンで新プログラムを初披露する。ところが２０２１年はコロナ禍のせいで、ジャパンオープンの主催者は海外スケーターを招待することができなかった。だからショート、フリーとも、お披露目は五輪シーズン最初の公式戦で、グランプリシリーズ初戦でもある10月下旬のスケートアメリカということになってしまった。

スケートアメリカで目が覚める

スケートのプログラムというものは、練習で滑るのと試合で滑るのとでは感触がまったくちがう。ショート、フリーともに、つくるのも練習で滑るのも楽しかったが、スケートアメリカで滑ってみると、特にショートはあまりプログラムに入りこめなかった。ぼくは4回転ルッツで転倒し、後半の4回転フリップではステップアウトして、コンビネーションの3回転トウループをつけられなかった。試合で滑ってみると、なぜかジャンプの流れが感じられない。べつに「ネメシス」のせいで平昌を思い出したというわけではなく、全体としてプログラムに乗っていけなかった。演技そのものも少し単調だったし、ジャンプやスピンのエレメンツのあいだにひと息入れる暇もなかった。だからはじめから終わりまで必死に動きまわっているのに、実際にはたいして成果があがらないという感じだった。相性が悪いのかなんなのか、とにかくこのプログラムを試合で使うのにはためらいが生じた。

フリーでも4回転がふたつ抜けて2回転になってしまうミスをおかしたが、こちらは、プログラムとしては気に入っていた。試合は、五輪でチームメイトになるヴィンセント・ジョウがすばらしい演技をして優勝し、ぼくは日本の宇野昌磨に次いで3位になった。たしかにスケートアメリカでは練習不足がいなめず、もう少し準備できたはずだという悔いも残ったが、この試合のおかげで完全に目が覚めた。

試合後、姉のアリス、ジャニスと、ジャニスの夫でいっしょに試合を見にきてくれたオレステスが、ぼくと母に合流して話し合いをした。ぼくは、母と考えをすりあわせておきたかった。ぼくたち5人はアリスのホテルの部屋に集まり、オリンピック前の最も重要な話し合いをはじめた。議題は、オリンピックシーズンをひかえたぼくの考えと、母に協力してもらうための方法だ。母は、ぼくがアスリートとしての責任を果たしておらず、自分に対する規律も揺らいでいるといった。ぼくは同意し、これからはもっと責任をもって練習するつもりだし、ちがうやりかたも試してみたいと話した。そして、ぼくがどの程度ひとりでトレーニングをすべきか、母がどういう形でかかわるのがいいかを話し合った。共通の目標に到達するため、それぞれの役割を明確にしていくのだ。

アリスとジャニスがいてくれたのは、とてもありがたかった。ぼくと母には、カリフォルニアで暮らしていたときに表面化した方針のちがいがある。姉たちはそれをうまく取りなしてくれた。ふたりは、ぼくと母がおたがいの話をさえぎらないよう気をつけ、ぼくたちがなにもかもすっかり話して、誤解を残したりいわずじまいになったりすることがないよう気を配ってくれた。最終的にはこういう結論が出た。ぼくはもっと責任をもって練習に取り組み、日々の練習メニューを記録して報告する。そうすることで、ぼくと母は週に一度話し合えばよくなり、四六時中スケートのことばかり考えるという状況からは解放される。母は試合の2、3週間前から補助に入るが、トレーニングのメニューはぼくが自分で考える。自信をつけるためにもそれは必要なことだ。

話し合いを終えたあと、ぼくは、やはり上に立って引っぱってくれる人が必要だと思った。母とラフとぼくというチームのなかの風通しももっとよくしたい。そこで翌朝、ラフにカフェで会いたいとお願いした。そのときまで、ぼくたち3人は間接的にしかやりとりをしてこなかった。でもそれではきちんとした話し合いができず、あまり役に立たない。ぼくはみんなでチームの一員として手をたずさえ、来たるべきオリンピックの旅路へ乗りだしていきたいのだ。

そこでまずはふたりに、自分が時として子どもっぽい、傲慢《ごうまん》なふるまいをしたり、自分ひとりでなんとかやっていけると考えたりしていたことをわびた。そしてラフの指導に耳をかたむけなかったことがあったと認め、家族の話し合いの結果、母は毎日リンクへは来ないと決めたこと、その分、ぼくはグランプリファイナルにそなえてつぎの5週間のうち3週間は、ラフとふたりでトレーニングしたいということを伝えた。

ラフにどんな練習が必要かとたずねると、ラフは、前年のオフシーズンにジャンプの技術を磨くことに集中してトレーニングした時期があったが、成長するためにはあれが欠かせないからもう一度やりたいといった。たしかにこれまでプログラムの練習に集中しすぎて、ラフにスケーティングの技術面を集中的に見てもらうことをおろそかにしていた。ぼくはラフと、次週10月末のスケートカナダからもどったら、3週間はラフの指導のもとで技術面を磨くことを申し合わせた。そのあとはまた12月の第2週に予定されているグランプリファイナルのために、プログラムの通し練習にもどる。それからぼくはふたりにいった。この船の船長はぼくだ。シーズンを通して、ぼくにもっと責任ある行動を取ってほしいとか、目標からそれないためにこうしたほうがいいと思うことがあったらなんでもいってほしい、と。

のちにラフは、ぼくからカフェでのミーティングに呼ばれたとき、今シーズンはうまくいくと確信したといった。ぼくがこのミーティングを招集したのは、ついに自分のスケートを手中におさめたしるしだと思ったのだそうだ。ラフは、ぼくがコーチをお願いしてからずっとそれを望んでいた。

母もぼくの考えに賛同してくれた。ラフはときどき母に電話して、トレーニングの進み具合を報告した。リンクに来て練習を見てくださいと声もかけてくれたけれど、母はことわった。うまくいっているとわかっていたので、ぜひそのままラフにトレーニングを進めてほしいということだった。

こうしてスケートアメリカを契機に、チームの風通しはぐっとよくなった。と同時に、もうひとつ急浮上した問題があった。

プログラム変更？

スケートアメリカのショートプログラムでひどい演技をしたあと、ぼくはアリスとジャニスに感想を聞いてみた。ふたりとも「ネメシス」にはあまりにもいろいろな思い出がまとわりついているから、たとえプログラムの一部とはいえ、それをもう一度使うのはどうなんだろうという意見だった。ぼくもどちらかというとおなじように感じていた。そこで翌週のスケートカナダが終わったら、ラフに、ショートプログラムはしっくりこないから変更したいと伝えることにした。

はじめラフは慎重な姿勢で、「今から完全に新しいプログラムをつくる時間はないぞ」といった。まったくそのとおりだ。でも過去のプログラムで、再演してもいいものを考えてみてはどうかともいってくれた。そこでぼくは「ラ・ボエーム」をあげた。新型コロナのパンデミックで世界選手権が中止になり、途中で終了してしまった2019～20年シーズンに使っていたプログラムだ。シェイが振り付けてくれたものでとても気に入っていたし、2019年のグランプリファイナルではパーソナルベストのスコアも記録した。でも2020年の世界選手権はコロナ禍で中止になってしまったため、そこで滑ることはかなわなかった。

ラフはぼくの思いを受けとめてこういってくれた。「自分のいいほうに決めればいい。大切なのは自分の仕事をすることだ。きみの仕事は、ジャンプを決めて、ノーミスで滑り、しっかり演じることだよ。滑っていて楽しいと思えるプログラムがあるならそれがいいじゃないか。自分が楽しめるものを優先しなさい」。あとになってラフは、ぼくがまたシャルル・アズナブールで滑るといいなと思っていたと教えてくれた。アズナブールはラフとおなじでアルメニアにルーツがある。だからぼくが「ラ・ボエーム」をやることにしたのを、とても喜んでくれた。

そんなわけでスケートアメリカのあと、ぼくはとりあえずショートプログラムを「ラ・ボエーム」にもどす腹づもりにして、フリープログラムはモーツァルトでいこうと思っていた。ただ、翌週のスケートカナダまでは練習日が2日ぐらいしか取れなかったので、カナダでは「エターニティ」とモーツァルトを滑って優勝した。スケートアメリカよりはよかったし、特にショートはずっとましだったが、それでもやはり今ひとつしっくりこないものを感じた。だからショートを変更するという意志は、はっきり固まった。

選手生活を通じて、ぼくはアメリカフィギュアスケート連盟の役員の何人かと、いい関係を築いてきた。特にティナ（クリスティナ）・ランドグレンは頼れる人で、シーズン中、プログラムを進化させていくにあたって、いつも彼女にフィードバックをもらうことにしていた。

スケートカナダを終えてもどってきたとき、ぼくはティナとズームで話をした。２週連続で新プログラムを演じたので、それに対する彼女や、ジャッジや、ほかの役員の感想を聞いてみたかった。特にどこをブラッシュアップして精度を高めれば、演技構成点が伸びるかという点に興味があった。ところがズームで顔を合わせたら、ティナがのっけから深刻な顔をしている。はじめ、理由がわからなかった。ショートプログラムを変更するという話はまだ誰にもしていなかったので、なにをいいだすのかと少しこわくなった。

「ちょっと耳の痛い話かもしれないけど……」

ティナは口を切った。

ぼくはすぐに言葉をはさんだ。

「ショートプログラムのことですか？　それならぼくも気になってるから」

「ううん。ショートプログラムはわりと評判がいいのよ。フリーのほう」

聞いてみると、連盟のほとんどの人たちがモーツァルトを気に入っていないという。以前にぼくが滑ったプログラムに比べて印象が薄いというのだ。ティナは、最終盤にならないとエネルギーが高まらないという構成を気にしているし、連盟の人たちも五輪用のプログラムらしいインパクトを感じなかったという。要するに、北京にもっていくのにふさわしいプログラムだとは思えないというのだ。

ぼくは驚いた。シーズンがはじまってしばらくたってからそんな感想を聞くとは思っていなかった。全米選手権——五輪出場権がかかる最も大切な試合——まであと2か月しかないというのに。

同時に少し腹立たしくもあった。「エターニティ」とモーツァルトは、シーズンがはじまる前にチャンプス・キャンプで滑っていて、そのときはなにも否定的な感想をもらわなかった。でもやはり練習やキャンプで滑るのは、たとえ試合形式であっても、本物の試合で滑るのとはちがうのだろう。

モーツァルトに対する反応にも驚いたが、さらに驚いたことに、ティナは「ロケットマン」に変更したらどうかと提案してきた。「ロケットマン」は生命力とエネルギーにあふれた、ほかに類を見ないプログラムだという。さらに彼女はこうつづけた。

「『ロケットマン』なら、多少ジャンプにミスが出ても、最後まで元気よく滑ることができて、エネルギーを感じさせてくれるはず。はじめからぐんぐん盛りあがるし、最後にはあなたの特長を存分に生かしたコレオシークエンスが組みこまれている。あれならジャッジにも、そしてわずかばかりの観客にも強烈な印象を残せるはずだし、新型コロナ対策で空席に近い状態になるはずのアリーナにも活気をもたらせるでしょう。一方モーツァルトは淡々としたペースをきざんでいくので、ひとつふたつジャンプを失敗したら、ぜんぶが崩れてしまう危険性がある……」

最後にティナは、ぼくがどういう結論を出しても支持するといってくれた。モーツァルトをつらぬくなら、レポート用紙3枚分のコメントを用意してほかのジャッジを説得するけれど、まずはコーチや振付師と話をして、どうするか決めてほしいと。ティナとは以前にもこういうやりとりをしたことがあったので、ぼくは彼女の提案を真剣に受けとめて、チームにもちかえることにした。

「ロケットマン」復活

全米選手権まであまり間がないなかで両方のプログラムを変えるとなると、だいぶあわただしいが、少しほっとしている部分もあった。「ロケットマン」は「ラ・ボエーム」とおなじ年のプログラムだ。だからやはりパンデミックのせいで、世界選手権で滑ることができなかった。

まずはシェイと話をした。「エターニティ」もモーツァルトも、シェイが振り付けてくれたプログラムだ。シェイは、あなたが自分で決めるべきだといった。審判団の意見はもちろん尊重すべきだけれど、結論を出すのは彼らではなくあなただと。たしかにそのとおりだと思った。シェイとの振付に臨んだのはぼくだ。ショートとフリー、ふたつのプログラムをつくることで、あれこれ試し、学びを得て、成長した。特にモーツァルトのほうは、まちがいなくぼくの新しい一面を引き出している。ぼくのスケートの成熟と深みを体現してくれるプログラムだ。シェイはぼくがどんな結論を出しても支持してくれるといったけれど、同時に、過去のプログラムにもどるのは創造性が停滞するようにも感じるとのことだった。

シェイの言い分もわかるし、そのとおりだと思った。けれど現実的に考えると、プログラムをつくる重要な目的のひとつは、ジャッジからいい点数をもらうことだ。ぼくが採点するのではなく、ジャッジがぼくを採点するのだ。そしてプログラムの採点をする訓練を受けた人たちが、モーツァルトはあまり受けがよくないかもしれないといっている。

むずかしい判断だった。ぼくは誰の気持ちも傷つけたくなかった。モーツァルトをやめれば、きっとシェイはがっかりするだろう。でもモーツァルトのままでいったら、「ロケットマン」ほどの評価はもらえないかもしれない。それでは最終的に自分のためにならない。ただ、それとは別に、「ロケットマン」を振り付けてくれたマリー＝フランス・デュブレイユはモントリオールにいて、プログラムの手直しのためカナダまでいく時間はないし、また新型コロナに感染するリスクも冒したくない。一方シェイはカリフォルニアのアーバインにいるから、モーツァルトをブラッシュアップしようと思えば、向こう数週間のあいだにいくらでもできる。

ラフに相談すると「ロケットマン」をもう一度聴いてみようといわれた。

「古びてしまったとか、時代遅れだと感じたらモーツァルトのままでいこう。だが今聴いてもおもしろい、滑っていて楽しいと思えたら、変更を考えよう」

そこで「ロケットマン」をリンクで流し、ぼくはおぼえている振付を入れて滑ってみた。やはりこの曲は、今も新鮮で、エネルギッシュで、若々しい。ぼくはもう一度ティナに電話して、『ロケットマン』に変更したほうがいいという件ですが、それでいってみようと思います」と伝えた。すると電話の向こうから「よかったあぁぁ！」という喜びの声が聞こえた。ついでにショートプログラムも「ラ・ボエーム」にもどすということも伝えた。

変更を決めて「古い新プログラム」を滑りはじめると、なにもかもがカチッとはまった。

「ロケットマン」は、しっくりと体になじむ感触がある。これをもう一度自分のものにするのは新たなモチベーションにもなったし、シーズン後半を乗りきる原動力にもなった。あまり時間がないのが心配ではあったが、やってやろうと、さらに意欲が高まった。

　このふたつのプログラムの衣装は、以前もベラ・ウォンにお願いしていた。そこで、「ラ・ボエーム」と「ロケットマン」にもどすことにしたと伝えると、ベラは、2019年の衣装ではなく新シーズン用に新しくしたほうがいいといって、時間がせまっているにもかかわらず、新たなデザインを考えてくれた。ぼくは、「ラ・ボエーム」には少しフォーマルな、スーツのようなものがいいのではないかと思った。でもベラは、スーツだとほかの選手と重なるかもしれないし、あまり新鮮味がないといって、いつものすっきりしたスタイルを保ちつつ、襟だけを別の素材で縫いつけるのはどうだろうと提案してくれた。うまくまとめるのがむずかしいデザインだが、ベラはぴったりの素材を探してきて、上手にデザインしてくれた。おかげでアズナブールの歌の雰囲気によく合い、同時にぼくが楽にジャンプをこなせる衣装ができあがった。

「ロケットマン」のほうは、以前の衣装で用いた「あざやかな色」という基本テーマを保ったまま、ベラがさまざまなデザインを提案してくれて、そこからふたりが気に入ったものにしぼっていった。そのなかのひとつがオレンジと黒の地に、あざやかな緑のロケット噴射炎がえがかれたものだ。炎は一番目を引く位置にあり、木星の大赤斑《だいせきはん》も想起させる。この衣装は全米選手権で着た。でもオリンピックにはもう少し抑えめのものがほしいというと、ベラは新たに銀河をモチーフにしたオレンジ色ベースの衣装をつくってくれて、こちらを北京で着用した。

この両プログラムを２０２１年12月に大阪でおこなわれるグランプリファイナルで演じるのをとても楽しみにしていたのだが、新型コロナのせいで中止になってしまった。この試合は、北京の審判団と似たような構成の海外ジャッジの前で演じる絶好の機会だったので、ここで滑ればどの程度点が出るか、感触がつかめるのではないかと思っていた。グランプリファイナルがなくなったので、けっきょく、北京五輪前にこのふたつのプログラムを滑る唯一の機会は、２０２２年１月の全米選手権ということになってしまった。

ジャンプ構成の相談相手は父

ここで父のことにもふれておきたい。母とちがって父は毎日リンクに練習を見にくるわけではなかったが、家にいながらにしてよき相談相手になってくれた。特にジャンプ構成に迷っているときは、父に相談するとデータをはじきだしてくれる。たとえば10通りの構成案を送ればそれぞれの基礎点を計算してくれるし、平均的なＧＯＥ（出来映え点）を加味して、技術点全体も計算してくれる。さらにＧＯＥが満点だった場合の技術点も計算する。それらをライバル選手たちが過去の試合で出したスコアと比較したり、彼らが跳んできそうなジャンプにもとづいて計算したスコアと比較したりする。こうすることによって、トップに立つにはどれくらい難度の高いプログラムが必要かがわかるのだ。そんなわけで、母と父とラフとぼくが考えたジャンプ構成は、北京でライバルを押さえて勝つにはこれだけの構成が必要だと4人が納得したものだった。

ジャンプ構成が固まると、全米選手権の2、3週間前に、シェイに「ラ・ボエーム」のブラッシュアップをしてもらい、新しいジャンプ構成に合わせて少しだけ振付を手直ししてもらった。でも「ロケットマン」を振り付けてくれたマリー＝フランス・デュブレイユとのブラッシュアップは、もっと厄介だった。一度はズームでやってみた。リンクにｉＰａｄを設置し、ぼくがフリーを滑ってマリーに見てもらう。前回このプログラムをやったときとはジャンプ構成が変わっているので、練習中の新しいものも入れながら滑る。けれどそれをリモートでやるのはなかなかむずかしかったので、ぼくはマリーに、誰か別の人に仕上げをしてもらってもいいかと許可を求めた。マリーは事情をよく理解して、いいといってくれた。

２０１６年にミシガン州のマリナ・ズエワのもとで練習していたとき、チームにいた別のコーチで、やはり元アイスダンサーのマッシモ・スカリに指導してもらったことがある。その彼が今は北カリフォルニアにいてフリーだと聞いたので、２０２１年11月に連絡を取って、試合直前だけど振付の細かい手直しをしてもらえないかとお願いした。マッシモは喜んで時間をさいてくれて、けっきょくぼくらは、マリーの最初の振付からジャンプ構成もトランジション（技と技のつなぎ）も変更した。今にして思えば、グランプリファイナルが中止になったのは幸いだった。おかげでじっくり時間をかけてプログラムの特色を引き出すことができたし、手や腕の動きにも磨きをかけて、音楽を楽しみながら踊ることができるようになった。マッシモに来てもらった最初の週などは、ジャンプの練習すらせず、ひたすらほかの要素に集中していた。「ラ・ボエーム」と「ロケットマン」を滑るにつれ、「どちらもほんとうにいいプログラムだな」という思いが強くなった。シーズン当初はこれほどの楽しさを味わっていなかったので、やはりプログラムを変更してよかったと実感した。

そしてティナのいったとおり、「ロケットマン」のほうがモーツァルトより断然エネルギッシュだ。「ロケットマン」の曲かけをしてみて、そのことをすぐに思いしらされた。モーツァルトでは、シェイとぼくで細心の注意を払ってプログラムを構成し、効率よく体力を使えるようにした。でも「ロケットマン」は、ほぼ全曲を通してエネルギー全開だ。だから3分の1ぐらいをこなしたところでもう息があがってしまう。ここでマッシモが、息をつく箇所をいくつかつくってくれたのが、とても助けになった。あとは自分で体調をととのえ、しっかりトレーニングして、4分10秒のプログラムのあいだずっと力強く滑れるようにするしかない。

トレーニングを工夫する

このころぼくは、スタミナをつけるためのトレーニングも新しいやりかたを試していて、ようやく、はげしく、かつ効率的なトレーニングができるようになってきた。

ぼくは母から「練習が完璧を生む」という信念をたたきこまれてきた。猛練習を積むことで困難な状況も乗りきれるという信念だ。その証拠に平昌でも4回転6本のフリープログラムを滑りきることができた。だから母の教えは信じているが、この北京五輪シーズンには、その練習を維持しながら自分が疲弊しないように気をつけるすべを学んでいた。イェール大学で2年間過ごしたおかげで、ようやくブランドンのアドバイスを受けいれて練習量を柔軟に調整するようになり、氷上練習に関する考えかたを変えて、より効率的な練習をするすべを身につけたのだ。もしも大学に行って、限られた氷上練習やトレーニングで乗りきる経験をしなかったら、こんなふうに考えかたを変えることはなかったかもしれない。

大学にいるあいだは、ひんぱんにテストやレポートの提出があったので、課題をこなすために練習を休んだり、短く切りあげたりしなくてはならなかった。でも、宿題の問題を解いたり、授業で指定された本を読んだり、試験勉強に時間を費やしたりしたおかげで、じゅうぶんに体を休めることができた。けっきょくはそれによって、いつもブランドンにいわれていたとおり、練習の強度を日によって切りかえることを学んだのだ。勉強しなくてはならない日は、あまり考えもせずに軽めの氷上練習の日に設定したので、その間《かん》に体を休めて回復させることができた。それによってぼくは、トップアスリートのトレーニングに必要なもうひとつの側面に気付くことができた。トレーニングとおなじくらい休息と回復も大切にしなくてはならない。

イェールにいるあいだじゅう、ぼくは一度も深刻なケガをせずにすんだ。股関節もさほど痛みが出なかった。昔のように猛練習でひっきりなしに負荷をかけるということがなかったからだ。おかげで多血小板血漿の注射も受けずにすんだし、以前のように集中的な理学療法を受けることもなかったのに、ひどい痛みは出なかった。

新しいトレーニング方法を試すうちに、ブランドンとぼくは、どれくらいの練習量なら痛みが出ないか、どの線を越えたらまた痛みだすかの分岐点を見出した。2018年の平昌五輪のときは100か0かというアプローチで、限界まで猛特訓して体をこわしたら、仕方なくしばらく休養するというやりかたをしていた。でも今回は毎日一定のペースでジャンプ練習をし、試合が近づいたら少し量を減らして、試合でピークにもっていくという方式を編み出した。すると、きつめの練習日でジャンプを100本から120本跳び、軽めの日には60本程度に抑えると、体調がいいということがわかってきた。しまいにはだんだん勘が働いて、限界近くまでやっても踏みこえることがなくなってきた。平昌前に跳んだジャンプの総数と北京前のそれを比べたら今回のほうがやや少ないが、そのかわり今回は、1本1本の精度を高めて成功率も上げ、1本跳ぶごとに自信をつけられるようにした。

ブランドンがあとになって教えてくれたのだが、彼はぼくが北京に到着した日の最初のジャンプからフリーの最後のジャンプまでを逐一記録していた。すべての練習に同行し、手書きで、ジャンプの本数だけでなく種類までメモしてくれていたのだ。それによると、ぼくはだいたい60本から80本ぐらいまでじょじょに本数を増やしていき、団体戦ショートの前日には40本台半ばまで落とし、個人戦のショートまでだいたいそのペースを保っていた。

股関節痛、再発

しかし、これだけ注意深く練習のペースを抑えていたにもかかわらず、全米選手権に出発するわずか2日前に、右の股関節にひどい痛みが出てしまった。股関節痛としては、スケート人生がはじまって以来最悪の痛みだ。歩くだけでも痛くてたまらないし、ジョギングなどとてもできない。どうやってジャンプを跳べばいいかと真剣に悩むほどの事態だった。

過去に股関節痛が起きたときの経験から、2、3日休めばだいぶよくなることがわかっていた。だから試合がおこなわれるテネシー州ナシュビルへ出発する前日には、軽くスケーティングをする程度にとどめた。現地に着いて最初の練習はわりと調子がよく、フリープログラムを通してもあまり痛みを感じなかった。

ところが2日めは最悪だった。

あまりにも痛みがひどくて、フリップやルッツを跳ぶために右足のトウをつくことができないし、アクセルで右脚を振りあげると、とんでもない痛みが走る。氷からおりてスケート靴をぬぎ、なんとか立ちあがったものの、歩くのがやっとというありさまだ。「全米は棄権せざるを得ないかもしれない」という考えが頭をよぎった。でも全米に出ないと、変更したショートとフリーを初めて演じるのがオリンピックということになってしまう。それは理想的ではない。

試合の3日前にブランドンが、アメリカフィギュアスケート連盟所属の理学療法士で、試合のおこなわれるナシュビルに来ていたローレン・ファレルに連絡して助けを求めた。ぼくはローレンに全米選手権のあいだ毎日セラピーを受けたいと伝えた。股関節の痛みを軽減し、なんとか試合を乗りきりたい。この故障の場合、休養以外では、可動域を広げる運動と体幹を安定させる運動をおこなうのが一番いい。というのも股関節に痛みが出ると、どうしても動きを補完するために内転筋群や股関節屈筋群を酷使してしまい、そちらの筋肉もがちがちになってしまうからだ。ローレンは、臀筋と体幹を強化するエクササイズを指導してくれた。ぼくはタイレノールやアドビルなどの鎮痛剤を飲みまくって、どうにか練習を乗りきった。この時点ではプログラムのことよりも、試合に出て股関節をさらに痛めてしまわないか、たとえ五輪出場が決まっても本番で力を出せなかったり、棄権する羽目になったりするのではないか、ということのほうが心配だった。

2度ほどの練習ではジャンプの本数を大幅に減らし、1度は練習を休んだ。かわりにリンクでは、体幹を安定させるスタビリティトレーニングをした。股関節の筋肉を強化して、ほかの筋肉を酷使するのを避けるためだ。ジャンプは必要最低限まで減らした。まずは3回転ジャンプを1本跳び、つぎに4回転ジャンプを各種類1本ずつ跳ぶ。フリップとルッツはほんとうに痛かった。

そこで、フリップとルッツの跳びかたを少し変えて、股関節への負担を減らすことにした。踏み切りの際に使う力も少しひかえめにする。そうするとあまり高さが出ないので、必要な回転数を得るためには、回転の速さを最大限にしなくてはならない。

ショートもフリーも、アドレナリンのおかげでどうにか滑りきることができた。正直いって、あまり記憶がない。フリーのあとは、動くのがやっとだった。連盟の人にエキシビションは欠場させてほしいと伝えた。あまりケガのことを大げさにしたくなかったので、事情を知る人の数はなるべく少なくしておきたかった。

コロナ禍を乗りきり、2度めのオリンピック出場へ

全米選手権のあいだ気がかりだったのはケガのことだけではない。ぼくは新型コロナの感染にも非常に神経をとがらせ、パンデミック下で出場したどの大会よりも不安を感じていた。いろいろな要素が重なって、危険な状況が生まれていたのだ。リンクでは大きなクラスターが発生し、多くの選手が感染した。しかも観客がチケットを買って入場するので、会場はバブルではない。おまけにほとんどの選手や役員が宿泊するオフィシャルホテルには、試合と関係のない一般客も泊まっている。北京五輪が近づくにつれ、コロナの陽性判定が出て五輪に出場できなくなるという事態がこわくてたまらなくなった。全米はオリンピックのちょうどひと月前だから、試合期間中や、その後1、2週間のあいだに陽性になったら、きちんと回復して検査で陰性が出るまで何週間もかかるかもしれない。そうなったら五輪に出場できなくなる危険が生じる。コロナに感染せずに全米選手権を終えるにはどうすればいいか、ずいぶん頭を悩ませた。

たぶんぼくはチームドクターに相当うるさがられていたんじゃないかと思う。もし感染したらどうなるのかとドクターたちに根掘り葉掘りきいた。その答えは、けっして安心できるものではなかった。心配な点はふたつあった。ひとつは、今、感染した場合、試合にはもちろん出

られないし、おまけにどれくらい具合が悪くなるかも、どれだけの期間、練習できなくなるかも予想がつかないこと。ふたつめは、検査で陰性が出るまで何週間かかるかわからないこと。北京五輪組織委員会は、選手に2度の陰性判定を求めていて、それをクリアしないと中国行きの飛行機に乗ることすらできない。チームドクターによれば、ほとんどの感染者は3～4週間でウイルスが検出されなくなるという。だが、なかには陰性判定が出るまで8～9週間もかかる人もいるらしい。

「8～9週間たったら、オリンピックは終わりますよね？　こんなリスクをみんな取らなきゃならないんですか？」

思わずそういったものの、選択の余地はなかった。全米選手権はオリンピック出場権のかかる大会だ。ぼくの場合は、全米に出場できなくても、申し立てをすればおそらくオリンピック出場が決まっただろう。棄権することも一瞬、頭をよぎった。でも、グランプリファイナルが中止になって、新プログラムをどうしても試合で滑っておきたかったので、リスクを取って出場することにした。だから自分の身を守るために、ありとあらゆる対策を講じることにした。

まず飛行機でカリフォルニアをたってからナシュビルにいるあいだじゅうずっと、N95マスクの上から医療用マスクをつけていた。また、ほとんどの選手が泊まっていたオフィシャルホテルには泊まらず、母とふたりでエアビーアンドビーに宿泊した。母は、清潔な環境を保つため、極端なほどの感染対策を講じてくれた。ぼくが会場での練習や試合から帰宅すると、即座に着ていたものをぜんぶ洗濯し、持ち物は玄関を入ったところに置く。やりすぎだったかもしれないが、あの試合を無事に乗りこえるためには、精神的にも現実的にもやりすぎるくらいでちょうどよかった。

事実、大会期間中に数名の選手が陽性判定を受けた。ぼくのリンクメイトで、2022年にペアで世界選手権優勝を果たすことになるブランドン・フレイジャーもそのひとりだ。2019年と2020年の女子シングル全米チャンピオン、アリサ・リウも陽性判定を受けた。ふたりともシーズンの成績にもとづいて申し立てをおこない、無事オリンピック代表に選出された。

それでも不安は残る。ぼくは検査をもっと厳格におこなったほうがいいと感じた。新型コロナウイルスの性質についてはさまざまな記事を読み、また姉のジャニスからも話を聞いていた。ジャニスはウイルスの潜伏期間について詳しく教えてくれた。ぼく自身は伝染病の学者でも保健衛生の専門家でもないが、試合の期間中は毎日検査をおこなうべきだと思った。ところが実際には、大会への出発前に検査をして、到着直後にまた検査を受けるだけだった。万が一移動のあいだに感染していたら、検査で陽性が出るまで2、3日かかるのではないか。だから毎日検査をしないと、感染していることに気付かないまま試合に出て、ほかの選手に感染を広めてしまうということになりかねない。それがとても心配だった。オミクロン株は感染力が高いからなおさらだ。

　ぼくは思いあまってフィギュアスケート連盟の役員と話をし、毎日検査をしたほうがいいという考えを筋道立てて説明した。理由のひとつには北京五輪の方針があった。その時点までは、グランプリシリーズの試合でも、試合への出発前に一度、到着直後に一度検査をおこなうだけで、あとは試合が終わるまで検査がなかった。でも北京五輪では毎日の検査が義務づけられる予定だ。ぼくたちはそれに対応できていない。鼻に綿棒をつっこまれるのは楽しいものではないが、オリンピック直前に感染リスクが生じているのだから、ほとんどの選手は納得してくれるはずだ。ぼくはさらに連盟の選手諮問委員会の議長であるレイチェル・フラットとも話をした。すると彼女とほかの役員が検討してくれて、けっきょく、選手権の残りの期間中は、選手もスタッフも毎日検査を受けることになった。

　そういったもろもろのことがありながらも、最大限の演技ができたことは、ほんとうによかった。ただ、「ロケットマン」のコレオシークエンスでは興奮しすぎてつまずき、なんと腹ばいにころんでしまった！　それでも6度めの全米チャンピオンのタイトルを取れてうれしかったし、なにより、2度めのオリンピック出場を決められたことが最高にうれしかった。

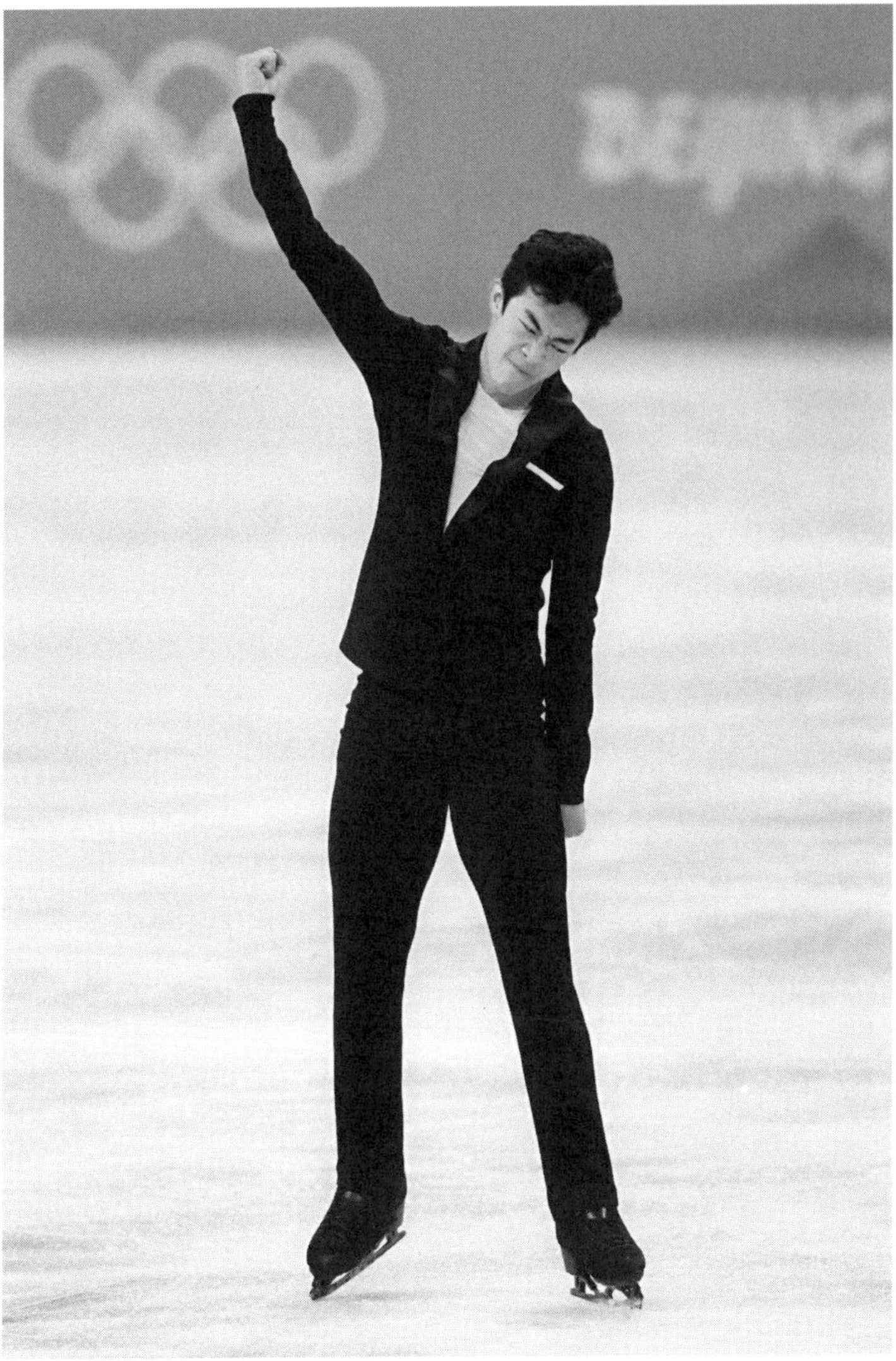

第9章

2度めのチャンス

有志者事竟成
意志あるところに道はひらける

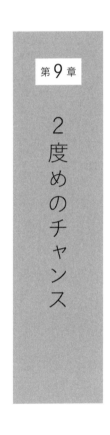

股関節痛を治療する

全米選手権終了後、さしあたって一番の課題は股関節痛の治療だった。トレーナーのブランドン・サイクルと、ぼくを担当してくれているスポーツ医療チームの人たちが、北京オリンピック前にどういう治療方法があるかを話し合ってくれた。ひとつは平昌五輪のとき以来受けていない多血小板血漿の注射をすることだ。でも、その治療を受けると、回復するまで4、5日の安静が必要で、その間《かん》はほんの少しスケーティングの練習をするくらいにとどめなくてはならない。しかもこの治療は、前回とおなじコロラド州ベイルのフィリポン医師からしか受けたくない。となると、飛行機に乗って新型コロナに感染するリスクが生じる。

糖質コルチコイドの注射を受けてみるという手もあった。けれどこの薬剤は、世界アンチ・ドーピング機構（WADA）の規定で競技会での使用が禁止されている。「治療使用特例」を申請することもできるが、その手続きには、とても時間と手間がかかる。

それでもブランドンには念のため、手続きをはじめてもらうことにした。もし許可がおりて、まだ治療が必要な状態なら、試合の前日か前々日に注射を受けることができる。そして五輪を迎えるまでは、おもに全米の前に受けていたのと同様の手技療法に頼ることにし、1月の残り

3週間のあいだは、それまで以上にトレーニング量を減らすことにした。

全米選手権から帰宅するとすぐ氷に乗りはしたものの、1週間ジャンプを跳ばなかった。オリンピックを間近にひかえた時期に1週間もジャンプを休むのは心もとなかったが、仕方がない。クロスオーバーで滑走するだけでも痛みがあるので、ここで無理をして北京に出場できなくなるような事態は避けたかった。理学療法士のローレン・ファレルが、全米選手権のあとカリフォルニアまで飛んできて、患部の治療と股関節まわりの筋肉——腸腰筋などの股関節屈筋群、大腿四頭筋、大臀筋、内転筋群、ハムストリング、腰まわりの筋肉など——の強化を手伝ってくれることになった。ローレンは、とりわけ大臀筋の強化をはかろうとしていた。この筋肉の動きがよくなれば股関節も安定し、ジャンプで氷にトウをついたときや、アクセルで右脚を振りあげてぎゅっと締めたときも、痛みが出にくくなるはずだ。

ぼくは当然不安だったが、こういう筋肉の問題はわりと早く解消するものだと自分にいいきかせた。炎症が起きているあいだは、けっこうつらい。今回は、今までの経験よりはるかに痛みがひどかったので、回復までどれくらいかかるか読めないところはあった。

そんななか、さらなるアクシデントが襲った。1週間ジャンプを休んでスケーティングの練習だけつづけた結果、だいぶ痛みが引いて、そろそろ3回転と4回転を跳んでみようかと思いはじめたところだった。その日は朝のうちに雨がふった。ぼくはグレート・パーク・アイスの建物のわきにある段をのぼりおりしてウォームアップをしていた。振りかえって段を駆けおりようとしたときだ。母が「危ない！」と叫んだのと同時に、ぼくはぬれた段の端で足を滑らせ、ころげおちてすねの外側を思いきり打ってしまった。

はじめは大丈夫だと思ったのだが、いざスケート靴をはこうとしたら、足が痛くてひもが結べない。やっとジャンプ練習が再開できると楽しみにしていたところだったから、くやしくてたまらなかった。そんなわけで、腫れが引くまでさらに何日かジャンプ練習を休むことになった。でも、結果的にはそのおかげで股関節も余分に休ませることができたので、かえってよかった。2、3日たつと股関節の状態はさらによくなり、足首の腫れも引いて、ようやくオリンピック前の追いこみの練習をする準備がととのった。

五輪前の追いこみ

1月下旬になると、いよいよ五輪間近だという気持ちが強くなってきた。このころになるとスケートに対する不安と新型コロナに関する不安がないまぜになって、夜、眠れなくなってきた。検査で感染が判明して北京で滑れなくなる悪夢も見た。ぼくはできるかぎり気をつけていたし、うちのリンクのスケート部長や、フィギュアスケート連盟所属の医師たち、そしてうちの母ともひんぱんにコミュニケーションを取って、人と接触する機会があればそれについて報告したし、防御をさらに万全にする方法もたずねた。たとえばリンクで別の人が退場した直後に入場すると、どれくらいリスクがあるのか。退場後しばらく時間を置いてから入ったほうがいいのか。オリンピック直前になって陽性判定が出たらどうしようという不安が重くのしかかっていた。この時期にチームの人たちが支えてくれて、大丈夫だといってくれなかったら、ぼくは絶対どうかなっていたと思う。

メンタルトレーナーのエリック・ポタラットにも不安への対処法をたずねた。エリックは、とにかく可能なかぎりの感染対策をつづけているなら、実際に感染するかどうかは自分では左右できないから、そのことでくよくよ心配してエネルギーを使っても仕方がないといった。

グレート・パーク・アイスのスケート部長ジャッキ・パルモアも、リンクを利用するスケーターのリスクを少しでも減らすため、できるかぎりのことをしてくれた。彼女はオリンピック選手はできるだけ貸し切りで滑れるようにすべきだとリンクの上層部にかけあい、ぼくが施設内のあちこちのリンクで貸し切り時間を取れるようにして、新型コロナウイルスと接触する可能性を減らしてくれた。さらに殺菌スプレーでリンクまわりを消毒し、除菌ワイパーを大量にもってきて、ぼくらがさわりそうなところはすべてふいてまわった。それだけでなく、ぼくが滑っているあいだはドアの前に陣どって、ぼくのチーム関係者以外の人がなかに入らないよう、にらみをきかせてくれた。そのリンクで練習するホッケーの選手たちも、彼女のきびしい感染対策に恐れをなして、リンクの入口付近を通るときは、自発的にマスクをするようになったほどだ。おまけに彼女はぼくがリンクに出入りするときにつきそって、スケート靴をはいたりぬいだりするあいだ、誰も近づいてこないようそばで見はっていてくれた。

彼女と、グレート・パークの上層部、それにフィギュアスケート連盟のミッチ・モイヤー強化担当部長のおかげで、北京に出発する前の2週間は、毎日3時間、貸し切りで滑ることができた。専用の時間をそんなにもらえたことはほんとうにありがたく、ジャッキとグレート・パークのスタッフには心から感謝している。ジャッキと、リンクの上層部の人たちと、うちの母が目を光らせてくれなかったら、はたしてあの時期に新型コロナに感染せずにいられたかどうかわからない。

コロナの不安以外では、当然のことながら試合にまつわる悪夢をよく見た。試合の夢には2種類あって、ひとつはいい演技をして優勝する夢。こちらはいい気分になると同時に、少しじりじりした気持ちになる。目覚めると夢だということがわかって、正夢になるよう練習に行かなくてはならないからだ。もうひとつの夢は、平昌の再現だ。ぼくはショートプログラムの最後に組みこんだ最もリスクの高いジャンプ――4回転ルッツ－3回転トウループのコンビネーション――のことが心配だったので、それを失敗する夢をよく見た。ジャンプをいくつも失敗して、ほかの選手はみんないい演技をする。そして平昌のフリーのあとのように、順位表のぼくの名前がどんどん下がっていく。

北京で少しでもいい演技ができるよう、1月にはマッシモ・スカリにグレート・パークまで来てもらうことにした。マッシモとぼくはほぼ毎日、1時間の氷上練習を3枠こなしてプログラムに磨きをかけた。1枠めはジャンプ練習が中心で、ラフがセットメニューを組んだジャンプを跳ぶ。1枠めの最後にはマッシモがステップと体の動きの細かいところを見てくれる。2枠めはショートプログラムに集中し、枠内で3回ノーミスの演技をすることを目標にする。ショートの後半で跳ぶ4回転ルッツ—3回転トウループに苦戦していたので、このコンボも1日に3回はクリーンに跳ぶようにする。そして最後の3枠めではフリープログラムに集中し、プログラム中盤のステップシークエンスを体にたたきこむ。

マッシモの注文は、腕をシャープに動かし、ターンをきれいにまわること。そうすれば見る人の気持ちをそぐことなく、前へ前へと進むいきおいが伝わるし、プログラムのエネルギーもどんどん高まる。フリーは、毎日一度はノーミスで滑ることをめざした。それを達成するために、ひと枠のなかで何度もフリーを通す日もあった。

それがすむと、ラフにいわれたとおり、フリーの後半を集中的に練習する。ラフはすべての枠の練習を見にきてくれたが、マッシモとの練習中は、よほど修正が必要なことがないかぎり口は出さなかった。このルーティンをくりかえすうちに、だいぶ自信がついてきた。平昌のときとちがって、ショートもフリーも練習からいい滑りができている。

新型コロナとの戦い

おかしなものだ。コロナ禍は恐ろしいし、きわめて厄介なものではあったけれど、ある意味で、スケートのことばかり考えたり、五輪にまつわる期待をひしひしと感じたりすることから気持ちをそらす働きもあった。今回、ぼくは、自分がオリンピックに望むことと、自分の力で左右できることに集中して、平昌の前のように人々の期待にこたえなくてはという責任感に押しつぶされることがなかった。ある意味、北京で戦うすべての選手にとって、新型コロナとの戦いは一種のきずなのようなものでもあった。誰もが対峙《たいじ》しなくてはならない問題で、みんながマスクや、検査や、ソーシャルディスタンスという形で立ちむかわなくてはならなかったのだから。

全米選手権のとき、会場でミーティングがあり、アメリカフィギュアスケート連盟の役員が北京五輪について説明した。北京入りする関係者が満たすべき新型コロナ対策の必須条件だ。

オリンピックのため中国に入国するすべての関係者――選手、コーチ、スタッフ――は、新型コロナウイルスを中国国内にもちこむリスクを最小限に抑えるため、組織委員会が承認したチャーター機で入国するよう求められる。海外からの観客は、選手の家族もふくめて入国できない。要するに、関係者が中国への入国便に搭乗する時点でバブルのなかに入るという方式だ。アメリカ・オリンピック・パラリンピック委員会は、アメリカ国内の数か所からチャーター便を飛ばす予定で、そのなかにはロサンゼルスも含まれていた。飛行機に乗るためにまわり道をしなくてもいいのは助かった。

飛行機に乗る人は全員、搭乗の96時間前と72時間前の、2度の陰性証明を提出する必要がある。しかも2度めの検査は中国政府が承認した検査所で受けなくてはならない。ありがたいことにアメリカ・オリンピック・パラリンピック委員会は各地の中国領事館と協力して、全員が承認済みの場所で検査を受けられるよう手はずをととのえてくれた。とはいえ、これも北京入りまでの手間がひとつ増えることを意味する。さらに北京入りする人は全員、ワクチン証明の提出を義務づけられるし、飛行機に乗る2週間前から、アプリで健康チェックもしなくてはならない。毎日体温をはかり、新型コロナの症状である熱、咳《せき》、喉《のど》の痛みなどがないかをアンケート方式で入力するというものだ。このように感染対策が徹底していることは、ありがたかった。

こういうもろもろのことをこなすので手一杯だったから、家ですわりこんでスケートのことで頭を悩ませる時間などなかった。毎日、毎日、おこなうべき手続きがあった。コロナの検査を受け、オリエンテーションのビデオを見、必要な書類がそろっているかを確認する。大切なのは、健康チェックのアプリで、ゴーサインのコードを受けとること。それがなくては北京行きの飛行機に搭乗できない。

ロサンゼルスを出発するのは1月27日の予定だったが、アメリカ・オリンピック・パラリンピック委員会からは、出発の1週間前にロサンゼルス入りしてほしいという要望が寄せられていた。現地のホテルで新型コロナウイルスの検査と「チーム・プロセシング」がおこなわれるからだ。選手はそこでオリエンテーションを受けて登録をすませ、IDカードを受けとらなくてはならない。このIDが、選手村や北京の試合会場に入る際の「鍵」となる。チームUSAの装備一式を受けとるのもこのときだ。開会式、閉会式に着る服や、チームUSAのジャージなど、現地に着いてから3週間ほどを過ごす服を手にするのは、やはりわくわくする。「USA」という文字を目にすると、チームの一員なのだという実感がわいてくる。

しかし、各地から集まったチームUSAの選手たちと合流するのは、うれしい反面、不安でもあった。全米選手権が終わって地元で過ごした3週間は、コロナ感染の心配をせずにいられたのに、またしてもおおぜいの人と交わることになる。全員が検査を受け、ぼくとおなじように感染対策をしていることはわかっていたが、やはり不安は消えない。幸いぼくは南カリフォルニア在住なので、1週間ホテルに滞在するのは免除してもらい、中国領事館承認ずみの72時間前PCR検査のためにホテルに行って、ついでにユニフォームなどの採寸をすませて帰宅した。けれど出発前夜は、ホテルに泊まらなくてはならない。ホテルはある程度仕切られてはいたものの、チームUSAの関係者ではない一般の人たちも泊まっていた。その時点までぼくは、新型コロナに感染するリスクを最小限にするよう考えて、すべての決断を下してきた。それなのに、最後の最後ですべてを無にするのはいやだ。ホテルにチェックインはしたものの、あまりに不安になったので、母に電話して迎えに来てもらい、夜は自宅で過ごして翌朝またチームに合流した。

飛行機ははるかに安心だった。搭乗しているのは選手団とコーチとオリンピック関係者だけで、全員がワクチン接種を受け、検査もすませている。姉のジャニスからは、ウイルスに対する最大の防御はマスクだといつもいいきかされていたので、ぼくはめがねをかけて、N95マスクにKF94マスクを重ねてつけ、さらにフェイスシールドをつけた。多少かっこ悪くても、対策をおこたって感染するよりずっとましだ。これだけやって万が一感染したとしたら、そういう運命だったと思うしかない。

驚いたのは、搭乗している人たちの多くが、かなりおおらかにふるまっていたことだ。おおぜいで入りまじって会話している人も多かったし、なかにはマスクを下げて鼻を出している人もいたので、どうか自分の席にもどってほしいと願わずにいられなかった。

ぼくは、機内では一切飲食をしないと決めていた。そうすればマスクをはずさなくてすむ。だから搭乗前にたっぷり水を飲んで水分を補給し、ソウルまで14時間の飛行中はなにも食べたり飲んだりしなかった。ソウルでは給油だけで、おりることはなかった。

時差調整をしたかったので、出発前夜はあまり眠らないようにしていた。その甲斐あって、ソウルまでのフライトはほとんど寝て過ごした。目が覚めると、マーベルの映画を何本か見て、ジャニスからもらった『データクリズム』という本（注：日本語版『ハーバード数学科のデータサイエンティストが明かす　ビッグデータの残酷な現実』クリスチャン・ラダー著　矢羽野薫訳　ダイヤモンド社）を読んだ。

北京入り

ようやく着陸すると（当然のことながら）お腹がぺこぺこだったが、まだ検査や手続きをこなさなくてはならなかった。検査は空港で受けた。つづく何週間かにわたってくりかえし綿棒を鼻につっこまれることになるが、その最初の1回だ。それらがすむと、荷物を受けとってようやく選手村へ向かった。いったん部屋に入ると、空港での検査が陰性だとわかるまで、部屋を出られない。

ほっとしたのは、ふたたびオリンピックの場にやってきても、前回のフラッシュバックがなかったことだ。選手村に到着して参加国の国旗がはためく広場を歩くと、わくわくした気持ちばかりがわきあがってきた。

アメリカ・オリンピック・パラリンピック委員会は、選手のためにフリーズドライの食料品をもってきてくれていた。しばらく部屋から出られないので、ぼくはさっそくパッタイをひとつもらい、水を加えて、選手用スイートに備え付けの電子レンジであたためて食べた。電子レンジがあるのは、ほかのスケーターとの共用スペースだ。ぼくはブランドン・フレイジャー、エヴァン・ベイツ、ジャン＝リュック・ベイカーといっしょのスイートだった。パッタイをもって自分の部屋に行くと、食べる前にまずはもってきた除菌ワイパーでなにもかもふいてまわった。自分のバッグまでふいて、靴はドアの外に置いた。

ぼくは、大会へはあまり私物をもっていかない。今回も、五輪だからといって特別にしたくなかった。試合用の必需品以外では、ギターと小さなアンプを気分転換のためにもちこんだ程度だ。

アメリカの安全保障当局は、ネット上のセキュリティを不安視していて、アメリカ・オリンピック・パラリンピック委員会が選手、関係者に私用のスマートフォンやパソコンをもちこまないよう推奨していた。そのためフィギュアスケート連盟は中国へのもちこみ用にiPhone8を貸してくれた。ぼくはふだんスマホを多用する。自分のチーム、つまり家族とラフ、ブランドン、エリックと連絡を取り合えることは大切だ。ソーシャルメディアもよく見るけれど、いつものページにアクセスするために、貸与されたスマートフォンで自分のアカウントにログインすることは推奨されていない。だからけっきょくはユーチューブで時計専門チャンネルの「ホディンキー」や料理チャンネルなど、自分の好きなものをいくつか探して、寝る前に見る程度にとどめた。ほんとうはお気に入りの音楽と動画もほしい。プログラムの音楽は、氷上練習以外で曲をかけてイメージトレーニングをするときに必要だし、日中や寝る直前には、いつもBGM感覚でなにかを見たり聴いたりしている。しかし今回は、ユーチューブでドラマ『パークス・アンド・レクリエーション』のエピソードをいくつか見て眠りにつくことが多かった。

ふだんはインスタグラムにも長い時間を費やす。でも五輪期間中、自分のフィードを一度ものぞかなかったのは、実のところかえってよかった。ユーチューブ以外ではツイッターにもアクセスできたが、試合の様子を知るために、フィギュアスケート記者のジャッキー・ウォンのツイートをチェックするだけにした。大手スポーツメディアの記事や、友人たち、あるいはライバル選手たちのつぶやきに四六時中さらされずにすむのは、いいものだった。ソーシャルメディアから距離を取ることで、目の前のことにより集中できたし、すべきことをこなすことができた。

その晩も、それ以降も、北京にいるあいだはとてもよく眠れた。翌朝、目が覚めて一番にしたのは、前日のPCR検査の結果をチェックすることだ。陰性だったのでほっとした。

ロサンゼルスは夜なので、ぼくは母とフェイスタイムでビデオ通話をして「チームUSA」の装備一式を披露した。北京にいるあいだは姉たちともよくフェイスタイムで通話をして、自分の部屋や選手村のいろいろな場所を紹介した。そのなかには食堂も含まれていて、アリスはぼくが食堂のフルーツを絶賛していたことをおぼえていた。だって、ほんとうにおいしかったのだ。そんなやりとりのおかげで、ぼくはすべきことへ集中力を高めながらも、オリンピックのプレッシャーを感じすぎることなく過ごせそうだった。ぼくの2度めのオリンピックがはじまった。

公式練習開始

団体戦は開会式の日にはじまる。アメリカフィギュアスケート連盟は、選手からの要望も聞いたうえで、団体戦のそれぞれの種目で滑る選手を決定する。ぼくは2018年と同様、団体戦のショートプログラムで滑りたいという希望を出しておいた。そこで滑れば本番のリンクで滑るチャンスがひとつ増えるし、男子シングルの試合までにもじゅうぶん調整する時間があるからだ。

団体戦はもちろん不安だったが、今回はただ単に「うまくいくといいな」と願うだけでなく、うまくいくよう精神面をととのえる手段をたずさえていた。

北京に向けてエリックとぼくは、不安が生じたらすぐそうした手段を使えるよう、練習をくりかえしてきた。なかでも重要なのは、感謝の気持ちに目を向けることだ。ぼくは自分にこういいきかせる。今、オリンピックにいるのだ。ここで戦う機会をもらえたのは、なんてありがたいことだろう。そしてショートプログラムのことは「越えなければならないハードル」ではなく、逆にチャンスととらえる。主導権をにぎるチャンスだ。

エリックは、失敗を恐れていると、まさしくその失敗をしがちだということに気付かせてくれた。だから、「悪いことが起こりそうだ」と思ったら、それが起こらないように手を打つ。ひどい演技をする可能性があるということは、すばらしい演技をする可能性もあるということ。大切なのは、自分の思考をどちらへ向けるかということだ。この「体が思考に従う」という考えかたは、ぼくにとって、とても役に立つテクニックだった。プレッシャーのかかる状況でも、無理にでも笑みを浮かべて楽しいことを考えれば、体もそれに追随し自然と気持ちも明るくなる。そしてなによりもエリックは大文字で「楽しんで」とメッセージをくれて、楽しむことを思い出させてくれた。

　エリックにチームに加わってもらったことは、北京入りしてからも大きな意味があった。不安が忍びよってくるたびに、週に2、3度はメッセージを送った。団体戦はオリンピックの最初の競技のひとつなので、ぼくはその数日前に北京入りした。男子選手はほかの男子選手とおなじグループで練習するよう割りふられる。最初の2日間ほど、ぼくのグループにはふたりぐらいしか選手がいなくて、何度でも好きなだけ曲かけ練習ができた。選手の数が増えてくると、公式練習中の曲かけは一度だけになった。

　最初の2日間の練習には、自分のホームリンクでの練習とおなじやりかたで臨んだ。練習は、サブリンクだけでなく、本番用のメインリンクでもおこなわれる。ぼくは本番のリンクで、カリフォルニアでもしていたように、ショートプログラムを1日に3回通し練習した。練習はけっして完璧ではなかったものの、オリンピックのメインリンクでそうやって十二分《じゅうにぶん》に滑りこめたことは、とても大きかった。おかげで氷の感触を完璧につかめたし、自分のスケートの感触も完璧につかめた。おまけに見ている人が少ないところで数回その場に立って、本番の舞台にも完璧になじむことができた。とてもおだやかなひとときだった。

　けれど、しだいにメディアの数が増えて練習にもやってくるようになると、ぼくはまたプレッシャーを感じはじめた。どうしてもメディアやほかの人たちの期待を感じて、それがのしかかってきてしまう。ぼくはエリックにメッセージを送り、いい演技をしなくてはいけないと感じはじめて、それが練習にも影響を及ぼしていると打ち明けた。新型コロナのこともいっそう不安になってきた。北京到着時の検査で陽性と判定される人が増えてきたからだ。ぼくは北京にいるあいだじゅうずっとマスクをしていた。練習中も、部屋にひとりでいるときも、そして眠っているあいだでさえも。少しでも運に身をまかせるようなことはしたくなかった。

しかし、どれだけ気をつけていても、新型コロナウイルスから逃げきるのはむずかしい。チームUSAも大きな打撃をこうむった。団体戦でフリープログラムを滑ったチームメイトのヴィンセント・ジョウが、その翌日に陽性判定を受け、個人戦の出場辞退を余儀なくされたのだ。ひどく胸が痛むできごとで、彼が気の毒でたまらなかった。彼がどれだけきびしい練習を積んできたかも、新型コロナウイルスから身を守るためにどれだけ注意していたかも知っていたからだ。

オリンピックと新型コロナのことでぼくの不安が高まっているのを軽減するために、エリックは、とにかく自分の力で左右できるものにだけ注意を向けるようアドバイスしてくれた。ルッツジャンプがうまくいかなかったときは、追加で練習できる時間がないので、うまく跳べたジャンプをビジュアライズするように、そしてこれまでに何度もうまく跳んだときのことを思いかえすようにとアドバイスをくれた。

靴の問題が発生

こうして集中力を保ち、前向きな気持ちでいようと努めていたが、団体戦ショートプログラムの2日ほど前になって、スケート靴の問題がもちあがった。首都体育館のリンクはとても暖かく、氷も軟らかいので、ある日練習を終えたとき、スケート靴が粘土でできているのかと思うほど軟らかくなってしまった。これは大問題だった。ぼくは、ジャンプを跳ぶためにものすごく硬い靴を愛用しているからだ。スケート靴は1シーズンに6、7足消費する。ジャンプを跳ぶのには硬さが頼りだ。

長年のあいだ、ぼくはスケート靴メーカー、ジャクソン・アルティマのラジ・ミサーといい関係を築いてきた。最初にラジに出会ったのは2010年。中国でアイスショーに参加したとき、現地のワールド・アイス・アリーナのマネージャー、テッド・ウィルソンに紹介してもらった。それ以来ずっとジャクソン・アルティマはぼくに靴を提供し、ぼくの特殊な要望にこたえてきてくれた。

ラフやブランドンと同様、ラジもまた未知の領域へ乗り出していた。ラジの課題は、ぼくの練習量とジャンプの回数に見合った靴を用意するというものだ。ぼくたちは協同で、新しい靴に替えるベストなタイミングを探った。4回転ジャンプを跳びはじめる前、ぼくは1シーズンに2度ぐらいしか靴を替えなかった。ところが4回転を跳ぶようになると、踏み切りと着氷の際にはるかにしっかりとしたサポートが必要になった。

ぼくの場合、自信をもって試合に臨めるかどうかの3割は、スケート靴がしっかり持ちこたえてくれるかどうかにかかっている。ジュニア時代やシニアに上がりたてのころは、靴にダクトテープをぐるぐる巻いて強化していた。でもそれでは長続きしないので、やがて試合の3、4週間前に新しい靴に替えるというリズムにたどり着いた。しかしそれにも勘が大きく物をいう。革には個体差があって、靴がどれくらいもつかはひとつひとつちがうからだ。最終的には、試合の2週間前に新しい靴に替えるというパターンに落ち着いた。ラフもかかわってくれて、ぼくの靴を分解したり、またはぎあわせたりするようになった。

ラフは、何十年にもわたるジャンプの指導歴があるだけでなく、靴直しにかけても一流の職人だ。どうやって手を染めたのかは知らないけれど、長年コーチをつづけるうちに、ブレードの取りつけやこまごました問題の修正にも腕をふるうようになった。ぼくはスケート人生を通して、ずっとラフにブレードの取りつけをしてもらってきたし、問題が生じたときにも、真っ先にラフに相談するようにしていた。ラフは、ぼくがイェールに進学するときには、靴の調整用の道具をどっさりもたせ、ブレードの取りつけかたの基本まで教えてから送り出してくれたほどだ。

　北京で何度か練習したら、２週間しかはいていない靴がもう軟らかくなってきてしまった。以前にも、軟らかい靴でなんとか滑ったことはあるものの、この調子だとどんどん軟らかくなっていきそうで心配だった。予備の靴ももっていたが、それも別の問題が生じて、使うことができない。実はもう1足もっていたのだが、そちらも少し軟らかくなりかけていた。このときすでに団体戦ショートプログラムの２日前だ。ぼくはあわててラフのところへ行った。

「ラフ、助けてほしいんだけど……」。ぼくは、靴の本体は無事だけれど、真ん中の「ベロ」の部分が軟らかくなってきてしまったと説明した。ラフは靴を調べると、アメリカフィギュアスケート連盟のスケート技術者マイク・カニンガムに来てもらった。

「マイク、革をもってきているかい？　どんな種類のがある？　道具は？」とラフはたずねた。ラフは、革をベロに貼りつけて硬くし、足首のサポートを強化しようと考えたのだ。足首は4回転ジャンプを跳ぶときにぐっと曲げるので、一番サポートが必要な箇所だ。ぼくらはああでもないこうでもないと話し合って、どれくらいの大きさの革をどこに貼りつければいいかを考えた。おかしなところに貼ってしまうと、こんどは靴の別のところに負荷がかかって、寿命より早くだめになったり、ほかの問題が起きたりする可能性がある。最終的にマイクとラフは手のひら大の革の切れはしを左右のベロの真ん中に貼って、サポート力を強化してくれた。ラフがこんなにすばやく解決策を見つけてくれたのが今でも信じられない。もしもマイクがあの革や道具をもっていなかったら、そしてラフが直感を働かせて、革をどう切りとってベロに貼りつければいいかをすばやく決めてくれなければ、ぼくのスケート靴は試合がはじまる前にだめになっていたにちがいない。

それでもぼくは心配性なので、ラフに「これで大丈夫かな？　この革はもつと思う？」と何度も聞いた。そのたびにラフは「これは革だぞ。長持ちするとも。思いきり押してもひしゃげたりしない。力を加減しようなんて思わずに思いきりやっても平気だ」といった。

ラフのいうとおり、ぼくの靴は団体戦のショートも個人戦のショートとフリーも、そしてエキシビションもすべて乗りきってくれた。ラフにまかせれば安心だ。

団体戦にそなえる

団体戦ショートプログラムの前夜、ぼくは寝つけぬまま横たわっていた。４年前のこと、とりわけ平昌五輪前２週間の気持ちばかりが脳裏に浮かんだ。ひどく気持ちが萎《な》えていたこと、まったく自信がなかったこと、そしてオリンピックに向き合う余裕も、試合を乗りきる強さもないと感じていたこと。

つぎに団体戦のショートプログラムを終えてリンクから上がったときの気持ちを思い出した。どんなにきまりが悪く、がっかりしていたか。あの体験のすべてが、どれだけつらいものだったか。

でも、忍びよる不安に対抗して、ぼくはすべてのエレメンツを完璧にこなすところをビジュアライズした。このところ、最後に跳ぶ4回転ルッツ―3回転トウループのコンビネーションに苦戦していたので、このジャンプが心配だった。しかし転倒するのでは、パンクするのではと心配するかわりに、体を真っすぐにしてジャンプに向かうところを思いうかべた。左のアウトサイドエッジに乗って右のトウを完璧なタイミングで氷につき、腕をぎゅっと締めて回転する。1回、2回、3回、4回。右足で着氷すると、こんどは左のトウをついてつぎのジャンプを跳ぶ。そして平昌の再現があるのではないかと不安になったときには、自分にこういいきかせた。あの体験は過去のことだ。ぼくはそこから多くを学んだ。そして今は新たなチャンスを得てオリンピックで戦おうとしているのだ。

翌朝は4時に起きた。公式練習が6時半からで、試合は9時55分からの予定だ。ぼくは朝型ではない。ふだんは夜の10時ごろベッドに入り、朝起きて練習に行くのは9時ごろだ。でもこの北京の試合の前夜は、10時間睡眠を確保するために夕方の5時にベッドに入り、なんとか6

時には眠ろうとしていた。

目覚めると、試合に必要なすべてのものをかばんにつめた。練習のあと選手村にもどってくる時間はない。会場の首都体育館は選手村からバスで30～40分のところにあるのだ。ぼくがかばんにつめこんだのは、スケート靴、衣装、ソックス、アイシング用のジェルパッド、エッジカバー、試合のとき髪をまとめるポマード、フリーズドライの食品をいくつか（これはなかなか便利だった）、オートミールを少々とチョコレートミルク。

荷造りが終わると、ウイルス検査に向かった。選手村では毎日検査を受けなくてはならない。そこで上の階で検査を受けようと思ったが、検査センターは6時にならないとあかないことがわかった。仕方なくバス乗り場まで走っていって、リンク行きのつぎのシャトルバスに乗ることにし、検査は試合のあと受けることにした。

リンクに着くと、まだ前のグループの選手たちが滑っていた。ぼくは彼らの滑りを少し見てからジャンプのビジュアライゼーションをした。

練習を終えるとブランドンとともに特別な待機場所へ移動した。試合時間になるまで、ここでウォームアップをしたり待機したりできる。全米選手権のとき、ブランドンはメインのロッカールームから離れた小部屋を見つけてくれた。静かで、ほかから切りはなされていて、ぼくはとても気に入った。新型コロナが気になるし、試合前はひとりで過ごすほうが好きなので、試合の前後の時間を過ごす隠れ家的な場所があれば最高だと思っていた。そこで北京入りする前にブランドンとミッチ・モイヤーに首都体育館で小部屋をひとつ探してもらえないかとお願いしてあった。

するとブランドンが医務室のとなりの小部屋を見つけてくれた。リンクの入口にも近い。おなじリンクで試合をするショートトラックの選手用に取ってある部屋だったが、試合日はフィギュアと重ならない。完璧だった。マッサージ台があって、試合前に軽く仮眠を取ることもできるし、ベンチがあるからスケート靴をはくこともできる。しかも暖かい。

ブランドンといっしょにスタビリティトレーニングとウォームアップをおこなってから、プログラムの音楽を聴いて、ジャンプとスピンをひとつずつすませていくところをビジュアライズした。振付もすべて脳内で再現する。

平昌五輪のあと、試合のルーティンでもうひとつ大きく変えたところがある。ウォームアップを簡素化したのだ。イェールで練習していたころは、氷に乗る前、限られた時間でウォームアップをしなくてはならなかったので、必要にせまられてしだいにウォームアップのルーティンを削り、1時間ほどやっていたものを30~40分ですませるようになった。

試合ではアドレナリンが大量に出るので、わずか15分ぐらいのウォームアップでも、そここそ臨戦態勢になる。このシーズンも、ウォームアップをはじめる1時間ぐらい前には試合会場に着いていたが、体を動かしはじめるのは、氷に乗る30〜40分前だった。しかも長々とした準備運動のプログラムをこなすより、かんたんに心拍数を上げて体を温めるには、バスケットボールをドリブルするか、フットボールでキャッチボールするのが一番手っ取り早いこともわかった。

ぼくがバスケットボールをするようになったのは2016年、兄のトニーに連れられて初めてNBAの試合を見てからだ。そのときはステイプルズ・センター（現在のクリプト・ドットコム・アリーナ）で、ユタ・ジャズとLA・クリッパーズの試合を観戦した。ぼくは一気に夢中になった。バスケの試合を生で見たのは初めてで、ほんとうにかっこよかった。チームのきずな、身体能力の高さ、速くて正確な動き。選手たちがあれだけの高いレベルでプレーしながら、プレッシャーとうまくつきあっている様にも惹きつけられた。

それで少しバスケをするようになった。当時はまだ平昌五輪前で、ぼくはロングビーチに住んでおり、アパートから4分ほど自転車を飛ばすとバスケのコートがあった。スケートのことでストレスがたまったり、もやもやした気持ちになったりすると、よく自転車でコートまで行って、バスケットのゴールめがけてボールを投げた。

平昌五輪が終わって、アイスショーのツアーに出ているとき、アウトレットモールのナイキショップに行ったことがある。そこで小さなバスケのボールを売っていたので、ツアーにもっていくのにうってつけだと思った。スケートのウォームアップでドリブルをしたりボールを投げ合ったりするようになったのはそのころからだ。ボールを使うと、体が疲れすぎずに、心拍数を上げて体を温めることができる。

北京五輪前のクリスマスには、ジャニスがフットボールをくれた。五輪前の1月になると、リンクのなかで人と密に接することがないよう、休憩時間は外で過ごしていた。グレート・パークの前には、大きな芝生広場があって、あまり人がいないので、練習の合間によくそこで弁当を食べたりくつろいだりした。ボール投げもよくやった。相手は母だ。ボール投げは北京でもつづけ、ブランドン・サイクルとミハル・ブレジナに相手をしてもらった。

北京では、各試合の前、ウォームアップをすませて試合がはじまるまでのあいだに、母に電話をするようにしていた。フリーズドライの食品にお湯を加え、コロナを避けるため外へもっていって食べる。恐ろしく寒いのであっというまにスマホの充電が減ってしまうが、予備のバッテリーは必ず用意していた。母とは、練習や体の回復具合について、いつも20分ほど話をした。母はサンフランシスコのジャニスの家にいたので、ときにはジャニスや夫のオレステスともしゃべった。父とコリンがジャニスの家に来てからは、ふたりとも話をした。

団体戦ショートプログラム

身体的には準備ができていたものの、団体戦で名前を呼ばれ、氷に足を踏みいれる直前まで、精神状態は平昌の団体戦の前と似かよっていた。気弱で、落ち着かず、腹がすわっていなかった。これまでいい演技をしたときには、たとえばジムのワークアウトで回数のパーソナルベストを出そうとしているときのように、はじめから気合いが入っていた。そして最悪の演技をした試合では、心と体がつながっていなくて、なにかをやろうとしても体がそれをこなせないという状態だった。平昌のときがそうで、北京でもまたそんな感覚が忍びよってきそうだった。

でも、今回はちがっていた。平昌のときは、なんとか感じかたを変えたくて、むりやり気持ちを盛りあげようとしたものの、うまくいかなかった。今回は、感じかたを変えることはできないと知って、自分の心を別の方向に振りむけた。これまでに何度も完璧なジャンプを跳んだこと、プログラムをノーミスで滑ったことを思い出す。体がまだ準備できていないと感じていたとしても、ぼくはこのショートプログラムを何度もつづけてノーミスで滑ってきた。今は脚も疲れていないのだから、必ずノーミスでできるはずだと自分にいいきかせる。

それからこうもいいきかせた。うん、ミスをする可能性はある。でもぼくの体は、空中に跳びあがって4回まわり、正しいエッジでクリーンに着地して完璧なジャンプを遂行するすべを知っている。エリックはいつも、大事なのはその場の感情ではなく、自分にどういいきかせるかだと強調していた。

こういったすべてのことを心にきざみながら、ぼくはリンク中央まで滑っていって最初のポーズを取った。その瞬間、今回は大丈夫、4年間の練習と経験を生かせるとわかった。

平昌のときと同様、団体戦では、リンクサイドに参加10か国の応援席があり、チームメイトが応援している。4年前にチームUSAの応援席を見たときは「やばい、これは緊張する」と思った。自分に注がれるチームメイトの視線と、いい演技をしなくてはというプレッシャーしか感じなかった。自分の演技がチームのポイントに直結するからだ。でも、メンタルトレーニングで新たに学んだテクニックで、今回はそのプレッシャーを感謝の気持ちに転換し、チームメイトの存在をプログラムを滑りきるための力に変えることができた。

ジャンプは3つとも成功した。ひとつおりるたびにチームメイトの歓声が聞こえて、みんなの応援が自信につながった。最後のポーズを決めると、どっと安堵《あんど》感が押しよせてきた。

試合後、メディアは予想どおり、ぼくが4年前のくやしさを晴らし、重荷をおろしたという記事を配信した。でもぼくにはそうは思えなかった。氷から上がった瞬間にはもう、この演技を超えるにはどうすればいいかを考えはじめていた。4日後の個人戦で、またおなじショートプログラムを滑らなくてはならない。だからうれしくはあったものの、あまり喜びすぎないようにしていた。

ルッツを後半にまわす理由

団体戦のショートプログラムは、個人戦で予定しているジャンプ構成を実地に試すいい機会でもあった。

4回転フリップを最初に跳び、より高難度の4回転ルッツ—3回転トウループのコンビネーションを後半にまわしたのは、全米選手権が最初だった。北京では得点を最大限まで上げたかったので、全米と同様、ルッツ—トウのコンビネーションは後半にまわすことにした。そうすれば基礎点が1・1倍になる。NBCの解説では、タラ・リピンスキーとジョニー・ウィアーがこの構成を大きく取りあげて、高得点を狙う戦略だろうと語っていたようだ。

そのとおりではあるが、ほかにも理由があった。

ぼくの場合、4回転ルッツはコンビネーションにしたほうが着氷の確実性が増すのだ。ルッツをおりたあと、2本めのジャンプを跳ぶためのいきおいが必要だとわかっていると、単独ジャンプとして跳ぶときよりもルッツに流れを出しやすい。しかもルッツは、ほかのジャンプに比べてうまく跳ぶのに技術が必要だ。ルッツを跳ぶときは、左のブレードに乗ってぐっとカーブするのだが、跳びあがると、助走とは逆方向に回転しなくてはならない。その成否は、どれだけ氷に刃を食いこませることができるか、どれだけ深くエッジを倒せるかにかかっている。そしてそのためには、足首の動きが大切になる。

6分間練習が終わると、ぼくはいったんリンクから上がり、ほかの選手が演技をするあいだはスケート靴をぬいでいる。自分の順番が近づいてまた靴をはくときは、緊張感もあって、靴ひもをものすごく固く締めることが多いので、足首が曲げにくくなる。でもルッツを踏み切るときは、エッジを深く倒さないと、4回転できるだけの高さが出ない。ルッツを後半にまわせば、足首が温まって靴もはじめより柔軟になっているから、都合がいいのだ。たしかに前半よりは疲れがたまっている。でも、エッジをうまくあやつることができれば、4回転フリップよりもずっと体力を使わずに跳ぶことができるので、ルッツを後半に跳ぶのはぼくにとっては理にかなっている。

そんなわけだから、リスクはあるものの、4回転ルッツ―3回転トウループは後半にもっていきたい。しかもフリップをプログラム冒頭に跳ぶのにも意味がある。体力があるときはかなり成功率の高いジャンプだし、はじめにフリップを成功すれば、そのいきおいに乗っていけるからだ。

団体戦のショートプログラムでうまくいったので、4日後の個人戦もおなじ構成でいくつもりだった。しかし出だしがよかっただけに、かえってプレッシャーが増してきた。少なくとも団体戦とおなじくらい、願わくはそれ以上にいい演技をしなくてはならない。

団体戦でチームUSAは2位になり、メダルセレモニーは男子ショートプログラムの前夜に予定されていた。男子にとってはきびしい日程だ。翌日は午前中に試合があるのに、前夜遅くまでセレモニーがあるとゆっくり休めない。ぼくはアメリカ・オリンピック・パラリンピック委員会の役員に、翌日試合があるからセレモニーを欠席してもいいかと相談した。チームメイトとともに祝う機会を逃したくはなかったが、個人戦の前にはひと晩ゆっくり休みたかった。するとミッチ・モイヤーがメダルを取ったほかの2チーム——ロシアと日本——にも声をかけてくれて、みなメダル授与式の日程が男子選手にとってはきびしいということで意見が一致した。メダルを獲得した3チームは合同で、メダルセレモニーを男子ショートプログラムのあとに延期してほしいという意見書を提出した。ショートプログラムの翌日は休養日で、さらにその翌日にフリープログラムがおこなわれるという日程なのだ。五輪の組織委員会もこれを受けいれて、団体戦のメダルセレモニーは男子ショートプログラムの直後におこなわれることになった。

これであとは、「どうやってもう一度ショートプログラムをノーミスで滑るか」に集中することになった。つづく3日間、ぼくはこのことでとても緊張していた。団体戦ショートプログラムのステップシークエンスの最中にも、「ああ、これが個人戦のショートならいいのに。かなりいい演技ができているんだから」と考えていたほどだ。個人戦で、あれくらいの演技ができたらうれしい。でも今は、「あれをもう一度やらなければ」という思いしか浮かばない。

ぼくはエリックにどうやってこの不安を乗りこえればいいかと相談した。いくら団体戦でいい演技をしても、個人戦のショートプログラムで失敗したら、平昌五輪の二の舞になる。エリックは、失敗するかもしれないということではなく、何度も何度もうまくやったときのこと、プログラムをノーミスで滑ったときのことだけを考えるのだったよねといってくれた。そして、心配なジャンプのビジュアライゼーションをつづけ、着氷するところを思いうかべるようにといった。

平昌の悪夢を振りはらう

個人戦のショートは、最終グループで滑ることになった。主要なライバルである羽生結弦、宇野昌磨、鍵山優真が滑りおえたあとだ。彼らが滑るたびに、ぼくは、何のエレメンツをこなしたか、どんな演技だったかをチェックした。これはぼくの奇妙な癖で、試合中はリアルタイムで経過を追わないと気がすまない。スケーターのなかには、神経がすり減るから知りたくないという人もいるが、ぼくは逆にほかのスケーターの様子がわからないとかえって不安になってしまう。

ミスが出た選手もいたので、ぼくはすぐにプログラム後半の高難度の4回転ルッツ―3回転トウループをそのまま跳ぶか、それともよりかんたんな4回転トウループ―3回転トウループに置きかえるべきかと考えはじめた。しかしトウループのほうは、今季ほとんど練習しておらず、4回転ルッツ―3回転トウループをずっと練習してきた。ひとつの構成をつらぬくというのは平昌五輪のときの母の主張でもあった。プログラムをあれこれいじって変えるより、練習してきたプログラム、自分の体にしみついたプログラムにこだわるべきだといっていたのだ。

その教訓から4回転ルッツ―3回転トウループでいくことに決めたものの、それでも演技中、スピンの最中に一瞬迷いが生じた。フリップとアクセルはきれいに跳んだから、安全策で4回転トウループ―3回転トウループにしようか……。でもすぐに思いなおした。弱気を払いのけて自分にいいきかせた。

「よせよ。それじゃ自分に向かって弱いとか、できないとか、念押しするようなものだ。おまえは強いんだ。やるしかない」

ぼくは4回転ルッツ―3回転トウループを跳び、着氷した。

見ていた人が気付いたかどうか知らないが、あのジャンプをおりたあと、ぼくは心のなかで「よし！　よしっ！　やった！」と叫んでいた。ものすごくうれしかった。あのコンビネーションを跳び、五輪のショートプログラムで2度めのノーミスの演技ができて、心からほっとした。ついにやったのだ。でも全米選手権のフリーでもそうやって喜んでいたら、コレオシークエンスでころんでしまった。ショートプログラムでは、ステップと最後のスピンも重要な得点源だ。まだ終わってはいない。ぼくは自分にいいきかせた。

「気を引きしめて、ちゃんとステップをやろう。この感情をプログラムにこめて、プログラムの人物を演じきろう」

最後のスピンを終えると、もうがまんできなかった。うれしさのあまり、ぼくはこぶしを突きあげた。

やったぜ！

テレビ解説のタラとジョニーはこのガッツポーズに驚き、喜びながら、ぼくが演技後感情をあらわにするのは、とてもめずらしいと話してくれた。それはほんとうだ。試合であまり感情を爆発させるのは、敬意が欠けているような気がするからだ。でもあのときはがまんできなかった。ハードルを越えたことがたまらなくうれしかった。平昌の「悪夢」は、あまりにも長いことぼくに取りついていた。それをようやく払いのけ、オリンピックで2度、自分でも胸を張れる納得のショートプログラムを滑りきったのだ。このことは、ほんとうに大きかった。

しかもさらにうれしいことに、この演技でぼくはパーソナルベストと世界記録を樹立した。ふだんは、いろいろな試合で出したスコアにはさほどこだわらない。というのも、別の大会のスコアどうしは、真に比較することはできないと思うからだ。大会ごとにジャッジのパネルがちがうので、たとえば各国の選手権と世界選手権、いや、グランプリシリーズの大会ごとですら、必ずしも比較できない。額面上のスコアですべてが表されるわけではない。

とはいいつつも、スコアは、自分の演技の具合と進歩の度合いを数字でたどるには、一番都合のいい指標だ。団体戦ショートのあと自分のスコアを見たときは、演技が上向いていることがわかってとてもうれしかった。でも、団体戦ではできることをすべてやって、出せるかぎりの高得点を出したとも感じていたので、個人戦のショートでどこを改善すればいいかわからなかった。それでもとにかく、すべてのエレメンツをよりきれいにこなそうと決意した。ジャンプの着氷をよりクリーンにし、ステップシークエンスのエッジをより明確に、そしてスピンはより速くして、得点の上積みをはかった。

それが功を奏した。技術点で2点以上の上積みを果たし、パーソナルベストと世界記録につなげることができたのだ。

いよいよつぎはフリープログラムだ。でもその前に、驚きのニュースが飛びこんできた。

ちょうど団体戦のメンバーが着がえをすませて、表彰式へ向かおうとしているところで、メダルセレモニーが法的事由により無期限に延期されると知らされたのだ。のちに、ひとりのスケーターが禁止薬物の検査で陽性になったため、調査が終わって決着するまで、順位の確定もメダルセレモニーも延期せざるを得ないということが判明した。しかしそのときは何が起きているかわからなかったし、全員、まだ試合がひかえていたので、選手村へ帰って寝ることにした。

ついに悲願の金メダルへ

2日後のフリープログラムに向け、ぼくは2位に6点近くの差をつけていて、それは安心材料だった。ぼくは母に、フリープログラムでジャンプの難度を下げるのはどうだろうと相談した。母は予想どおり反対だった。平昌のときショートプログラムで2種類の構成を考えることにも反対していた。理由もあのときとおなじだ。ぼくはずっと難度の高い構成で練習して、いい演技をしてきた。かんたんな構成には体がなじんでいないのに、変える意味がある？　ラフも母と同意見だった。1シーズン通して、難度の高い構成を滑りきれると示してきた、というのがその理由だ。

それで心が決まった。平昌のときは、ふたつのジャンプ構成を練習して心がぐらついていたせいで、どちらの構成も練習から安定感がなかった。北京では、予定構成をつらぬくのが正解だとわかっていた。だから公式練習でもずっと高難度の構成だけを練習し、うまくやってのける自信もついていた。

フリーは、ショートの順位の逆順で滑る。ぼくは、大嫌いな最終滑走だ。6分間練習が終わって氷からおりたあと待つのもいやだし、ほかのスケーターがどんな演技をするだろうとじりじりするのもいやだ。それもあって、ぼくは試合の様子をリアルタイムで追うようにしている。そのほうが、これからの展開について不安になったりはらはらしたりせずにすむからだ。パソコンやテレビの画面を見れば試合の展開はわかる。北京でも最終グループの動向を、直前に滑る優真のところまでチェックしていた。

といっても、ぼくはなかば仕切られた廊下にいて画面がなかったので、昌磨のときは、ジャッキー・ウォンのツイッター速報で結果をチェックしていた。観客の反応も伝わってくるので、いいスケートだったかどうかはわかる。昌磨はいいスコアを出した。やはりぼくは、すべてのエレメンツを完璧にこなさなくてはならない。

滑走順が優真のつぎなので、優真のときはもうリンクのそばにいた。例のリンク脇の、カーテンで仕切られた、小さくて恐ろしい待機場所だ。カーテンの上にすき間があるので、目を上げると大スクリーンに映しだされる優真の姿が見えた。優真は4回転サルコウを決め、その瞬間に高得点が出るぞと思った。4回転ループはステップアウトしてしまったが、後半に4回転トウループからの3連続ジャンプを決めてきた。これはぼくもがんばらないといけない。

ぼくは自分のエネルギーを、もう一度心構えのほうへ振りむけた。カーテンで仕切られたこの場所はやはり恐ろしいけれど、望んでこの場所に来たのだ。来られたことに感謝しているし、思いきり楽しみたい。2度めのオリンピックで戦うためにきびしい練習を積んできたのだから。

優真が得点を待っているあいだ、ぼくは氷に乗って2分間のウォームアップをはじめた。この短い時間では、ジャンプを跳ぶ順番を決めているので、いつもどおりに3回転をこなしていった。トリプルアクセル、トリプルフリップ、トリプルルッツ、そしてトリプルサルコウ。サルコウは4回転として跳ぶとき、最も心配なジャンプだ。あのときフリー前のウォームアップで跳んだトリプルサルコウは、ほかに言葉がないくらい、どれもこれも最悪だった。思いどおりの踏み切りができず、エッジのインサイドで氷をぐっと押すたびに、足首が倒れて思ったような高さが出ない。北京にいるあいだじゅうで、一番ひどいトリプルサルコウだった。

また不安が頭をもたげてきたが、これまでエリックと何度もやりとりしてきたように、意識してこのもやもやを逆方向に振りむけようとした。必要な高さが出ない理由はわかっていたので、これまで何万回もやってきたように、うまくいかない部分を調整することに神経を集中する。たとえ踏み切りが理想的でなくても、跳びいそがず、体をうしろへ投げだすつもりで必要な回転数を得る。

実際の演技でも、踏み切りはぐらついたものの、全神経を集中して体をうしろへ振り、1、2、3、4回まわってころばずに着氷できた。着氷もななめではあったものの片足で立てたから、修正作業は正しかった。ぼくのなかではけっして最高の4回転サルコウではなかったが、クリーンに跳べたサルコウよりむしろ誇らしかった。以前だったら、ウォームアップがあれだけひどければ、きっとパンクしたり転倒したりしていただろう。でも、今回はどうにかおりることができた。それというのも、たぶん踏み切りが弱くなると予想して、それを修正する方法をあらかじめ考えていたからだ。

単独の4回転ルッツを跳ぶと、一番難しいジャンプが終わったので喜びがこみあげた。このあとはとにかくころばないことだ。残りのジャンプのひとつは4回転トウループ―オイラー―3回転フリップの3連続ジャンプだった。しかしトウループはおりたものの、いきおいがなくて、トリプルフリップにつなげられず、シングルフリップになってしまった。トリプルフリップをトリプルサルコウにする手もあったが、以前に練習で試したとき、プログラムのパターンが崩れて、つぎのトリプルアクセルを跳びそこねてしまった。だからここは3連続の3本めをシングルに抑えてエネルギーを温存し、トリプルアクセルをきれいに跳ぶことにした。そのあとにもうひとつトリプルルッツ―トリプルトウループのコンビネーションを跳ぶと、大物はすべて終了だ。

あとは最後のコレオシークエンスを楽しみたい。でも全米選手権のときのように、喜びすぎてころばないようにしなくては。コレオシークエンスを真に輝かせるためには、曲の盛りあがりとテンポに見合うよう、エネルギーレベルを最大限に押しあげることが必要だ。スライドのところで、体重がうしろにかかりすぎてちょっとだけ足を滑らせかけたが、終わってみればコレオシークエンスはとてつもなく楽しかった。思わず満面の笑みがこぼれた。「たぶんいける。オリンピック優勝だ」という思いが脳裏をかけめぐる。一瞬、「母さんはきっとトウーフリップのこと怒ってるな」という考えが浮かんだが、キスアンドクライにすわって得点が出ると、ひたすら喜びがこみあげてきた。やはり難度の高い構成をつらぬいてよかった。できるかぎり得点を稼ぐ必要があったのだから。

ついにやった。2018年、初のオリンピックでひどい経験をしてから、ぼくは自分を信じ、よりよいオリンピックを味わいたくて、もう4年間練習を積みかさねてきた。あれだけの長時間をリンクで費やし、さまざまな不安に悩まされ、それらすべての末に、とうとう自分の名前の横に数字の「1」が輝いた。

ぼくはオリンピックチャンピオンになったのだ。

オリンピックの金メダルをもちかえることができるのだ。

スコアが出たとき、ラフが最初にいったのが「たどり着いたな！」というひとことだった。当然のことながら、金メダルを取ったという意味だと思ったら、新型コロナに感染せずにやりとげたというジョークだったといわれて、笑ってしまった。

ラフが喜んでくれたこともほんとうにうれしかった。ありとあらゆることをくぐりぬけて、ぼくがこういうスケーターになれたのはラフの指導によるところが大きい。このシーズン中、ラフは何度もぼくにいった。

「ネイサン、わたしはまだ教え子がオリンピックの金メダルを取ったことがないんだよ。また別のスケーターをオリンピックに連れてきて、金メダル候補にするチャンスがあるかどうかわからない。ネイサン、きみがわたしの最後の望みだ」

そういわれるたび、ぼくは真っ先に「勝てなかったらどうしよう？」と思っていた。

オリンピックシーズンのあいだじゅう、ぼくは、自分が練習するのはラフや、母や、ほかの誰かのためではなく、自分自身のためだと自分にいいきかせてきた。けれど金メダルを取ってみると、やはり自分のためだけではなかったことが、しみじみとわかった。この旅はひとりでできるものではない。

メダルセレモニーで、ぼくはメダルをもちあげてその重みを味わった。思ったよりはるかに重いメダルだった。ついにぼくのものになったのだ。

メダルを首にかけてもらったとき、母のことを思った。カリフォルニアで見ているはずの母。母が信じられないほど多くの犠牲を払ってくれたおかげで、ぼくはスケートをつづけ、オリンピックで金メダルを取るという子どものころの夢を実現することができた。ブランドン・サイクルの姿が見えた。こちらを見て感激の面持ちをしている。

ブランドンはぼくの山あり谷ありの旅路、多くのケガと回復の過程をじっと見まもり、ジムでも何時間も何時間もつきそってくれた。

ミッチ・モイヤーの姿も見える。ミッチはぼくがこの目標にたどり着くために必要な機会と指針をたっぷり与えてくれた。

そして医療チーム。彼らの助けがなければ、ぼくはスケートをつづけてこられなかっただろう。

そしてもちろんラフ。ラフはおおぜいの人たちにまぎれて、踊ったり、おどけた仕草をしたりしている。すごくうれしそうだ。ラフ、やったね。いっしょに成しとげたよ。

やったぜ！

エピローグ

北京での3つの演技はこれからもずっとぼくの人生のハイライトでありつづけるだろう。あれらの演技はぼくにとって、メダルひとつでは表しきれないほどの大きな意味をもっている。ただ、金メダルを取った喜びのなかで、ひとつだけ残念なことがあった。それは、家族に北京まで来てもらえず、いっしょに祝えなかったことだ。両親ときょうだいは、ぼくという人間の土台をつくってくれた。そのうえ、多くの犠牲を払って、ぼくがスケートをつづけオリンピックという夢を追うことを可能にしてくれた。1度だけでなく、2度も。

記者会見を終えて、義務づけられたドーピング検査を待つあいだに、ようやく家族とズームで話をすることができた。両親と、ジャニス、オレステス、コリンは、サンフランシスコのジャニスとオレステスの家につどっていた。アリスはちょうどニューヨークに引っ越したばかりで、ボーイフレンドといっしょにニューヨークから見ていた。トニーとガールフレンドはポルトガルで徹夜して見ていてくれた。ユキはニューヨークから参加した。みんなとても喜んでいて、ぼくも心からうれしくなった。

おかしなことに、フリーの演技を終えたとき真っ先に頭に浮かんだのが、3連続ジャンプを失敗したことを母になんていわれるだろうということだった。そして予想にたがわず、母は、通話をはじめたとたんに「4回転トウから3回転フリップの3連続はどうしたの？　なんで失敗したの？」と聞いてきた。まったくもって母らしい。ぼくは、4回転トウループを終えた時点でいきおいが足りなかったから、3回転フリップはつけられなかったのだと説明した。母はべつにぼくを責めていたわけではないし、むやみに辛口の批評をしていたわけでもない。ただミスを指摘してぼくがその原因に気付いているかどうか確認し、おなじまちがいをくりかえさないよう願っているだけだ。母はそうやって、スケート人生の最初から、ぼくが地に足のついた考えかたをするよう教えてきた。すべての失敗は学びの機会であって、その学びをつづけていけば、将来できるだけまちがいをおかさずにすむ。おかげでぼくもきょうだいもみな、謙虚で、たゆまぬ努力をつづける人間に成長した。

のちに母は、メダルセレモニーでぼくが首に金メダルをかけるところを見たら、3連続ジャンプの失敗はどうでもよくなったといっていた。感激がこみあげてきて、ただただ20年間ぼくといっしょにしてきた努力や苦労のこと、この旅路を支えてくれたたくさんの人たちのことが、つぎつぎと頭に浮かんだという。そして、ついに目標を達成したぼくのことを誇りに思うといってくれた。

ぼくもおなじ思いだった。

北京にいたときは、試合後の取材やその他もろもろのことがあって、母が、ありとあらゆる面で金メダルの後押しをしてくれたことについて、きちんとお礼を述べる機会がないままだった。アメリカに帰ってすぐ、ニューヨークでNBCテレビの朝の番組「トゥデイ」に出演し、オリンピックで体験したことについて話をしていた。ところが実はNBCは、こっそり母を飛行機に乗せて、ニューヨークのスタジオまで連れてきていたのだ。インタビューコーナーのなかばごろに、母がいきなりスタジオに入ってきた。それがひと月以上ぶりの再会で、金メダルを取ったあとではもちろん初めてだ。あまりにびっくりして、一刻も早くメダルに触れてほしいとあわて、母が椅子にすわるかすわらないかのうちに、首に金メダルをかけてあげていた。母とは、これまで何もかもいっしょに乗りこえてきたので、あれこれ説明する必要はなかった。メダルをわたして、直接「ありがとう」というだけでじゅうぶんだった。

ぼくは今回、アジア系アメリカ人、そして中国系アメリカ人として初めて、フィギュアスケートの男子シングルでオリンピックの金メダルを取ったわけだが、それはこれまでのすべてのアジア系アメリカ人スケーターの活躍なしには成し得ないことだった。この先、ぼくのメダルを見て、またアジア系アメリカ人の子どもたちが、ぼくも、あるいはわたしも、いっしょうけんめい努力して困難を乗りこえれば、自分の夢を実現できるのだと思ってくれたらうれしい。

これからぼくのスケート人生がどうなっていくのかはまだわからない。でもスケートがもたらしてくれたものには、一生、感謝しつづけていくだろう。スケートはぼくの人生をこんなにも豊かなものにしてくれた。だからぼくはきっと、何らかの形でまたちょくちょくスケートリンクにもどるはずだ。

でもつぎなる目標は、イェール大学にもどって、学部生としての残り2年間を目いっぱい充実したものにすること。五輪をひかえた時期には、学生生活を味わいつくすことができなかった。今は少し時間ができたので、できるかぎり充実した学生生活を送りたい。とりあえず統計学とデータサイエンスの学位をめざすことを決めたが、そのあとどうするかはまだ決めていない。おそらくは統計学か医学部の大学院で学問をつづけることになるだろう。

イェールでの最初の2年間に出会ったクラスメイトのなかには、めざましい成果を挙げた人たちや、驚くべき体験をした人たち、立派な考えをもった人たちがおおぜいいた。みな、世界をよりよい場所にしようという理念を抱いていた。ぼくも、もっと人々のために働きたい。その具体的な方法はまだわからないが、つぎの2年間をかけて探しあてるつもりだ。

フィギュアスケートを通じて、ぼくはものすごい選手たちといっしょに滑ることができてとても幸運だった。この世代の選手たちは、さまざまなやりかたでフィギュアスケートというスポーツを前進させてきた。彼らがこれまで誰もやったことのない、恐ろしく高難度のプログラムに挑むことで実現した、男子フィギュアスケートの進化にたずさわれたことは、ぼくにとってもとても大きなことだった。ほかの選手たちとの競り合いがなければ、ぼくはけっして自分の目標に到達することができなかっただろう。自分の限界を押しひろげることが、アスリートとして、自分自身のモチベーションになったのだ。フィギュアスケートがこれからどうなっていくのかとても楽しみで、新たな展開を見るのが待ちきれない。

　ぼくはスケートのおかげで最高の喜びも、最悪の苦しみも味わった。自分で到達できるとは思っていなかった目標にたどり着けたこともあったし、練習で絶不調におちいって、スケート靴をロッカーの扉めがけて投げつけたい、こんな靴、もう二度とはくもんかと思うこともあった。でも、どんなときでも、スケートはこれまでもこれからも自分の一部でありつづけると、心のなかではわかっていた。オリンピックの表彰台で金メダルを首にかけることは、ぼくの旅の終着点ではなかった。これからスケートで、あるいは人生で出会うことがらに対しても、ぼくはこれまでとおなじ姿勢で向き合っていきたい。ソルトレイクシティのスケートリンクで第一歩を踏みだしたときから、北京で最後のプログラムを演じたときまで変わることのなかったやりかた――目の前のジャンプ1本1本を大切に跳ぶというやりかたで。

謝辞

ぼくがオリンピックの夢を実現できたのは、ずっとぼくを支え、はげまし、寄りそってくれた人々のチームワークの成果にほかなりません。このオリンピックへの旅は、ぼくのものであると同時に、その方々のものでもあります。ぼくがオリンピックに行けるように助けてくれたすべての人々に、心からの感謝を捧げます。

ぼくのスケート人生について語る機会をもたらしてくれた、エージェントのサエグサ・ユキに感謝します。ユキは２０１６年の試合で知り合って以来、ずっと応援してきてくれました。当時、彼女は、ほかの誰も気づかなかったなにかをぼくのなかに見出したのです。家族同然の存在になった彼女が、多くの機会を与えてくれ、いいときも悪いときも支えてくれたことに、感謝してもしきれません。

シェリル・シェイドにも感謝を伝えたいと思います。数多くのオリンピック選手のエージェント兼マネージャーをしてきた彼女は、ぼくの物語が本にして語るだけの価値があると評価してくれました。ハーパーコリンズのリサ・シャーキーは、最初から出版に賛成し、熱心に応援してくれました。ふたりのはげましのおかげで、自分自身の物語を語る工程を心から楽しむことができました。

最大の感謝は、作家のアリス・パークに捧げます。アリスのおかげで、ぼくのスケート人生の回想をすべて言葉にすることができました。最初に本の枠組みについて話し合ったときから、電話で数えきれないほどの時間をかけてぼくの旅を追い、何度も原稿をやりとりしてきましたが、アリスはつねに理解を示し、がまん強く、細部にまで注意を払ってくれました。彼女とともにこの企画に取り組めて光栄でした。

ハーパーコリンズでこの本にかかわったみなさんにもお礼をいいます。校正を担当したマディ・ピラリ、スタイリッシュな本に仕上げたデザインチームのみなさん。章の扉と本の内部のデザインを担当したボニ・レオン＝バーマン、表紙をデザインしたジャレッド・オリオール。ぼくの本がより多くの人々に届くように手助けしてくれた、編集アシスタントのエミリア・マロキン、広報担当のケイト・デズモンドとティナ・アンドレアディス、マーケティング担当のリー・ワシエルスキとベッカ・パトナム。フィギュアスケートの本を出すというアイデアを支持してくれたジョナサン・バーナムに特に感謝します。また、UCLAの中国語研究センター部長のマイケル・ベリー（白睿文）教授には、この本に登場する中国語のことわざの翻訳でご協力いただきました。ありがとうございました。

夢の実現のために必要だった滑走時間を融通してくれた、ヘンリー＆スーザン・サミュエリ、ヴィッキー・チュンに特別な感謝を。ぼくのスケート人生を通して、非常に多くの方々が惜しみなく時間をさき、知識を共有し、ぼくが氷の上にいられるよう支援してくれました。

ぼくのコーチ、振付師、医師、理学療法士から、スケート靴やブレードの製造会社、ブレードを研いでくれた技術者の方々まで、みなさんの助けがなければ、ぼくは今日《こんにち》のようなスケーターにはなっていなかったでしょう。全員がふさわしい注目を浴びているわけではありません。特に、長年にわたり、ぼくの靴を完璧な形に、ブレードを一定の鋭さに維持しつづけたチームにお礼をいいます。おかげで、自信をもって、スケーティングを向上させることができました。カレル・コバール、スチュワート・スタージオン、マイク・カニンガム、ラジ・ミサー、ケビン・ウー、トム・キャントウェル、デニー・ジャックス、ブルース・サーディン、ジョン・レジスター、セリ・ベイパン、ミハル・ブレジナ――いつも急な頼みにもかかわらず、ぼくのスケートに必要な助けの手をさしのべてくれてありがとう。

ＥＬＰ（能力開発プログラム）で立派な先生がたに出会えたことも、幸運でした。先生がたは、ぼくが多くの時間をリンクで過ごしていたにもかかわらず、すばらしい教育を受けられるよう手助けしてくれました。キャロライン・ザウグ、ミンディ・バーンズ、ドーン・サヴィジ、レスリー・エドワーズ、マリリン・タフト、ジュリー・アンゼルモ、ジュリー・ロイド・ヘンダーソン、ありがとうございました。

ぼくの故郷であるソルトレイクシティにも、２００２年のオリンピックを開催してくれたことに感謝を。あの大会がぼくにオリンピックへの夢を抱かせ、アスリートに、そしてオリンピアンになる機会を与えてくれました。フィギュアスケートに出会えたのも、すばらしいリンクがいくつもあったおかげです。ソルトレイク・フィギュアスケート連盟の支援がなかったら、ぼくのスケート人生はあり得なかったでしょう。ぼくが成長する環境をつくりだしてくれたことに、感謝します。

最後に、ぼくがこの本を書くと決めてから支えてくれた家族にも感謝を捧げます。これはぼくたち家族の物語で、みんながいなければ語ることができませんでした。家族がいなければ、ぼくは氷に足を踏みだしていなかったかもしれません。そして、家族の変わらぬはげましがあったからこそ、ぼくはころんでもころんでも立ちあがりつづけることができたのです。

Nathan Chen chronology　　年表

シーズン	年	年齢	
	1999		5月5日、ソルトレイクシティに生まれる
	2002	3歳	9月、〈スケートを学ぼう〉のクラスに入る
			ステファニー・グロスカップの個人指導を受けはじめる
	2003		ユタ州冬季大会に出場(初めての試合)　優勝
	2004	4歳	ユタ州冬季大会に出場　2位(最下位)
			カレル・コバールの指導を受ける
	2006	7歳	バウンティフルの体操教室に入る
	2007	8歳	秋、ジェーニャの指導を受けるようになる
	2008		3月、ユタ少年体操選手権　個人総合優勝
		9歳	12月、全米ジュニア選手権インターミディエイトクラスに出場　2位
	2010	10歳	1月、全米ノービス選手権　優勝
			中国杭州でのアイスショーに出演する
		11歳	夏、サンバレーのアイスショーに招待されて出演する
			ラファエル・アルトゥニアンに出会い、指導を受けはじめる
	2011		1月、全米ノービス選手権　優勝
			ソルトレイクシティからレイクアローヘッドまでかよう
2011-12 season	2012	12歳	1月、レイクアローヘッドに引っ越す
			1月、全米ジュニア選手権　初出場　優勝
			春、初めてトリプルアクセル着氷
2012-13 season		13歳	9月、JGPオーストリア大会　初出場　優勝
			10月、JGPクロアチア大会　途中棄権
			11月、パシフィックコースト・セクショナル　2位
	2013		1月、全米ジュニア選手権　3位
2013-14 season		14歳	8月、アイスキャッスル閉鎖　ラフについてイースト・ウエスト・アイスパレスへ
			9月、JGPメキシコ大会　優勝
			9月、JGPベラルーシ大会　優勝
			12月、JGPF(福岡)　3位
	2014	14歳	1月、全米ジュニア選手権　優勝
			2月、練習中に転倒し中手骨骨折
			3月、世界ジュニア選手権(ブルガリア)初出場　3位
		15歳	初めて4回転着氷
2014-15 season			10月、JGPクロアチア大会　2位
	2015		1月、全米シニア選手権　初出場　8位
			3月、世界ジュニア選手権(エストニア)4位
		16歳	夏、ブランドン・サイクルにストレングス&コンディショニングの指導を受ける
2015-16 season			夏、ニコライ・モロゾフとFS「オルガン付き」振付
			9月、JGPアメリカ大会　優勝
			9月、JGPスペイン大会　優勝
			12月、JGPF(バルセロナ)　優勝
	2016		1月、全米選手権　3位　1試合で6本の4回転を決める
			エキシビション中に上前腸骨棘裂離骨折し、手術、リハビリへ
		17歳	5月、マリナ・ズエワとSP「海賊」振付
			初夏、リハビリを終えてリンクにもどる　4Lz、4Fを跳べるようになる
2016-17 season			9月、ゴールデン・ウエストクラブの試合に出場、4Lz、4Fを披露
			マリナ・ズエワに指導をあおぎ、ミシガン州カントンへ
			11月、GPSフランス杯に出場(シニアGPS初出場)　4位
			11月、GPSNHK杯に出場　2位　ラフのもとにもどる
			12月、GPF(マルセイユ)　2位
	2017		1月、全米選手権　優勝
			2月、四大陸選手権(江陵)　優勝
			3月、世界選手権(ヘルシンキ)　6位
			4月、国別対抗戦(東京)出場、SP2位、FS4位、チーム3位

season		
2017-18 season	18歳	春、股関節インピンジメント発覚
		夏〜、合計3回PRP投与
		10月、GPSロステレコム杯　優勝
		11月、GPSスケートアメリカ　優勝
		このころベラとの出会い
		12月、GPF（名古屋）　優勝
		左足首のケガが悪化
	2018	1月、全米選手権　優勝
		平昌五輪代表選出
		2月、平昌五輪　団体戦SP4位、チーム3位、個人戦5位（SP17位、FS1位）
		3月、世界選手権（ミラノ）　優勝
		4月、イェール大学合格（日本SOIツアー中）
2018-19 season	19歳	シェイ＝リーン・ボーンとSP「キャラバン」振付
		モントリオールでマリー＝フランス・デュブレイユとFS「ランド・オブ・オール」振付
		秋、イェール大学で大学生活スタート
		10月6日、ジャパンオープン　4位
		10月19-21日、GPSスケートアメリカ　優勝
		11月、GPSフランス大会　優勝
		12月、GPF（バンクーバー）　優勝
	2019	大学後期スタート
		1月、全米選手権　優勝
		3月、世界選手権（さいたま）　優勝
		4月、国別対抗戦（福岡）SP、FS1位、チーム優勝
2019-20 season	20歳	夏、ラフの拠点リンクがアーバインのグレート・パーク・アイスに変わる
		シェイとSP「ラ・ボエーム」振付
		マリーとFS「ロケットマン」振付
		9月、休学期間について具体的に検討をはじめる（2年休学）
		10月、GPSスケートアメリカ　優勝
		11月、GPSフランス大会　優勝
		12月、GPF（トリノ）　優勝
	2020	1月、全米選手権　優勝
		3月、世界選手権が新型コロナにより中止
		カリフォルニアでロックダウンに入る
2020-21 season	21歳	夏、シェイとSP「デスペラード」FS「フィリップ・グラス・メドレー」振付
		オンラインでのチャンプス・キャンプ開催
		10月、GPSスケートアメリカ　優勝
		カリフォルニア州森林火災の被害
		12月、北京でのGPF中止の決定
	2021	1月、全米選手権　優勝
		3月、世界選手権（ストックホルム）　優勝
		メンタルトレーナー（エリック・ポタラット）につく
		4月、国別対抗戦（大阪）SP、FS1位、チーム2位
		4月、新型コロナワクチン接種
2021-22 season	22歳	シェイとSP「エターニティ／ネメシス」FS「モーツァルト・メドレー」振付
		10月、スケートアメリカ　3位
		SPプログラム変更を決断
		10月、スケートカナダ　優勝
		FSプログラム変更を決断
		11月、マッシモ・スカリと「ロケットマン」ブラッシュアップ
		12月、GPF（大阪）中止
		シェイと「ラ・ボエーム」ブラッシュアップ
	2022	股関節に痛み
		1月、全米選手権　優勝　エキシビションはケガのため欠場
		1月27日、北京五輪に向けて出発
		2月4日、団体戦SP1位　7日、チーム2位（暫定）
		2月8日、個人戦SP1位 2月10日、個人戦FS1位　優勝
		3月、世界選手権をケガのため辞退

ネイサン・チェン　Nathan Chen
1999年、米国ソルトレイクシティ生まれ。2002年に同地で冬季五輪が開催されその熱気に触れると、３歳でスケートをはじめた。初の冬季五輪出場を果たした2018年の平昌大会で５位に入ったほか、これまでに世界選手権で３大会連続、グランプリシリーズで計８大会、グランプリファイナルで３大会連続優勝に輝いている。また、全米選手権は2017年から６連覇。2022年、２度めの冬季五輪となった北京大会では、フリープログラムでエルトン・ジョンの「ロケット・マン」の音楽にあわせた圧倒的な演技を披露して金メダルを獲得し、アジア系アメリカ人男子として初めての栄誉に輝いた。

ブックデザイン／出田 一、松坂 健（TwoThree）

ネイサン・チェン自伝《じでん》　ワンジャンプ

2023年３月29日　初版発行

著者／ネイサン・チェン

訳者／ないとうふみこ　児玉敦子《こだまあつこ》　中村久里子《なかむらくりこ》

発行者／山下直久

発行／株式会社KADOKAWA
〒102-8177　東京都千代田区富士見2-13-3
電話　0570-002-301(ナビダイヤル)

印刷・製本／大日本印刷株式会社

●お問い合わせ
https://www.kadokawa.co.jp/（「お問い合わせ」へお進みください）
※内容によっては、お答えできない場合があります。
※サポートは日本国内のみとさせていただきます。
※Japanese text only

定価はカバーに表示してあります。

ISBN 978-4-04-113436-8　C0075